WORKBOOK/LABORATORY MANUAL
TO ACCOMPANY

Vis–à–vis
Beginning French

FOURTH EDITION

Monique Branon

Myrna Bell Rochester

Hedwige Meyer

Patricia Westphal

With contributions by:

Evelyne Amon

Nicole Dicop-Hineline

Mc
Graw
Hill

Boston   Burr Ridge, IL   Dubuque, IA   Madison, WI   New York   San Francisco   St. Louis
Bangkok   Bogotá   Caracas   Kuala Lumpur   Lisbon   London   Madrid   Mexico City
Milan   Montreal   New Delhi   Santiago   Seoul   Singapore   Sydney   Taipei   Toronto

Higher Education

Published by McGraw-Hill, an imprint of The McGraw-Hill Companies, Inc., 1221 Avenue of the Americas, New York, NY 10020. Copyright © 2008 by The McGraw-Hill Companies, Inc. All rights reserved. No part of this publication may be reproduced or distributed in any form or by any means, or stored in a database or retrieval system, without the prior written consent of The McGraw-Hill Companies, Inc., including, but not limited to, in any network or other electronic storage or transmission, or broadcast for distance learning.

This book is printed on acid-free paper.

ISBN: 978-0-07-328946-5
MHID: 0-07-328946-9

Editor-in-chief: *Emily Barrosse*
Publisher: *William R. Glass*
Sponsoring editor: *Katie Crouch*
Director of development: *Susan Blatty*
Development editors: *Susan Coleman, Connie Anderson*
Marketing manager: *Nick Agnew*
Production editor: *Anne Fuzellier*
Production supervisor: *Randy Hurst*
Supplements producer: *Louis Swaim*
Compositor: *Aptara Inc.*
Typeface: *10/12 Palatino*
Printer and binder: *Quebecor World Dubuque, Inc.*

Grateful acknowledgment is made for use of the following:

Page **99** *20 ans;* **123** *Miam! Miam!* by Monique Félix. © 24 Heures/Jeunesse; **253** *l'État de la France,* 1992 (Paris: La Découverte, 1992); **332** *Le Figaro,* 1991; **335** *Femme Actuelle*

www.mhhe.com

Contents

To the Student

Welcome to the Workbook/Laboratory Manual to accompany *Vis-à-vis: Beginning French*, Fourth Edition. Each chapter of this Workbook/Laboratory Manual is based on the corresponding chapter of the text, so that you can practice and review on your own what you are learning in class.

 ## Integrated Written and Oral Exercises

Because your different senses and skills (writing, reading, listening, speaking) reinforce one another, written and oral exercises for each point in the text appear together in the Workbook/Laboratory Manual. Oral exercises are coordinated with the Audio Program, available in compact disc format, which you can use at home or in your school's language laboratory. The Audio Program is also available at the *Vis-à-vis* Online Learning Center (**www.mhhe.com/visavis4**). Oral exercises are marked with a headphone symbol.

To get the most out of the Audio Program, you should listen to the recordings after your instructor covers the corresponding material in class, and you should listen as often as possible. You will need the Workbook/Laboratory Manual much of the time when you listen to the recordings, because many of the exercises are based on visuals and written cues.

Organization

The chapters of the Workbook/Laboratory Manual parallel those in the main text. They are organized as follows:

- **Leçon 1: Paroles** allows you to practice the thematic vocabulary of each chapter through a variety of fun and interesting exercises. Here and in **Leçons 2** and **3,** written and oral exercises appear together for each point.

- **Leçon 2: Structures** presents a variety of exercises on each grammar point in the corresponding section of the main text.

- **Le blog de Léa (d'Hassan, de Juliette, d'Hector)** contains a series of exercises based on the blog and commentaries in the textbook. These allow you to confirm your mastery of the chapter vocabulary and structures within an appealing and meaningful context. You will also have an opportunity to write an email to each of the characters to express your opinion on the blog topic for each chapter.

- The **Pause-culture** section contains two exercises—one based on **Le blog de...** and the other on the **Reportage** reading in the textbook. These exercises check your comprehension of these passages and highlight important cultural information about daily life in the Francophone world.

- **Leçon 3: Structures,** like **Leçon 2,** gives you the opportunity to practice chapter structures via written and oral exercises.

- **Leçon 4: Perspectives** focuses on integrating chapter vocabulary and grammar. Its main features are the following:

  Faire le bilan (*Taking stock*)—an end-of-chapter review section. The exercises combine and reinforce chapter vocabulary and structures. In most chapters, you are invited to work with authentic materials from the contemporary Francophone press.

  Prononciation—recorded exercises providing focused practice of French pronunciation, with tips and reminders in English.

  À l'écoute!—an extended listening comprehension passage and activity, also integrating chapter vocabulary and structures.

  Par écrit (*In writing*)—a comprehensive, practical guided writing section. A series of steps (in English) helps you organize, draft, and polish a variety of interesting writing assignments (interviews, editorials, film reviews, and so on).

  Journal intime (*Personal diary*)—a chapter-culminating activity that encourages you to write freely about your own opinions and experiences while applying the material you have been studying in that chapter.

- **Additional Review Sections**—you will find additional review sections, **Révisez!**, after **Chapitres 4, 8, 12,** and **16.** These sections reintroduce vocabulary and grammar from previous chapters so that you have an opportunity to reuse what you have learned in a variety of contexts and situations.

In addition, throughout the first half of the Workbook/Laboratory Manual, you will find boxed **Study Hints:** practical tips to help you learn French thoroughly and efficiently. They are based on the experience of other students, and we think you will find them helpful.

Answers

Answers to many of the Audio Program exercises are given on the recording itself. In some cases, answers appear instead in the Appendix at the back of this manual. Answers to most written activities appear in the Appendix. For exercises requiring personalized responses, no answers are provided.

Acknowledgments

The authors wish to express their thanks to Dr. Patricia McEachern, Drury University, who provided suggestions for improving the Fourth Edition of the Workbook/Laboratory Manual.

Many others have also contributed to the editing and production of this Workbook/Laboratory Manual. Their dedication and hard work are greatly appreciated: Susan Coleman, Connie Anderson, Susan Blatty, Katie Crouch, William Glass, Emily Barrosse, Veronica Oliva, Anne Fuzellier, Randy Hurst, Louis Swaim, Berkeley Becker, and Cici Teter.

Une nouvelle aventure

Leçon 1: Paroles

 ## Les bonnes manières

A. Une rencontre. (*An encounter.*) On his way across campus, Jeremy runs into various people. Complete the dialogues.

Vocabulaire: À; Au revoir; ça va bien; Comment allez-vous; madame; merci

JEREMY: Bonjour, _____.[1]

_____?[2]

MME THOMAS: Très bien, _____.[3] Et vous? Ça va?

JEREMY: Oui, _____.[4]

MME THOMAS: Au revoir, Jeremy. _____[5] bientôt.

JEREMY: _____,[6] madame.

Vocabulaire: Comme ci, comme ça; Et vous; mademoiselle; mal

JEREMY: Bonjour, mademoiselle. Comment allez-vous aujourd'hui (*today*)?

MLLE ROBIDOUX: Pas _____,[7] merci.

_____?[8]

JEREMY: _____[9] Au revoir,

_____.[10]

Vocabulaire: Ça va mal; Comment vas-tu; Et toi

DENISE: Salut, Jeremy! _____[11] aujourd'hui?

JEREMY: _____,[12] Denise. Il y a un (*There's an*)

examen (*test*) de littérature aujourd'hui.

_____?[13]

DENISE: Bien, merci. À bientôt et bonne chance (*good luck*).

B. Qu'est-ce qu'on dit? If you were in a French-speaking environment, what would you say in these situations?

1. In class, you drop your book on your neighbor's foot. _____

2. Your professor just said something; you're not sure what, but it sounded important. _____

3. You've forgotten your professor's name and want to write it down. _____

4. You pass a friend on the way to class. _____

5. You pass a male professor on the way to class. _____

6. You want to introduce yourself. _____

7. Your friends are leaving your apartment at the end of the evening. _____

8. A fellow student has just thanked you for picking up a book. _____

C. Jacqueline, Rémi et le nouveau professeur. You will hear a conversation among three people. Each exchange corresponds to one of the following drawings. Listen to the whole conversation once or twice, then do the exercise.

Now you will hear questions and statements taken from the conversations you just heard. Say and check off the most logical of the three responses given.

1. _____ Au revoir.

   _____ Merci bien.

   _____ Bonjour, madame.

2. _____ Je m'appelle Jacqueline Martin.

   _____ Très bien, merci.

   _____ Ça va?

3. _____ Je m'appelle Jacqueline Martin.

    _____ Ça va?

    _____ Très bien, et vous?

4. _____ Pas mal.

    _____ De rien.

    _____ Je ne comprends pas. Répétez,
    s'il vous plaît, madame.

5. _____ Salut.

    _____ Ah oui! Je comprends. Merci, madame.

    _____ De rien.

6. _____ Oh! Pardon! Excusez-moi!

    _____ À bientôt!

    _____ Au revoir!

7. _____ Je m'appelle Rémi.

    _____ Oh, ça peut aller.

    _____ Et vous?

8. _____ Bonsoir, madame.

    _____ Salut.

    _____ Comment vous appelez-vous?

L'alphabet français

L'alphabet français. Say each letter of the alphabet and the corresponding name after the speaker.

a	a	Anatole		**n**	enne	Nicole
b	bé	Béatrice		**o**	o	Odile
c	cé	Claude, Cyrille		**p**	pé	Pascal
d	dé	Denise		**q**	ku	Quentin
e	e	Emma		**r**	erre	Roland
f	effe	France		**s**	esse	Suzanne
g	gé	Georges, Guy		**t**	té	Thérèse
h	hache	Hélène		**u**	u	Ulysse
i	i	Isabelle		**v**	vé	Véronique
j	ji	Jacqueline		**w**	double vé	William
k	ka	Kévin		**x**	iks	Xavier
l	elle	Lucien		**y**	i grec	Yvette
m	emme	Marguerite		**z**	zède	Zoé

Et vous? Comment vous appelez-vous? Pronounce your name in French. Then spell it.

MODÈLE: Je m'appelle Catherine. C-A-T-H-E-R-I-N-E.

Les accents

 Les étudiants. You are helping Marc prepare name tags for a reception at the International House. After you hear each name, tell him the necessary diacritical mark, as in the example.

    Vous entendez (*You hear*):   Joël
    Vous dites (*You say*):   e tréma

1. Irène
2. Loïc
3. Jérôme
4. Françoise
5. Stéphanie

Les mots apparentés

A. Comment dit-on ça en français? Listen carefully to the following French words, then repeat them. You will hear each word twice.

    Vous entendez (*You hear*):   excellent
    Vous dites (*You say*):   excellent

1. université
2. sérieux
3. ordre
4. pratique
5. apparemment
6. étranger
7. champagne
8. individualiste

B. En français, en anglais. You will hear a series of French words, each one repeated. Listen carefully, then select the corresponding English term.

    Vous entendez (*You hear*):   lettre
    Vous choisissez (*You choose*):   let (letter) lettuce

1. sociable   society   socialist
2. liberty   liberate   library
3. courier   coordinate   courageous
4. political   polite   party
5. etiquette   state   standard
6. normal   normally   normalcy
7. disorder   disordered   disorderly
8. individual   individually   individualism

Leçon 2: Structures

Les nombres de 0 à 60

A. Le matériel. A student assistant is counting the items in the supply room. Select the numbers that you hear.

1. **2**   **12**   **22**

2. **17**   **47**   **57**

3. **12**   **2**   **52**

4. **26**   **6**   **16**

5. **35**   **15**   **25**

6. **16**   **13**   **15**

Les réponses se trouvent dans l'appendice. (*Answers are in the appendix.*)

B. Comptez! Repeat the numbers you hear, adding two numbers each time.

Vous entendez (*You hear*):   deux, quatre, six, huit…
Vous dites (*You say*):   deux, quatre, six, huit, dix, douze

1. …   2. …   3. …   4. …

C. Les numéros. Jacques Marcat is paying his bills. Show how he will write the following amounts in words on his checks.

MODÈLE:

Payer contre ce chèque non endossable sauf au profit
d'un établissement bancaire ou assimilé

Banque Typique

59,00 €

à rédiger
exclusivement €
en euros

Somme en toutes lettres

Cinquante-neuf _____ €

à   *France Télécom* _____

à   *Paris*
le   *24.1.07*

Payable
49, RUE DU PARC
75001 PARIS
TEL. 01 47 26 93 54

M. JACQUES MARCAT
152, RUE DE RIVOLI
75001 PARIS

Chèque N° 2200045

Jacques Marcat

2200045   045013628074   282112716330

1. 29,00 € _____ €

2. 41,00 € _____ €

3. 12,00 € _____ €

4. 17,00 € _____ €

5. 37,00 € _____ €

6. 53,00 € _____ €

7. 24,00 € _____ €

8. 38,00 € _____ €

9. 56,00 € _____ €

10. 48,00 € _____ €

D. Combien? Answer the math problems, as in the model.

Vocabulaire: + plus, et   − moins   × fois   = font

    MODÈLE: 4 + 5 → Quatre plus cinq font neuf.

1. 3 + 4   4. 17 + 19

2. 2 × 9   5. 54 − 40

3. 10 + 11   6. 60 − 59

Quel jour sommes-nous?
Quelle est la date d'aujourd'hui?

A. Le calendrier de M. Belœil. M. Belœil has made notes of upcoming events. Give the day and date of each activity.

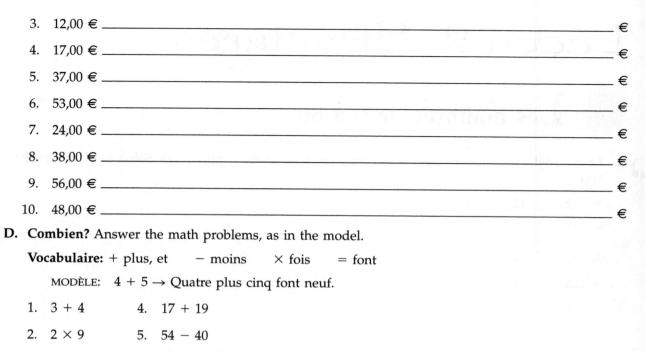

AOÛT						
L	M	M	J	V	S	D
				1 *Juliette*	2	3
4 *Michel*	5	6	7	8	9	10
11	12 *dentiste*	13 *Dr. Noiret*	14	15 *film italien*	16	17 ♡
18	19	20	21	22	23 *hockey*	24
25	26	27	28 *Bach*	29	30 *P & J*	31

MODÈLE: le film italien → vendredi, le quinze août

1.   le rendez-vous de M. Belœil chez le docteur _____

2.   dîner avec Michel _____

3.   la fête (*party*) chez Juliette _____

4.   le concert de Bach _____

5.   la visite de Paul et Irène _____

6.   le match de hockey _____

7.   le rendez-vous chez le dentiste _____

8.   l'anniversaire de mariage de M. et Mme Belœil _____

B. Quel jour est-ce? Look at a calendar for the current year, and write a sentence telling what day of the week each date is.

MODÈLE: 25.12 → Le vingt-cinq décembre, c'est un jeudi.

1.   21.1 _____

2.   11.4 _____

3.   8.5 _____

4.   24.8 _____

5.   22.10 _____

6.   1.11 _____

7.   6.12 _____

8.   aujourd'hui _____

C. Quel jour sommes-nous? On which day of the week do you usually do the things or visit the places mentioned on the recording? (Make up an answer if the activity doesn't apply to you.) You will hear some possible responses.

Vocabulaire: lundi, mardi, mercredi, jeudi, vendredi, samedi, dimanche

Vous entendez (*You hear*):   Vous êtes (*You are*) au cinéma.
Vous dites (*You say*):   Nous sommes samedi.

1.
2.
3.
4.
5.

🎧 **D. Quelle est la date?** You will hear two sets of numbers. Give the date and the month to which they correspond.

Vous entendez (*You hear*):	28.12
Vous dites (*You say*):	C'est le vingt-huit décembre.

1. 03.06

2. 07.07

3. 26.09

4. 12.02

5. 30.03

🎧 **E. Une bonne année. (*A good year.*)** Read the following years aloud. Listen for the speaker to confirm your answer, and then repeat the year.

Vous voyez (*You see*):	1620
Vous dites (*You say*):	l'an (*the year*) mille six cent vingt
Vous entendez (*You hear*):	l'an mille six cent vingt
Vous répétez (*You repeat*):	l'an mille six cent vingt

1. 1864

2. 1945

3. 2000

4. 2050

Le blog de Léa

Un jour exceptionnel

A. Je suis Léa! Combine the elements below to create correct sentences.

1. m'appelle / je / Léa _____

2. je / blog / un / crée _____

3. j'aime (*I like*) / amis / mes _____

4. commentaires / sur mon blog / il y a (*there are*) des _____

5. suis / je / superstitieuse _____

B. Les jours favoris de Léa. Write out the following dates in words.

MODÈLE: le 2/06 → le deux juin

1. le 10/01: _____

2. le 3/08: _____

3. le 5/09: _____

4. le 13/10: _____

5. le 22/12: _____

C. Léa et les autres. Complete the following sentences with the correct pronoun: **tu, te, toi** or **vous.**

1. Bonjour! Comment t'appelles-_____?

2. Salut! Comment vous appelez-_____?

3. Moi, ça va! Et _____, comment vas-tu?

4. Répétez, s'il _____ plaît!

5. Répète, s'il _____ plaît!

D. Joyeux anniversaire! Celebrate your relatives' birthdays by completing the following sentences.

1. Le _____, c'est l'anniversaire de ma mère (*mother*).

2. Le _____, c'est l'anniversaire de mon père (*father*).

3. Le _____, c'est l'anniversaire de mon frère (*brother*) / de ma sœur (*sister*).

4. Le _____, c'est l'anniversaire de mon grand-père (*grandfather*).

5. Le _____, c'est l'anniversaire de ma grand-mère (*grandmother*).

E. Vous répondez à Léa. Circle the phrases that best describe your reactions to Léa's blog. Don't forget to write your email address.

DE: _____

A: Léa@wanadoo.fr

Bonjour / Salut, Léa!

Ça va / Comment vas-tu, aujourd'hui? Moi, **ça va bien / ça va comme ci, comme ça / ça va mal.**

Bravo pour ton blog! C'est une excellente idée!

Pour moi, un blog c'est pour **exprimer des opinions / exprimer des sentiments / rapporter des faits ( ) / présenter des films vidéo.**

…et pour moi, le vendredi 13, c'est **un jour de chance / une combinaison fatale / un jour ordinaire. Je suis** (*I am*) / **Je ne suis pas** superstitieux (superstitieuse)…

Les amis, c'est **important / essentiel:** j'ai (*I have*) **un / deux / trois** vrais (*true*) amis et au moins (*at least*) **quatre / dix / vingt-cinq** camarades.

Au revoir! / Bonsoir! / À bientôt!

Pause-Culture

A. Les bonnes manières, les salutations. What would you say in these situations? Complete the following sentences using the correct expression.

1. Léa meets Juliette at her favorite café.

   LÉA: «_____»

   JULIETTE: «_____»

2. Léa says "good evening" to her mother.

   LÉA: «_____, Maman.»

   SA MÈRE: «_____, Léa.»

3. On her way to her literature class, Léa runs into her instructor, M. Dubois.

   LÉA: «_____»

   LE PROFESSEUR: «_____»

4. Léa goes to see her doctor. She enters the consultation room.

   LÉA: «_____»

   LE DOCTEUR: «_____»

B. La cérémonie du bisou. Reread the **Reportage** section in your textbook and decide whether the following statements are true (**vrai, V**) or false (**faux, F**).

1. V F Le bisou est un baiser (*kiss*) sur la joue (*cheek*).

2. V F Les Français s'embrassent (*kiss each other*) deux, trois ou quatre fois (*times*), selon les régions.

3. V F En Belgique, un baiser suffit généralement.

4. V F Au Québec et aux États-Unis, on préfère éviter (*avoid*) le contact physique.

5. V F Dans les pays musulmans (*Muslim countries*), on prononce une phrase de salutation.

Leçon 3: Structures

Dans la salle de classe

A. Inventaire. (*Inventory.*) What is in the classroom? Begin each answer with **Il y a** (*There is/are*).

MODÈLE: Il y a trois portes.

                                         (chairs image)

1. _____   2. _____   3. _____

   _____   _____   _____

(continued)

4. _____

_____

5. _____

_____

6. _____

_____

7. _____

_____

8. _____

_____

9. _____

_____

B. **Mais non!** (*No!*) The student you will hear is confused about what she is seeing. Look at each sketch as she describes it, and correct what she says.

Vous entendez (*You hear*):	Et voici (*here is*) un cahier!
Vous dites (*You say*):	Mais non, c'est un livre!

1.

2.

3.

4.

5.

6.

7.

12 *Chapitre 1*

C. Dans la salle de classe. Stop the recording for a moment to look at the following drawing. Then listen to the questions and answer them.

Vous entendez (*You hear*): Il y a combien (*how many*) d'étudiants dans la salle de classe?
Vous dites (*You say*): Il y a cinq étudiants.

1. …   2. …   3. …   4. …   5. …   6. …   7. …

D. Votre vie à vous. (*Your own life.*) Describe your classroom. Use the list of classroom objects to help you. Do not mention things that are not in the class.

Vocabulaire: bureau, cahier, chaise, crayon, écran, étudiant, étudiante, fenêtre, lecteur de CD, livre, ordinateur, porte, professeur, rétroprojecteur, souris, stylo, table, tableau, télévision

MODÈLE: Dans la salle de classe, il y a des tables, des chaises et un bureau. …

_____

_____

_____

_____

_____

_____

_____

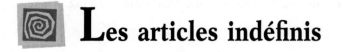 # Les articles indéfinis

Identifying People, Places, and Things

A. Un ou une? Write the appropriate indefinite articles. If a word can be either masculine or feminine, write **un/une.**

1. _____ stylo
2. _____ difficulté
3. _____ Français
4. _____ week-end
5. _____ tradition
6. _____ livre
7. _____ ami

8. _____ étudiante
9. _____ université
10. _____ porte
11. _____ tableau
12. _____ journaliste
13. _____ cataclysme
14. _____ professeur

15. _____ hamburger
16. _____ essence (*flavor*)
17. _____ pâtisserie (*bakery*)
18. _____ Anglais très chic
19. _____ peinture (*painting*)
20. _____ appartement

B. Du singulier au pluriel. Write the plural forms of the following articles and nouns.

1. une amie _____
2. un ordinateur _____
3. un écran _____
4. un professeur _____

5. une fenêtre _____
6. un livre _____
7. une table _____
8. une étudiante _____

C. À la manifestation. Georges isn't sure whom he sees in the crowd at this student demonstration. Listen carefully to his comments, which you will hear twice, then agree with him or correct him according to the illustrations.

Vous entendez (*You hear*):   Ici (*Here*), c'est une étudiante?
Vous dites (*You say*):   Non, c'est un étudiant.

1.
2.
3.
4.
5.

D. À la librairie. You're buying a few things for yourself and some classmates. First look over the shopping list, then answer the cashier's questions.

4 dictionnaires de russe
des cahiers d'exercices
2 livres de français
des crayons
4 histoires de France
5 Paris-Match

Vous entendez: Vous désirez un cahier d'exercices?
Vous dites: Non, madame, des cahiers d'exercices!

1. ...   2. ...   3. ...   4. ...   5. ...

Leçon 4: Perspectives

Faire le bilan

> **Faire le bilan** (*Taking stock*) is an end-of-chapter review section that appears in each **Leçon 4** of your Workbook/Laboratory Manual. These written activities combine the vocabulary and structures from the first three **leçons** of the chapter you are currently studying. You will find them useful for monitoring your own progress and for preparing for chapter tests.

A. Associations. What day of the week is it?

MODÈLE: You're reading a large newspaper. → C'est dimanche.

1. You're celebrating Thanksgiving. _____

2. You're going to a French class. _____

3. You're going to a party at night. _____

4. You're watching football at night on TV. _____

5. You're sleeping in. _____

B. Votre vie à vous. Answer the following questions in French.

1. Comment vous appelez-vous? _____

2. Comment allez-vous aujourd'hui? _____

3. Quel jour sommes-nous? _____

4. Quelle est la date d'aujourd'hui? _____

5. Nommez (*Name*) cinq objets dans la salle de classe. _____

 # Prononciation

Voyelles françaises. (*French vowels.*) In English, many vowel sounds are pronounced as diphthongs: that is, as two vowel sounds within the same syllable. Listen carefully to the English pronunciation of the words *café* and *entrée*. Can you hear how the final vowel is drawn out into two different sounds? In French, however, each vowel is pronounced with a single, pure sound: **café, entrée.** Keep this in mind as you do the following exercise.

Répétez les mots suivants. Vous les entendrez deux fois. (*Repeat the following words. You will hear them twice.*)

1. café / entrée / matinée / blasé / rosé / frappé
2. cage / table / fable / câble / page / sage
3. beau / gauche / parole / rose

L'accent tonique. (*Stress.*) Most English words have both highly stressed and highly unstressed syllables. In *university*, for example, the *-ver-* group is strongly emphasized, whereas the *-ni-* and *-si-* groups receive very little emphasis. Listen again: *university*. In French words, however, all the syllables are approximately equal in weight and loudness. Only the final syllable of a word is somewhat longer than the preceding one(s). It is also pronounced at a slightly lower pitch.

Répétez les mots suivants. Vous les entendrez deux fois.

1. bureau	4. attention	7. concert
2. professeur	5. excellent	8. cinéma
3. université	6. bravo	

 # À l'écoute!

Dans la salle de classe. The French teacher asks a student to say a few words about his current situation. Listen to the passage as many times as necessary, then indicate whether each statement is true (**vrai, V**) or false (**faux, F**).

1. V F François est étudiant.

2. V F Le professeur s'appelle M. Dupuis.

3. V F Il y a un tableau dans la salle de classe.

4. V F Il y a seize étudiantes dans la salle de classe.

5. V F François ne comprend pas bien le français.

Journal intime

> **Journal intime** (*Personal diary*) is a special feature of your Workbook/Laboratory Manual: a forum for you to write freely in French about your own experiences, using the vocabulary and structures you are currently studying, but *without* worrying about making mistakes. You may want to set aside a special notebook to use as your **Journal intime.** Your instructor may read your diary entries and react to them from time to time, but he or she will probably not give them a grade. By the end of the year, you will find you are writing French with ease, and your **Journal** will be a wonderful record of your progress.

Include at least the following information in today's entry:

- Give the day of the week.
- Greet your **Journal** as you would a new friend, and introduce yourself.
- Describe the room where your French class meets, listing the items and the number of people in it. Use the expression **il y a.**

Nous, les étudiants

Leçon 1: Paroles

STUDY HINTS: LEARNING NEW VOCABULARY

- Your different skills and senses reinforce one another, so be sure to *say, write, read,* and *listen to new expressions* as you are learning them. Working in a group is always helpful.
- Practice using new words in *context.* Write down and say out loud short, original sentences using each new word.
- Try *brainstorming:* List all the different expressions you associate with new vocabulary items.
- Learn *gender* and *articles* along with new vocabulary words: **le cinéma, la radio.**
- Pay special attention to *accents* and to *"silent" letters:* the **h** and **s** in **mathématiques,** for example.
- *Flash cards* are extremely helpful, because they allow you to review vocabulary even when on the go.
- At least twice a week, use your flash cards to *review vocabulary from previous chapters.* Small amounts of steady effort will bring lasting success!

 # Les lieux

A. Les lieux. Associate the following elements with a location at a university.

    MODÈLE: un examen: un amphithéâtre

1. une table de ping-pong: _____

2. l'équipement sportif: _____

3. un hamburger et une salade: _____

4. le silence, la réflexion et les encyclopédies: _____

5. des machines électroniques: _____

6. des livres et des vendeurs (*salespeople*): _____

7. des étudiants et un tableau: _____

    ou _____

B. Un rêve. (*A dream.*) You will hear Corinne Legrand describe a dream she had. Indicate whether the elements in it are fairly normal (**assez normal**) or somewhat strange (**assez bizarre**).

À comprendre: au café (*at the café*), chimie (*chemistry*), dans (*in*), examen (*test*), à la faculté des lettres (*in the Humanities Department*), orchestre (*band*)

	ASSEZ NORMAL	ASSEZ BIZARRE
1. à la bibliothèque	_____	✓
2. à la faculté des lettres	_____	_____
3. au café	_____	_____
4. au restaurant	_____	_____
5. dans le bureau du professeur	_____	_____
6. au cinéma	_____	_____

Les réponses se trouvent dans l'appendice.

Les matières

A. Les matières. If you're carrying these titles in your bookbag, what subjects are you probably studying?

MODÈLE: *La Minéralogie, La Paléontologie* → la géologie

1. *L'Algèbre, La Géométrie, Le Calcul infinitésimal* _____

2. *L'Évolution, L'Embryologie, La Génétique* _____

3. *Jules César, Les Voyages de Gengis Khan, L'Empire romain, La Renaissance* _____

4. *Destinos, Prego!, Vis-à-vis* _____

5. *Raison et Sentiments* par Jane Austen, *L'Idiot* par Fédor Dostoïevski _____

6. *La Constitution des États-Unis* _____

7. *L'Histoire de l'ordinateur, Java, HTML* _____

8. *Hydrogène, oxygène et hélium* _____

B. Une matinée studieuse. (*A morning of studies.*) Jeannette Rivard is a busy university student. Listen to her describe what she does on weekday mornings and complete the following chart.

> Replay the recording as necessary, but remember that you do not need to understand every word you hear. Listen only for the information you need to complete the chart.

À comprendre: emploi du temps (*schedule*), h = heures (*o'clock*), midi (*noon*), tous les jours (*every day*)

UNIVERSITÉ DE CAEN				
Nom: *Jeannette Rivard*				
	lundi	mardi	mercredi	jeudi	vendredi
8 h	*histoire chinoise*		*histoire chinoise*		*histoire chinoise*
9 h					
10 h					
11 h					
12 h					
13 h					

Les réponses se trouvent dans l'appendice.

 # Les pays et les nationalités

A. L'intrus. Put a check by the nationality or regional origin that does not belong in each series of words. Then write the country or province names for all four adjectives. Be sure to use the definite article.

MODÈLE: italien, français, anglais, me̶x̶icain *L'Italie, la France, l'Angleterre, le Mexique*

1.   marocain, tunisien, libanais, algérien _____

2.   sénégalais, ivoirien, russe, congolais _____

3.   allemand, belge, français, québécois _____

4.   espagnol, chinois, japonais, vietnamien _____

5.   mexicain, suisse, canadien, américain _____

B. Les voitures qui passent. (*Passing cars.*) You're guessing that all of the people going by are driving cars made in their native country. Listen to each question and identify the driver.

LAQUELLE CHOISIR ?

ALFA ROMEO	BMW	CITROËN	FORD
HONDA	JAGUAR	PEUGEOT	RENAULT

Vous entendez: Qui est dans la BMW?
Vous dites: Je ne sais pas… C'est un Allemand?

1. …   2. …   3. …   4. …   5. …

C. Schéma. (*Chart.*) Fill in the missing cells of the following table with the correct form of the indicated word.

pays	l'Allemagne	le Canada	l'Espagne		la Russie
adj. (*m.*)	allemand				
adj. (*f.*)		canadienne			
homme (*man*)				un Anglais	
femme (*woman*)			une Espagnole		une Russe
la personne habite (*lives*)	à Berlin.	___ Montréal.	___ Madrid.	___ Londres.	___ Moscou.

D. Votre vie à vous. Complete the following sentences to tell about yourself.

1. Je m'appelle _____ (*name*).

2. Je suis (*am*) _____ (*nationality*).

3. J'habite _____ (à + *city/town*).

4. Je parle (*speak*) _____ (*native language*).

Les distractions

A. Les distractions. Label each of the following pictures with the appropriate vocabulary word, including the correct singular or plural definite article.

1. _____   2. _____   3. _____

4. _____   5. _____   6. _____

7. _____   8. _____   9. _____

B. Catégories. With which category do you associate each of the following groups of people? Choose one of the expressions that you hear on the recording.

> Vous voyez (*You see*): Pierce Brosnan, Harrison Ford, Vin Diesel
> Vous entendez: les films d'amour ou les films d'aventures?
> Vous dites: les films d'aventures

1. Louis Armstrong, Wynton Marsalis, Ella Fitzgerald, Billie Holiday
2. Joe Montana, Marshall Faulk, Knute Rockne, John Madden
3. Stephen King, Wes Craven, M. Night Shyamalan
4. Eminem, P. Diddy, Missy Elliott, Nelly
5. George Lucas, Ray Bradbury, Stanley Kubrick, Michael Crichton

C. Votre vie à vous. You are applying for an opening at the campus French house. As a means of introducing yourself to the other residents, fill out this chart of your likes and dislikes.

	J'AIME BEAUCOUP...	J'AIME BIEN...	JE N'AIME PAS...
musique			
sports			
cinéma			

Leçon 2: Structures

Les articles définis

Identifying People, Places, and Things

A. *Le, la, l'* ou *les*? Indicate which definite article should go with the following nouns.

1. _____ ami
2. _____ philosophie
3. _____ football
4. _____ villes
5. _____ homme
6. _____ musique
7. _____ restaurants
8. _____ film
9. _____ cours
10. _____ amies
11. _____ femme
12. _____ sport

B. Du singulier au pluriel. Write the plural forms of the following articles and nouns.

1. l'hôpital _____
2. un amphithéâtre _____
3. le cours _____
4. un examen _____
5. la radio _____
6. le choix (*choice*) _____
7. un tableau _____
8. une visite _____

9. la télévision _____
10. un pays _____
11. l'homme _____
12. un lieu _____
13. le nez (*nose*) _____
14. le travail _____
15. un étudiant et une étudiante _____
    _____

C. Les goûts. (*Tastes.*) How do you feel about the following things? Begin your sentence with one of these three phrases.

J'aime beaucoup...   J'aime bien...   Je n'aime pas...

MODÈLE: les films d'horreur → J'aime bien les films d'horreur.

1. ski _____
2. télévision _____
3. base-ball _____
4. lundi _____
5. films de science-fiction _____
6. histoire _____
7. cinéma _____
8. université _____
9. mathématiques _____
10. littérature _____

D. À l'université. Complete the conversations with definite or indefinite articles, as necessary.

I. Abena, _____¹ étudiante sénégalaise, visite _____² université américaine à Washington, D.C.

GARY: Voilà _____³ resto-U, _____⁴ bibliothèque et _____⁵ faculté des sciences.

ABENA: Il y a _____⁶ professeur de français à _____⁷ faculté des lettres?

GARY: Il y a _____⁸ professeur de russe, _____⁹ professeur de chinois et huit professeurs de français!

ABENA: Ah! _____^10 français est _____^11 cours populaire!

GARY: C'est _____^12 opinion de beaucoup de personnes.

II. François et Charles sont (*are*) au resto-U.

FRANÇOIS: C'est intéressant _____^1 biologie, n'est-ce pas (*don't you think*)?

CHARLES: Je préfère _____^2 histoire. Mais il y a au moins (*at least*) _____^3 femme intéressante

dans _____^4 classe de biologie.

FRANÇOIS: C'est _____^5 amie?

CHARLES: Pas du tout! (*Not at all!*) C'est _____^6 professeur.

E. Le plan du quartier universitaire. (*Map of the university neighborhood.*) Look at this view of a university neighborhood, and point to the places mentioned as you answer the questions.

resto-U

faculté des lettres

cinéma

bibliothèque

cité-U

librairie anglaise

Vous entendez:	Il y a une librairie anglaise?
Vous dites:	Oui, voici la librairie anglaise.

1. …   2. …   3. …   4. …   5. …

F. Un cours difficile. Listen to the conversation between Mathieu and his Spanish instructor on the first day of class. Then listen to each line of the conversation and indicate whether the objects mentioned are singular (**S**) or plural (**P**).

1. S P   5. S P

2. S P   6. S P

3. S P   7. S P

4. S P   8. S P

Les verbes réguliers en -*er*

Expressing Actions

A. Les pronoms personnels sujet. Complete the following sentences using the correct subject pronouns.

1. Robert est étudiant. _____ étudie les maths.

2. Voici une étudiante. _____ aime danser.

3. Mary et Sofia parlent français, mais _____ sont anglaises.

4. Jacques, _____ travailles au resto-U?

5. Max et moi, _____ aimons regarder la télévision.

6. _____ mangez au restaurant, monsieur?

7. Voilà (*There are*) Marc et Diane. _____ habitent le quartier.

8. Eh, les amis! _____ regardez le film à la télévision?

9. Moi (*Me*)? _____ habite à la cité-U.

10. Dans la salle de classe, _____ parle français.

B. Goûts et préférences. What do these people like to do? Listen to each question, and answer based on the drawings. After each response, there is a question directed to you, followed by a pause for your answer.

Vocabulaire: les films de science-fiction, la musique classique, le ski, le tennis, le volley-ball

Vous entendez:	Et Pierre, il aime le base-ball?
Vous dites:	Non, Pierre aime le jogging.
Vous entendez:	Et vous, vous aimez le jogging?
Vous dites:	Mais oui, j'aime le jogging. (*ou* Non, j'aime mieux le tennis.)

1. ... 2. ... 3. ... 4. ...

C. Samedi soir à la résidence universitaire. Describe what the following people are doing, using the verbs listed.

Léa _____[1] français avec (*with*) Charles. Les deux

amis _____[2] un film à la télévision et

_____[3] des bonbons (*candies*). Caroline et

Stéphanie _____[4] Marie, qui (*who*)

_____[5] son baladeur iPod® (*her iPod*®) dans un

coin (*corner*).

    Roger _____[6] sur le sofa. Je

_____[7] un ami. Une femme

_____[8] à la réception.

chercher
écouter
manger
parler
regarder

rêver
téléphoner à
travailler

D. Pensées variées. Complete the paragraphs using the verbs listed.

Les touristes en France _____[1] les monuments,

_____[2] les guides, _____[3]

français, _____[4] dans les Alpes et

_____[5] dans les boîtes (*nightclubs*) de Paris.

danser
écouter
parler
skier
visiter

    Le week-end à l'université, nous _____[6]

rarement. Nous _____[7] donner des soirées

(*parties*). Nous _____[8] des CD et nous

_____.[9] Nous _____[10]

de nouvelles (*new*) personnes.

aimer mieux
danser
écouter
rencontrer (*to meet*)
travailler

(*continued*)

En cours, j'_____¹¹ souvent la discussion,

mais quelquefois je _____¹² ou je

_____¹³ par (*out*) la fenêtre. Voilà pourquoi

(*That's why*) je _____¹⁴ les cours en amphithéâtre.

J'_____¹⁵ les petites (*small*) salles de classe.

aimer mieux
détester
écouter
regarder
rêver

Sonia et toi (*you*), vous _____¹⁶ les cigarettes.

Vous _____¹⁷ beaucoup. Nous

_____¹⁸ à nous inquiéter (*worry*). Tu

_____¹⁹ ça amusant (*funny*)? Je me

_____²⁰ (*ask myself*) pourquoi.

adorer
commencer
demander
fumer
trouver

E. **Une soirée (*evening*) à la cité-U.** The three students in the drawing major in different subjects. Listen to their comments, then select the name of the person who is probably speaking. You will hear each comment twice.

À comprendre: jusqu'à (*until*), pendant que (*while*)

1. Chantal   Arlette   Marie-France
2. Chantal   Arlette   Marie-France
3. Chantal   Arlette   Marie-France
4. Chantal   Arlette   Marie-France
5. Chantal   Arlette   Marie-France
6. Chantal   Arlette   Marie-France

F. **À la cité-U.** A group of students is watching a soccer game on TV when one of them decides to take an informal poll. Here's his question: **D'habitude, le soir** (*in the evening*), **tu regardes la télé?** Listen to the conversation as many times as necessary, and complete the following passage.

XAVIER: D'habitude, le soir, tu regardes la télé?

FRANÇOISE: Ah oui! _____¹ très souvent des matchs de sport.

CHANTAL: Non, normalement, le soir, _____² au café.

JEAN-PAUL: Moi, _____[3] les maths avec Françoise.

RAOUL: Chantal et moi, _____[4] des CD de jazz.

MARIE-FRANCE: Moi, j'aime mieux _____[5] des fêtes.

Les réponses se trouvent dans l'appendice.

G. **Votre vie à vous.** Tell about yourself and your preferences, using the given verbs and adverbs.

MODÈLE: aimer beaucoup →
J'aime beaucoup les CD de Shakira (le café, les librairies).

1. détester

   _____

2. écouter souvent

   _____

3. regarder de temps en temps

   _____

4. manger toujours

   _____

5. habiter

   _____

6. étudier quelquefois

   _____

Le blog de Léa

Salut tout le monde!

A. **Léa discute.** Put the lines of dialogue in the correct order by numbering them from 1–5.

_____ À Paris, tes amis sont français?

_____ Moi, je m'appelle Alfred. Je suis congolais.

_____ Non, mon amie Maren est allemande et mon ami Régis est québécois. Et toi?

_____ Bonjour, je m'appelle Léa. Je suis française. Et toi?

_____ Mon ami Hassan est marocain et mon amie Juliette est belge.

B. **Quelle est ta nationalité? Quelle langue parles-tu?** Complete the following sentences by writing the nationality and native language of each of these characters.

1. Juliette est _____. Elle parle _____.

2. Hector est _____. Il parle _____.

3. Hassan est _____. Il parle _____ et arabe.

4. Alexis est _____. Sa langue est le _____.

5. Mamadou est _____. Il parle _____ et wolof.

C. **Quelles sont tes matières préférées?** Masculine or feminine? Singular or plural? Complete the following sentences with the correct forms of the definite article: **le, la, l′,** or **les.**

1. À la faculté des Lettres, j'étudie _____ linguistique, _____ littérature et _____ philosophie.

2. J'aime beaucoup _____ langues étrangères: _____ italien, _____ espagnol et _____ anglais.

3. Je n'aime pas _____ maths.

4. Maintenant, j'étudie _____ sociologie.

5. Mon amie Juliette est une spécialiste de _____ informatique.

D. **Les blogueurs en action.** Complete the following sentences with the correct form of the **-er** verb in parentheses.

1. Léa (regarder) _____ souvent la télévision.

2. Charlotte (skier) _____ quelquefois le week-end.

3. Alexis, tu (fumer) _____?

4. Poema et son amie Meva (écouter) _____ de temps en temps la radio polynésienne.

5. Mamadou et son frère (*his brother*) (travailler) _____ à Paris.

E. **Vous répondez à Léa.** Respond to Léa by completing the sentences or choosing the phrases that best describe you. Don't forget to write your email address.

DE: _____

À: Léa@wanadoo.fr

Bonjour / Bonsoir, Léa!

Mes amis sont de nationalités différentes. Ils sont (*are*) _____, _____ et _____.

Mais **j'étudie le français / je parle français** et je cherche des amis **français / francophones!** Je suis étudiante, comme toi. **En général / De temps en temps,** j'étudie à la bibliothèque. **Souvent / Quelquefois,** je regarde des films français à la télévision. **J'aime / J'adore** le cinéma européen. Mais **j'aime moins / je préfère / je déteste** le cinéma américain. **J'aime aussi / Je n'aime pas la littérature / l'histoire / la philosophie.**

Voilà! C'est moi!

Au revoir / Bonsoir / À bientôt!

Pause-Culture

A. Les étudiants étrangers à Paris. Complete the following sentences with the words from the list: **algériens, américains, anglais, arabe, chinois, Côte-d'Ivoire, espagnol, étrangers, européens, japonais, Maroc.** Use each word only once.

1. Paris, c'est une ville internationale avec des étudiants de toutes les nationalités. À Paris, il y a

   des étudiants _____, _____, _____, etc.

2. On parle toutes les langues. On parle _____, _____,

   _____ et _____.

3. Les étudiants de pays francophones sont nombreux. Par exemple, il y a des étudiants du

   _____ ou de la _____.

4. Les étudiants français aiment les étudiants _____.

5. Les étudiants africains ont l'occasion (*have the chance*) de rencontrer beaucoup d'étudiants

   _____.

B. Le Quartier latin. Reread the **Reportage** section in your textbook, then complete the following sentences.

1. Le Quartier latin est une zone _____, une sorte de campus international.

2. Le Quartier latin est l'univers de la _____ et des élites _____.

3. Sur le boulevard Saint-Michel, on trouve beaucoup de _____.

4. Dans les petites rues du quartier, les _____ sont nombreux.

5. Le jardin du Luxembourg est _____.

Leçon 3: Structures

 Le verbe *être*

Identifying People and Things

A. Les nouveaux amis. Naomi is meeting and greeting new students at the International House. Complete her sentences according to the model.

   MODÈLE: Voici Marc, un étudiant en langues étrangères; il _____*est*_____ libanais.

1. Et voici Zoé et Gabrielle, deux étudiantes en philosophie; elles _____ françaises.

2. Ako, tu _____ étudiante en économie?

3. Moi, je _____ étudiante en mathématiques. *(continued)*

4. Mon amie Rosa et moi, nous _____ italiennes.

5. Joël et Sammy, vous _____ étudiants en informatique?

6. Voici Lourdes, une étudiante en droit; elle _____ québécoise.

B. La famille de Déo. Complete Déo's description of his family using the appropriate forms of **être**.

Je _____[1] idéaliste. Maman _____[2] très sociable. Je _____[3]

fier (*proud*) d'elle. Papa _____[4] sportif. Mes parents _____[5] très

sympathiques. Les amis de la famille trouvent que (*that*) nous _____[6] drôles.

C. Mon ami Moussa. Moussa is studying in Grenoble. Complete the following sentences with **c'est, il est,** or **elle est.** (Reminder: **c'est** is usually followed by an article—**un, une, des, le, la, les,** etc.)

Voici un ami, Moussa. _____[1] d'Abidjan, en Côte-d'Ivoire. _____[2]

étudiant en médecine. _____[3] un jeune (*young*) homme qui travaille beaucoup.

_____[4] sérieux, mais _____[5] aussi très sociable. Sa sœur (*His sister*)

s'appelle Fatima. _____[6] aussi étudiante, mais en littérature. _____[7]

naïve et _____[8] souvent idéaliste. Mais _____[9] une jeune femme

intéressante.

According to these descriptions, who probably said the following, Moussa or Fatima?

10. Je n'aime pas la biologie. _____

11. J'aime mon cours d'anatomie. _____

12. J'adore mon cours de linguistique. _____

13. Aujourd'hui, tout le monde (*everybody*) trouve que les langues classiques sont utiles (*useful*).

_____

D. Quelle est la nationalité des personnes? At the International House of your university you are discussing the nationality of people with your friend Christine. Answer her questions.

Vous entendez: Manuel?
Vous voyez (*You see*): Mexique
Vous dites: Il est mexicain.

1. France   2. Angleterre   3. Canada   4. Maroc   5. ?

La négation *ne... pas*

Expressing Disagreement

A. C'est exact? Rewrite in the negative only the sentences that are not true.

1. Les éléphants parlent français. _____

_____

2. On danse à la bibliothèque. _____

_____

3. On étudie à la librairie. _____

_____

4. Je parle anglais. _____

_____

5. Les étudiants adorent les examens. _____

_____

6. Nous écoutons la radio en classe. _____

_____

7. Maintenant je regarde un exercice de français. _____

_____

B. **Votre vie à vous.** Compare your tastes with those of people you know.

Suggestions: le base-ball, la biologie, le chocolat, la musique classique, la musique rap, les films français, la politique, la télé-réalité, la télévision, le travail

MODÈLE: Je n'aime pas la musique rap, mais mes camarades Jacques-Olivier et Laurent trouvent le rap super.

1. Je _____

mais (*give name*) _____

_____

2. (*name*) _____

et moi, je _____

3. Les étudiants de la classe _____

_____

mais moi, je _____

4. Les professeurs _____

mais moi, je _____

C. **On ne voit pas bien!** Maurice doesn't see very well. Listen to his observations, and correct what he says based on what you see.

Vous entendez: C'est une limonade?
Vous dites: Non, ce n'est pas une limonade.
                   Ce sont des coca-cola!

1.

2.

3.

4.

5.

D. Le profil de Bernard. Bernard is somewhat opinionated. First, listen once or twice to what he says about himself. Then check off his likes and dislikes.

À comprendre: chaque fois que (*every time that*), voyager

	AIME	N'AIME PAS
1. le ski?	✓	
2. danser?		✓
3. la radio?		
4. les voyages?		
5. le camping?		
6. la psychologie?		
7. les maths?		

E. Test psychologique. Answer the following questions about your habits. You will hear a possible response.

    À comprendre: tu préfères (*you prefer*)

       Vous entendez: Tu aimes travailler à la bibliothèque?
       Vous dites: Non, je n'aime pas travailler à la bibliothèque.

       Vous entendez: Tu travailles généralement à la maison (*at home*)?
       Vous dites: Oui, je travaille généralement à la maison.

    1. …   2. …   3. …   4. …   5. …

Leçon 4: Perspectives

Faire le bilan

A. Associations. Give the name of the category that includes all the people or items listed.

    Mots possibles: amis, femmes, hommes, lieux, matières, sports, villes

      MODÈLE: La littérature, l'histoire, la biologie, la chimie sont des _____ *matières* _____.

    1. Paris, Tunis, Montréal, Dakar sont des _____.

    2. La bibliothèque, la ville, la librairie sont des _____.

    3. Tom Cruise, Denzel Washington, Andy Garcia sont des _____.

    4. Gwyneth Paltrow, Madonna, Isabelle Adjani sont des _____.

    5. Le tennis, le golf, le volley-ball, le basket-ball sont des _____.

    6. Ben Affleck et Matt Damon, Snoopy et Woodstock sont des _____.

B. Un cours intéressant? Use the information in the drawing to fill in the blanks.

1. Il y a _____ étudiants dans la _____ de classe.

2. C'est _____ cours d'_____.

3. Le professeur _____ le cahier à l'étudiante.

4. Une étudiante _____ un stylo dans son sac (*bag*).

5. Il y a deux étudiants qui _____ de voyager.

6. _____ jeune femme à la porte est _____ étudiante.

7. Les étudiants _____ le professeur.

C. Scènes de la vie universitaire. Use a definite or indefinite article.

Dans _____[1] salle de classe, il y a _____[2] étudiants et _____[3] professeur. _____[4] professeur explique _____[5] géométrie.

Il y a _____[6] film français dans _____[7] salle de cinéma. _____[8] spectateurs regardent _____[9] film d'aventures.

_____[10] livre est _____[11] autobiographie. _____[12] autobiographie est en italien. Il y a _____[13] photos dans _____[14] livre.

D. Votre vie à vous. Answer according to your situation.

1. Vous habitez un appartement, une maison (*house*) ou la cité universitaire? _____

_____

2. Vous aimez mieux la musique classique ou le rock? _____

_____

3. Vous aimez mieux le café ou le coca-cola? _____

_____

4. Vous aimez mieux regarder un DVD ou aller (*to go*) au cinéma? _____

   _____

5. Vous aimez étudier, en général? _____

   _____

6. Vous étudiez le français ou l'informatique? _____

   _____

 # Prononciation

La liaison. In French, **liaison** refers to the linking of two words when a normally silent final consonant is pronounced before a vowel or mute **h.** This often takes place following plural articles (**les, des**) and plural subject pronouns (**nous, vous, ils, elles**). For example: **les,** but **les‿amis; elles,** but **elles‿habitent.***

Répétez les expressions suivantes. Vous les entendrez deux fois.

1. les‿histoires bizarres
2. des‿amis agréables
3. vous‿habitez
4. elles‿aiment
5. ils‿étudient
6. nous‿arrivons

Groupes rythmiques. (*Breath groups*.) In French, as a sentence is said, each group of words linked by meaning is pronounced as if it were a single word. There is a slight stress on the final syllable. In the following exercise, the + symbol indicates the end of a breath group.

Répétez les phrases suivantes. Vous les entendrez deux fois.

1. J'ai (*I have*) un ami. +
2. J'ai un ami + fidèle (*loyal*). +
3. J'ai un ami + fidèle et sympa (*likeable*). +
4. J'ai un ami + fidèle et sympa + qui habite ici. +
5. J'ai un ami + fidèle et sympa + qui habite ici, + à Paris. +

 # À l'écoute!

À la radio. A local radio station in Metz, in the northeast of France, informs its listeners about a special event. Listen to the passage as many times as necessary, then complete the following sentences.

À comprendre: la fête d'Internet (*Internet Day*), gratuitement (*free of charge*)

1. Internet, c'est bien pour _____.
   a. trouver l'adresse d'un restaurant
   b. regarder la télévision

2. La fête d'Internet a lieu _____.
   a. jeudi
   b. vendredi

---

*The linking symbol is *not* part of French writing; it appears in this exercise only to guide you.

3. Pour surfer le net, on visite _____.
   a. la bibliothèque de l'université de Metz
   b. un cybercafé de Metz

4. L'accès aux ordinateurs est possible _____.
   a. après (*after*) 9 heures
   b. après 18 heures (*6 P.M.*)

Par écrit

> **Par écrit** is a writing activity that appears in **Leçon 4** of **Chapitres 2–16** of your Workbook/Laboratory Manual. It includes a general purpose, audience, and goal, along with guidelines to help you organize your thoughts and polish your writing. Be sure to read through the suggested steps *before* you start writing: They will help you to write with greater ease and efficiency. And try not to rely on the dictionary as you write: The **Par écrit** activities can be done using only vocabulary and structures that you have already studied. Additional suggested vocabulary is sometimes given in the directions.

Purpose: Describing (yourself or another person)

Audience: A friend or classmate

Goal: A two-paragraph character sketch

Use the following questions as a guide, adding any relevant information you can.

PARAGRAPH 1, TOPIC SENTENCE: Je me présente. (*I introduce myself.*)

1. Comment vous appelez-vous?   2. Vous habitez la cité universitaire, un appartement ou une maison?
3. Qu'est-ce que vous étudiez?   4. Vous aimez les cours à l'université?   5. Vous aimez (adorez, détestez) le français?

PARAGRAPH 2, TOPIC SENTENCE: J'aime faire beaucoup de choses. (*I like to do many things.*) (J'aime la vie active, *ou* J'aime la vie tranquille.)

1. Vous aimez les distractions, le sport?   2. Vous regardez la télévision? Vous écoutez la radio?
3. Vous aimez la musique classique, le jazz, le rock?   4. Qu'est-ce que vous aimez faire (*What do you like to do*) avec des amis?   5. Vous aimez discuter (*to have discussions*) au café, flâner (*to stroll*) sur le campus ou explorer les bibliothèques?

Steps

1. The first time you read the questions, jot down brief notes in response. Then, when you begin your first draft, expand these thoughts into complete sentences.
2. Organize your work into two paragraphs using the suggested topic sentences.
3. Check the first draft for general flow, adding any interesting details that come to mind.
4. Have a classmate read your work and share his or her overall reaction.
5. Prepare your final draft, taking into account your classmate's most germane suggestions. Do a last check for spelling (including accents), punctuation, and grammar. Pay particular attention to verb forms.

Journal intime

> **Journal intime** (*Personal diary*) is a special feature of your Workbook/Laboratory Manual: a forum for you to write freely in French about your own experiences, using the vocabulary and structures you are currently studying, but *without* worrying about making mistakes. You may want to set aside a special notebook to use as your **Journal intime.** Your instructor may read your diary entries and react to them from time to time, but he or she will probably not give them a grade. By the end of the year, you will find you are writing French with ease, and your **Journal** will be a wonderful record of your progress.

Include at least the following information in today's entry:

- Your name: **Je m'appelle...**
- What pastimes you like and don't like, in general
- What subjects you are studying, and your opinion of each one: **J'aime (Je n'aime pas)...**

Limit yourself to the expressions you have learned so far. You do not need to use a dictionary.

MODÈLE: Je m'appelle Marc. J'aime beaucoup la musique… Je déteste la télévision…

Elles ont l'air chic!

Leçon 1: Paroles

Quatre personnalités différentes

A. Les clichés. Match the adjectives and nouns to create logical combinations.

Vocabulaire: calme, drôle, dynamique, enthousiaste, excentrique, hypocrite, idéaliste, individualiste, raisonnable, sérieux, sincère, sociable, sympathique, timide

MODÈLE: un juge (*judge*) → un juge raisonnable

1. un artiste _____

2. un professeur _____

3. un musicien _____

4. une grand-mère _____

5. un comique (*comedian*) _____

6. une petite fille _____

7. une écologiste _____

8. une fanatique de football _____

9. un poète _____

10. un homme politique _____

11. un amant (*lover*) _____

12. un ami _____

B. Un nouveau job. Gérard Leclerc is looking for a job. You will hear him describe himself. As you listen, check off his characteristics on the chart. Listen as many times as necessary.

intelligent	✓	dynamique	___
sincère	___	enthousiaste	___
ambitieux	___	difficile	___
pas paresseux	___	raisonnable	___
sensible	___	égoïste	___

C. Comment est... ? (*What's . . . like?*) Write complete sentences about the following people, modifying each of the two adjectives using **assez, très, peu,** or **un peu.**

1. Johnny Depp / drôle / sensible _____

   _____

2. Julia Roberts / réaliste / sincère _____

   _____

3. Madonna / dynamique / idéaliste _____

   _____

4. Will Smith / travailleur / égoïste _____

   _____

5. Tiger Woods / paresseux / sympathique _____

   _____

Les vêtements et les couleurs

A. La mode et les saisons. Next to each of the months listed below, write sentences naming three pieces of clothing you typically wear during that month. Vary your sentences.

MODÈLE: En juin, je porte souvent un short et un tee-shirt. (J'aime porter un short en juin.)

avril	1	
	2.	
	3.	
juin	1.	
	2.	
	3.	
septembre	1.	
	2.	
	3.	
décembre	1.	
	2.	
	3.	

B. Parlons de mode. What are appropriate garments for these people and these situations?

MODÈLE: À la plage (*beach*), on porte un maillot de bain, des sandales et un chapeau.

1. Une femme d'affaires (*businesswoman*) porte _____

2. Un homme qui cherche du travail porte _____

3. Les adolescents (*teenagers*) portent aujourd'hui _____

4. Pour jouer au tennis, on porte _____

C. Étudiants typiques. This afternoon, Suzanne is going to the university and Jean-Paul is going to the rec center. Listen to a description of what each is wearing. Stop the recording, and quickly sketch the clothing described on the figures provided. Listen as many times as necessary.

Suzanne   Jean-Paul

Regardez Suzanne.

    1. ...   2. ...   3. ...   4. ...

Maintenant, regardez Jean-Paul.

    1. ...   2. ...   3. ...   4. ...

Les réponses se trouvent dans l'appendice.

D. La palette de l'artiste. What do you get by mixing these colors?

    MODÈLE: rouge + blanc = rose

1. bleu + jaune = _____

2. noir + blanc = _____

3. rouge + jaune = _____

4. bleu + rouge = _____

5. rouge + vert = _____

6. blanc + rouge = _____

E. De quelles couleurs sont-ils? What colors are the following objects?

    1. le drapeau américain   2. le soleil

_____   _____

3. le chat

_____

4. la plante

_____

Les amis d'Anne et de Céline

A. Qui est qui? Match each person with a description.

1. _____ Il est grand. Il n'a pas de cheveux.
   Il a les yeux noirs. Il est sportif.

2. _____ Il est grand avec les cheveux gris
   et les yeux bleus.

3. _____ Elle est de taille moyenne et elle a
   les cheveux blonds et les yeux marron.

4. _____ Il est très petit et très drôle. Il joue
   dans plusieurs films.

5. _____ Elle a (d'habitude) les cheveux très longs
   et très raides, mais la couleur change de
   temps en temps.

a. Michael Jordan
b. Danny DeVito
c. Clint Eastwood
d. Cher
e. Catherine Deneuve

B. L'aspect physique. Here are three students. Listen to the questions about them, and give answers based on the drawing.

Vous entendez: Qui a les cheveux blonds?
Vous dites: Caroline a les cheveux blonds.

1. ... 2. ... 3. ... 4. ... 5. ...

Leçon 2: Structures

 # Le verbe *avoir*

Expressing Possession and Sensations

A. Voici Véronique! What is she like? Add **est** or **a** to complete the description.

MODÈLES: Elle __*a*__ chaud en classe.

Elle n' __*est*__ pas timide.

1. Elle n'_____ pas souvent paresseuse.

2. Elle _____ froid au cinéma.

3. Elle _____ un ami sympathique.

4. Elle n'_____ pas très sportive.

5. Elle _____ besoin de travailler.

6. Elle _____ gentille.

7. Elle _____ de Nîmes.

8. Elle _____ souvent sommeil.

9. Elle _____ toujours raison.

10. Elle _____ l'air optimiste.

11. Elle _____ maintenant vingt ans.

12. Elle _____ en cours avec nous.

B. Réactions. What is the typical reaction?

1. _____ Il y a un coca-cola devant (*in front of*) vous.

2. _____ Il y a une orange devant vous.

3. _____ Vous êtes en Bretagne en décembre.

4. _____ Vous avez un «A» à l'examen sans étudier.

5. _____ Vous écoutez du rock.

6. _____ Vous avez un examen dans 90 minutes.

7. _____ Vous êtes à la Martinique en juin.

8. _____ Vous travaillez tout le week-end.

9. _____ Vous oubliez (*forget*) l'anniversaire d'un ami.

a. Vous avez froid.
b. Vous avez sommeil.
c. Vous avez faim.
d. Vous avez de la chance.
e. Vous avez honte.
f. Vous avez besoin d'étudier.
g. Vous avez envie de danser.
h. Vous avez soif.
i. Vous avez chaud.

C. Conséquences. Write a caption for each of these scenes using an expression with **avoir.**

1. J'explique que cinq fois cinq font trente-cinq.

   J'_____.

2. Nous sommes au casino de Monte-Carlo. Nous gagnons (*win*) 10 000 euros.

   Nous _____.

3. C'est l'anniversaire d'Anne.

   Elle _____.

4. Le pauvre monsieur!

   Il _____ du chien.

5. Voici Léa.

   Elle _____ avec le professeur au resto-U.

6. Voilà trois étudiants.

   Ils _____ d'être très studieux.

D. Réactions logiques. What might you say in these situations?

À comprendre: n'est pas d'accord (*doesn't agree*), une heure de l'après-midi (*one o'clock in the afternoon*)

Expressions utiles: avoir... besoin d'étudier, de la chance, faim, froid, honte, raison, sommeil

Vous entendez: Vous étudiez beaucoup et vous êtes fatigué(e).
Vous dites: J'ai sommeil!

1. ... 2. ... 3. ... 4. ... 5. ... 6. ...

E. **Et les questions?** What question would you ask your classmates or friends to get the following answers?

MODÈLE: *Tu as un cahier?*

Oui, j'ai un cahier jaune.

1. _____

Oui, nous avons des ordinateurs en cours d'informatique.

2. _____

Oui, j'ai un dictionnaire français-anglais.

3. _____

Oui, nous avons un professeur dynamique.

4. _____

Oui, j'ai un examen vendredi.

5. _____

Oui, j'ai envie de manger au resto-U.

Les adjectifs qualificatifs

Describing People, Places, and Things

A. **De quelle nationalité?** Complete the following descriptions with adjectives of nationality. (See **Chapitre 2.**)

MODÈLE: Harrison Ford et Tom Hanks sont des acteurs *américains*.

1. Paris est une ville _____.

2. Une Ford est une voiture (*car*) _____.

3. Shakespeare et Charles Dickens sont des écrivains _____.

4. Rabat et Casablanca sont deux villes _____.

5. Gérard Depardieu est un acteur _____.

6. Dakar est une ville _____.

7. Céline Dion est une chanteuse (*singer*) _____.

B. **Amis semblables (*similar*).** Anne is describing some friends of hers. In each case, you know people with similar qualities. Respond as in the example.

MODÈLE: Loïc est sportif. (Léa) → Léa aussi, elle est sportive.

1. Robert et Joël sont gentils. (Évelyne)

_____

2. Marguerite est très fière. (Paul et Guillaume)

_____

3. Marc est beau. (Julie)

_____

4. Léa et Suzanne sont assez naïves. (Charles)

_____

5. Mon chat (*male cat*) Chouchou est paresseux. (Ma chatte [*female cat*] Béatrice)

_____

6. Paolo et Vittorio sont intellectuels. (Catherine et Alma)

_____

7. Katherine est une chère amie. (Thomas)

_____

8. Édouard est le nouveau journaliste. (Anne)

_____

C. **C'est Simone!** A reporter has made a mistake: The following story should be about Simone, a young woman, not Simon. Finish the editor's rewrite, making the necessary corrections.

Simon n'hésite pas (*isn't hesitating*). C'est un étudiant courageux et ambitieux. Il a une bourse (*scholarship*) généreuse, et il quitte la France mardi pour étudier à New York. Simon est travailleur et aventureux. C'est un jeune homme sérieux. Il va profiter de cette (*this*) expérience.

Simone n'hésite pas. C'est une _____

_____

_____

_____

_____

_____

D. **Votre tempérament.** Describe yourself by answering the following questions about your personality. Use **assez** (*rather*) or **très** (*very*) with the adjective. Each question is followed by a pause for your personal answer.

> Use feminine or masculine endings in your answers where appropriate.

Vous entendez: Vous êtes idéaliste ou réaliste?
Vous dites: Je suis assez idéaliste. *ou* Je suis très idéaliste.

1. …   2. …   3. …   4. …   5. …

E. Maryse et Benoît. How are they different? Answer the questions based on what you see.

Vous entendez:	Maryse est individualiste. Et Benoît?
Vous dites:	Benoît n'est pas individualiste.

1. … 2. … 3. … 4. … 5. … 6. …

F. Une amie intéressante. Robert and Michel are talking about someone in Michel's math class. Listen once or twice to what they say. Then do the following exercise.

Robert est curieux. Il y a une étudiante intéressante dans le cours de maths de Michel…

Now listen to each of the following statements, then indicate whether each statement is true (**vrai, V**) or false (**faux, F**).

1. V   F   La nouvelle amie de Michel est française.

2. V   F   Elle n'est pas sportive.

3. V   F   Selon (*According to*) Michel, cette étudiante est extraordinaire.

4. V   F   Elle est très bonne en maths.

5. V   F   En cours, Michel n'aime pas être à côté d'Élisabeth (*beside Élisabeth*).

G. Couleurs! Couleurs! Describe each object with the indicated color. Remember that some colors are invariable in gender or in gender and number.

MODÈLE: vert / imperméables → des imperméables verts
bleu / robe → une robe bleue

1. rouge / veston _____

2. marron / bottes _____

3. blanc / chaussettes _____

4. jaune / tee-shirts _____

5. orange / cravates _____

6. vert / manteau _____

7. rose / maillot de bain _____

8. violet / jupe _____

9. noir / chemise _____

10. gris / blouson _____

Le blog de Léa

En jupe ou en pantalon?

A. Les vêtements de Léa. Complete each of the following sentences with the correct adjective: **élégante, excentriques, originaux, parisienne, riche.**

1. Léa aime les jolis vêtements. Elle est _____.

2. Léa a un petit budget. Elle n'est pas _____.

3. Léa a envie d'être très «jeune femme». C'est parce qu'elle est _____.

4. De temps en temps, Léa aime être originale. Elle achète

   des vêtements _____.

5. Pour la soirée chez Hector, Léa a besoin de vêtements _____.

B. Le portrait de Léa. Look at Léa's ID card on page 2 of the textbook. Then choose the appropriate words to describe her.

1. Léa a les yeux **bleus / marron / verts.**

2. Léa a les cheveux **blonds / châtains / bruns.**

3. Léa a les cheveux **courts / longs / mi-longs.**

4. Léa mesure 1,62 cm (*5' 4"*). Elle est **petite / de taille moyenne / grande.**

5. Léa a l'air **sympathique / conformiste / solitaire.**

C. Les amis de Léa. Complete the following sentences with the correct form of the verb **avoir.**

1. Est-ce que Léa _____ des amis sportifs?

2. Léa et Juliette _____ des amis communs (*mutual friends*).

3. Hector et Juliette _____ la passion de l'art.

4. Hector demande: «Vous _____ envie d'aller (*to go*) au cinéma?»

5. Hassan et moi, nous _____ toujours (*always*) le temps de cuisiner (*time to cook*).

D. Les amis du blog. Complétez les phrases par l'expression qui convient: **avoir de la chance, avoir faim, avoir froid, avoir peur, avoir sommeil.**

1. Poema aime le soleil (*sun*): à Paris, elle _____.

2. Alexis adore manger. Jour et nuit, il _____.

3. Trésor _____ des gros chiens.

4. Mamadou travaille la nuit. Le matin, il _____.

5. Charlotte, tu aimes jouer (*play*) au loto. Est-ce que tu _____?

E. Vous répondez à Léa. Choose the phrases that best describe your fashion preferences. Don't forget to write your email address.

DE: _____

A: Léa@wanadoo.fr

Bonjour / Salut, Léa!

Moi j'ai un **gros / petit** budget pour mes vêtements.

Je porte toujours **un pantalon / un jean / une jupe.** Pour une soirée, j'aime être **élégant(e) / sportif
(sportive) / excentrique.** Pour un rendez-vous (*appointment*) professionnel, je porte un

tailleur / veston.

J'aime bien le **bleu / blanc / noir.** Je ne porte jamais de **rouge / jaune / vert.**

En général, **j'ai / je n'ai pas** envie d'être différent(e). **Je suis / Je ne suis pas** conformiste.

Salut, Léa / Bonsoir / À bientôt!

Pause-Culture

A. L'élégance française. Léa is a typical young Parisian student. Imagine what clothes she is wearing for different occasions and situations. Indicate colors as well.

1. Pour jouer au tennis, Léa porte _____

2. Pour aller à la fac, Léa porte _____

3. Pour aller à la plage (*beach*), Léa porte _____

4. Léa a froid. Elle porte _____

5. Léa a chaud. Elle porte _____

B. Les boutiques de mode. Reread the **Reportage** section in your textbook, then complete the sentences using the elements from both columns.

1. Le chic français est dans l'art d'_____.

2. Les étudiants font des miracles avec _____.

3. Les étudiants trouvent leurs vêtements dans les boutiques pour jeunes comme _____.

4. Au marché aux puces, on achète de vieux vêtements. C'est _____.

5. Gaëlle est classique et élégante. Elle est _____. Elle achète des vêtements déjà portés mais presque neufs, dans des _____.

a. BCBG
b. la fripe
c. assembler les vêtements et les accessoires
d. Zara, Morgan ou Kookaï
e. de petits budgets
f. dépôts-vente

Leçon 3: Structures

STUDY HINTS: LEARNING GRAMMAR

Learning grammar is important, but this alone will not make it possible for you to *communicate* in French. To acquire a meaningful command of French using *Vis-à-vis*, be sure to follow all of these steps:

- Start by *reading the grammar explanations,* paying close attention to the examples.
- The *brief dialogues* that introduce each point are very important, because they illustrate how the grammar is used in everyday communication. *Read through them* silently several times, and *repeat them* with a partner.
- Do the *exercises* in your text and your Workbook/Laboratory Manual. When you are certain your answers are correct, *practice out loud* with a partner. Keep repeating until the answers "feel" natural to you.
- Working with a partner, use the new material to *talk about yourselves.* Use the exercises and brief dialogues as starting points, create your own variations, and chat freely. Always remember that learning grammar is only a means to a much more important end: communication.
- Learning a language is cumulative, so you will want to *create flash cards* and *review* material from previous chapters frequently. Just five to ten minutes a day of reviewing (rather than one long cram session each week) will bring you lasting confidence and success in communicating in French.

Les questions à réponse affirmative ou négative

Getting Information

A. Qui est-ce? You want to know more about Khaled, the new student in your biology course. Ask questions using **est-ce que.**

    MODÈLE: étudier la chimie → Est-ce que tu étudies la chimie?

1. être français _____

2. parler anglais _____

3. aimer les États-Unis _____

Now ask more questions, using inversion.

    MODÈLE: manger au resto-U → Manges-tu au resto-U?

4. aimer le jazz _____

5. être ordonné (*tidy*) _____

6. étudier aussi les maths _____

B. Une amie curieuse. Suzanne wants to know everything about the new couple next door. Write out the questions that make up her half of the conversation.

    MODÈLE: SUZANNE (*est-ce que*):   *Est-ce qu'ils s'appellent Chevalier?*

                ROLAND: Oui, ils s'appellent Paul et Marianne Chevalier.

1.   SUZANNE (inversion): _____

            ROLAND: Oui, elle est française.

2.   SUZANNE (*n'est-ce pas*): _____

            ROLAND: Oui, c'est une amie de Mlle Duval.

3.   SUZANNE (*est-ce que*): _____

            ROLAND: Oui, elle travaille à l'université.

4.   SUZANNE (inversion): _____

            ROLAND: Oui, elle aime beaucoup le football américain.

5.   SUZANNE (*n'est-ce pas*): _____

            ROLAND: Non, il n'est pas français, il est canadien.

6.   SUZANNE (*est-ce que*): _____

            ROLAND: Oui, il parle très bien le français.

7.   SUZANNE (inversion): _____

            ROLAND: Non, ils ne visitent pas souvent la France.

C. Où (*Where*) sont-ils? Annick is looking for some friends and wonders if they are at their usual haunts. Use the expressions given to ask the questions she might, as in the example. Vary your use of the different question forms.

MODÈLE: Georges / à la bibliothèque → Est-ce que Georges est à la bibliothèque?
(Georges est-il à la bibliothèque? Georges est à la bibliothèque? Georges est à la bibliothèque, n'est-ce pas?)

1. Salima / en boîte (*at the nightclub*)

_____

2. Claire et Simone / à la librairie

_____

3. M. Martin / avec Mlle Dupont

_____

4. Sandrine / au resto-U

_____

5. Philippe et Madeleine / à la cité-U

_____

6. Henri / au café

_____

D. Au Prisunic. Listen to these comments that you might overhear in a French department store. You will hear each one twice. Write the name of the person who probably said it, based on the drawings.

À comprendre: ce/cet (*this*)

Richard   Cassandre   Émilie   Monique   Sylvain

1. _____   4. _____

2. _____   5. _____

3. _____

E. La curiosité. You want to know more about your friend's new boyfriend, but she has not said much. Listen to each of these things you want to know, and ask her a direct question.

> Use questions with intonation or with **est-ce que.**

Vous entendez: Vous voulez savoir si (*You want to know whether*) Augustin est sympathique.
Vous dites: Il est sympathique, Augustin?
        ou   Est-ce qu'Augustin est sympathique?

1. …   2. …   3. …   4. …   5. …

Les prépositions *à* et *de*

Mentioning Specific Places or People

A. Départ. Mme Aubré's family is moving. She's writing a list of all the things that must be returned to their rightful owners before they leave.

    MODÈLE: le livre ____*des*____ Ratier

1. la radio _____ Mme Laporte

2. le dictionnaire _____ professeur de Robert

3. le livre _____ copine (*female friend*) de Valérie

4. la flûte _____ amie de Kofti

5. les CD _____ amis de Solange

6. les chaises _____ appartement de Robert

B. À ou *de*? Caption each pair of drawings, using **à** in one sentence and **de** in the other. (Remember the combined forms **au** and **du.**)

    MODÈLE: les jeunes filles / arriver / bibliothèque →

Les jeunes filles arrivent à la bibliothèque.   Les jeunes filles arrivent de la bibliothèque.

1. la femme / parler / monsieur

_____   _____

_____   _____

2. Claire / jouer / (basket-ball) (piano)

_____   _____

_____   _____

C. **Une soirée tranquille.** First, you will hear a description of this scene. Listen to it once or twice before you do the following exercise.

À comprendre: ce soir (*tonight*)

Now, answer the following questions according to the scene pictured.

Vous entendez: Où habitent les étudiants?
Vous dites: Ils habitent à la cité-U.

1. ...   2. ...   3. ...   4. ...   5. ...

D. Votre vie à vous. Using the verbs given, write sentences that tell generalities about your own life.

MODÈLE: téléphoner à _____ →
          Je téléphone à ma mère tous les week-ends (*every weekend*).

1. parler à _____

    _____

2. montrer un(e) _____ à _____

    _____

3. téléphoner à _____

    _____

4. donner un(e) _____ à _____

    _____

Leçon 4: Perspectives

Faire le bilan

A. Votre vie à vous. For each piece of clothing, write a sentence telling which color you like (**J'aime**), dislike (**Je déteste**), or prefer (**J'aime mieux**). Be careful to make adjectives and nouns agree. Also remember that the definite article is used with nouns employed in a general sense, so respond to all questions with ... **les...** .

MODÈLE: un chapeau → J'aime les chapeaux noirs.

1. un pantalon _____

2. une chemise _____

3. un short _____

4. des chaussettes _____

5. un manteau _____

6. des chaussures _____

7. des tennis (*m.*) _____

B. **Enquête** Use your boss's notes to write a list of questions to be asked in your investigation of industrial espionage. Use inversion and **est-ce que.**

MODÈLE: M. Baladur / parler italien? →
M. Baladur parle-t-il italien? Est-ce que M. Baladur parle italien?

1. les amis de M. Baladur / rêver de voyager?

_____

_____

2. M. Baladur / travailler beaucoup?

_____

_____

3. les employés de M. Baladur / détester Paris?

_____

_____

4. Mme Baladur / aimer danser?

_____

_____

5. les secrétaires de M. Baladur / chercher un autre travail?

_____

_____

C. **Les expressions avec** *avoir*. Complete the following statements in a logical manner, using an expression with **avoir.**

MODÈLE: Tu es fatigué. → Tu as sommeil.

1. Il fait (*It is*) 35° C (degrés Celsius = 95° F). Nous _____.

2. En général, les enfants (*children*) n'aiment pas le noir (*dark*). Ils _____.

3. Au tableau, le professeur _____ une craie.

4. Léon gagne (*wins*) 2 000 euros au casino. Il _____.

5. Vous jouez au football pendant une heure (*for an hour*). Vous _____.

6. Elle skie mais elle porte un tee-shirt. Elle _____.

7. Robert _____ chez le dentiste (*at the dentist*).

8. Après le cours de français, nous mangeons au resto-U. Nous _____.

Prononciation

Les voyelles orales. (*Oral vowels.*) Some French vowel sounds are represented in the written language by a single letter. Others have a variety of spellings: The [o] sound, for example, can be spelled **o, au, eau,** or **ô.** Practice recognizing and pronouncing some of the different vowel sounds, paying close attention to the highlighted letters.

Répétez les expressions suivantes. Vous les entendrez deux fois.

1. [a]: **a**mi / m**a**dame / c**a**nadien
2. [i]: **i**ci / d**î**ner / typ**i**que
3. [o]: **au**ssi / radi**o** / b**eau**coup / dr**ô**le
4. [ɔ]: **o**bjet / h**o**mme / sn**o**b
5. [y]: **u**niversité / r**u**e / fl**û**te
6. [e]: **é**cout**er** / excus**ez** / cahi**er**
7. [ɛ]: qu**e**stion / tr**è**s / **ê**tre / tr**ei**ze
8. [ø]: **Eu**rope / séri**eu**se / b**œu**fs
9. [œ]: j**eu**ne / profess**eur** / b**œu**f
10. [u]: c**ou**rageux / **où** / c**oû**te

Les voyelles nasales. (*Nasal vowels.*) When the letter **n** or **m** follows a vowel or a combination of vowels, it frequently gives the vowel a nasal pronunciation. The **n** or **m** itself is not pronounced in these cases.

Répétez les mots suivants. Vous les entendrez deux fois.

1. [ɑ̃]: **am**phithéâtre / **em**ployer / att**en**dez / fr**an**çais / pl**an** / c**en**tre
2. [ɔ̃]: **on**ze / **on**cle / b**on**jour / b**on** / n**om**bre
3. [ɛ̃]: **im**patient / **in**téressant / syn**th**èse / sym**p**athique / p**ein**tre / améri**cain**

À l'écoute!

Anne-Marie Blanchard. Anne-Marie Blanchard, a young French-Canadian clothing designer, is being interviewed on the radio. Listen to the conversation as many times as necessary, then indicate whether each statement you hear is true (**vrai, V**) or false (**faux, F**).

À comprendre: automne (*autumn*), des merveilles (*marvelous things*), le plus important (*most important*), les friperies (*secondhand clothing stores*), qu'est-ce que (*what*)

1. V   F   Pour Anne-Marie, le confort est très important.

2. V   F   Elle déteste les friperies.

3. V   F   Elle préfère le blanc et le jaune pour l'automne.

4. V   F   Aujourd'hui, Anne-Marie porte un tailleur.

5. V   F   Elle porte aussi une cravate d'homme.

6. V   F   Elle aime beaucoup le noir.

Par écrit

Purpose: Describing another person

Audience: Your instructor and classmates

Goal: A two-paragraph character sketch

PARAGRAPHE 1

Julie est une jeune fille individualiste. Elle habite Los Angeles. Elle aime parler de musique et de littérature. Elle n'aime pas parler de télévision. En général, elle porte un pull-over noir, un jean et des bottes noires.

PARAGRAPHE 2

Julie admire John Coltrane, Wynton Marsalis et Ella Fitzgerald. Elle n'aime pas Madonna. Elle adore jouer du piano et écouter la radio. Elle est sociable et optimiste. C'est une personne dynamique.

Steps

1. Make a list of interview questions that will elicit the same type of information as is given in the model: **Tu habites Cincinnati? Est-ce que tu es excentrique? Aimes-tu la musique?**, etc.
2. As you interview your subject, jot down the answers in abbreviated form.
3. Next, circle the responses you want to include in your composition. Start writing, adding other descriptions whenever possible. Use the model as a guide, but try to write in your own personal style.
4. Have a classmate check your work and share his or her overall reaction.
5. Prepare your final draft, taking into account your classmate's most germane suggestions.

Do a last check for spelling, punctuation, and grammar, paying particular attention to adjectives and to the prepositions **à** and **de.**

Journal intime

Write about yourself. Be sure to use complete sentences. Include the following information:

- How would you describe yourself as a person? as a student? Review the adjectives in the chapter if you need to. Use **Je suis...**
- What kinds of clothing do you like to wear? What colors do you prefer (**aimer mieux**)?

À la maison

Leçon 1: Paroles

Christine, Michel et la voiture

A. Où se trouve... ? (*Where is . . . ?*) Complete each sentence with the appropriate preposition of location.

1. Les étudiants sont _____ la salle de classe.

2. Gilles est _____ la porte.

3. Le rétroprojecteur est _____ la table.

4. Le magnétoscope est _____ la télévision.

5. Le livre de Céline est _____.

(continued)

6. Les étudiants sont _____ du tableau.

7. Le bureau est _____ Mme Gabet et les étudiants.

8. Henri est _____ Maurice.

9. Après le cours, la classe va (*is going*) _____ Maurice pour une fête.

B. Où sont les hamsters de Dorothée? Listen to the following questions, then describe where Dorothée's hamsters are.

Expressions utiles: à côté de, dans, derrière, devant, sous, sur

Vous entendez:	Anatole est dans la cage?
Vous dites:	Non, Anatole est sur la cage.

1. …   2. …   3. …   4. …   5. …

Deux chambres d'étudiants

A. La chambre est en ordre. Select the logical word or expression.

MODÈLE: Les livres sont (sur) / sous le bureau.

1. Il y a des vêtements **dans** / **sur** la commode.

2. Les livres sur l'étagère sont **à côté des** / **derrière les** magazines.

3. Il y a une lampe et un réveil **sur** / **sous** la table de nuit (*nightstand*).

4. Le miroir est sur **le mur** / **le canapé.**

5. Il y a des chapeaux dans **l'armoire** / **le lit.**

6. Il y a un baladeur iPod® sur **le tapis** / **la commode.**

7. Les rideaux sont à **la chaise** / **la fenêtre.**

8. Les affiches sont sur **le mur** / **le tapis.**

9. Les CD sont à côté **du lit** / **du lecteur de CD.**

10. Les stylos sont dans **le bureau** / **le lavabo.**

B. Votre vie à vous. Describe your room.

MODÈLE: Sur la table, il y a _*des magazines et des fruits*_.

1. Sur le bureau, il y a _____

2. À côté de la porte, il y a _____

3. Sur les étagères, il y a _____

4. Dans la commode, il y a _____

5. Sous le lit, il y a _____

6. Les livres sont _____

C. Votre vie à vous. Give brief, personal answers about your home.

1. Habitez-vous dans un immeuble ou dans une maison? _____

_____

2. Votre chambre est-elle en ordre ou en désordre? Expliquez (*Explain*). _____

_____

_____

3. Avez-vous des appareils (*devices*) pour écouter de la musique? Lesquels (*Which ones*)? _____

_____

_____

4. Quels meubles avez-vous dans votre chambre? _____

_____

_____

D. Un nouveau décor. You are listening to someone describe the decoration of her room. Sketch the items she mentions in their proper place. You will hear each sentence of the description twice.

le lavabo

la commode

le lit

1. ...   2. ...   3. ...   4. ...   5. ...   6. ...   Les réponses se trouvent dans l'appendice.

Leçon 2: Structures

Les articles indéfinis après *ne... pas*

Expressing the Absence of Something

A. Qu'est-ce qui ne va pas? What's missing in this office? List eight missing things.

   MODÈLE: Les employés n'ont pas de chaises.

1. _____
2. _____
3. _____
4. _____
5. _____
6. _____
7. _____
8. _____

B. Un crime: Le locataire (*tenant*) sous le lit. M. Lemont, a police inspector, is interrogating the apartment manager, Mme Hareng. Answer the questions for her.

Vous entendez: Il y a des visiteurs dans la chambre?
Vous dites: Non, il n'y a pas de visiteurs.

1. …   2. …   3. …   4. …   5. …   6. …   7. …

C. L'inspecteur continue son enquête. Mme Hareng has decided not to cooperate and systematically says *no* to each question. Answer the questions for her.

Vous entendez: Vous avez un chien dans l'immeuble?
Vous dites: Non, je n'ai pas de chien.

1. …   2. …   3. …   4. …   5. …

D. À votre avis. In your opinion, what is still missing from the room pictured on page 63? Write your answer in French.

Dans cette chambre, il n'y a pas de…

_____

_____

_____

_____

_____

_____

_____

_____

Les mots interrogatifs

Getting Information

A. À Paris III. You are in Paris interviewing Sylvie, a French student, for your campus newspaper. Here are her answers. Complete the corresponding questions.

Expressions utiles: avec qui; combien de; comment; d'où; pourquoi; qu'est-ce que

VOUS: _____[1] êtes-vous?

SYLVIE: Je suis de Megève, une petite ville dans les Alpes.

VOUS: _____[2] habitez-vous maintenant?

SYLVIE: Maintenant j'habite avec ma cousine Catherine.

VOUS: _____[3] vous étudiez?

SYLVIE: J'étudie les maths et la physique.

VOUS: _____[4] étudiez-vous les maths?

SYLVIE: Parce que (*Because*) j'aime ça! Et pour trouver un bon job après.

VOUS: _____[5] cours de maths avez-vous cette année?

SYLVIE: J'ai quatre cours de maths.

VOUS: _____[6] sont les cours?

SYLVIE: Ils sont en général excellents.

B. Vous ne savez pas... (*You don't know . . .*) You are trying to find out more about a new acquaintance. Listen to each situation, then ask an appropriate question with **comment, d'où, où, pourquoi, quand,** or **qui.**

Vous entendez: Vous ne savez pas le nom de la nouvelle étudiante. Que demandez-vous?
Vous dites: Comment t'appelles-tu?

1. ...   2. ...   3. ...   4. ...   5. ...

C. Au Forum à Paris. It's hard to hear your friends over the noise at the Forum shopping mall. Listen to their remarks and respond with a question. Use **à qui est-ce que, qu'est-ce que,** or **qui est-ce que.**

Vous entendez: Je cherche un maillot de bain.
Vous dites: Qu'est-ce que tu cherches?

1. ...   2. ...   3. ...   4. ...   5. ...

Le blog de Léa

Chez moi

A. Interview de Léa. Match each question with the appropriate response.

1. Léa, où habites-tu maintenant? _____

2. Léa, pourquoi as-tu besoin de déménager? _____

3. Léa, tu as envie d'un grand appartement ou d'un studio? _____

4. Léa, comment cherches-tu un logement à Paris? _____

5. Léa, quand désires-tu déménager? _____

a. Pour être indépendante.
b. Je regarde les petites annonces.
c. Chez mes parents.
d. Demain, si possible!
e. D'un studio ou d'une chambre de bonne.

B. Le rêve de Léa. Decide whether the following statements are true (**vrai, V**) or false (**faux, F**).

1. V F Léa ne veut pas (*doesn't want*) habiter avec ses parents.

2. V F Elle veut habiter au Quartier latin.

3. V F Elle déteste la colocation.

4. V F Elle a envie d'une colocation avec Hassan.

5. V F Léa ne trouve pas d'appartement.

C. Les amis du blog. Make the following sentences negative.

1. Alexis a une télévision dans sa chambre.

_____

2. Mamadou écoute la radio.

_____

3. Dans la cuisine de Poema, il y a des livres.

_____

4. Charlotte a l'ordinateur sur son (*her*) bureau.

_____

5. Alexis et Trésor ont une bicyclette.

_____

D. Conversation téléphonique. Léa is calling Sonia, the student who is looking for a roommate. Write the questions Sonia is likely to ask.

1. Comment _____?

2. Pourquoi _____?

3. Quand _____?

4. Qui _____?

5. Qu'est-ce-que _____?

E. Vous répondez à Léa. Describe your bedroom by completing the sentences. Don't forget to write your email address.

DE: _____

À: Léa@wanadoo.fr

Bonjour Léa!

C'est important d'avoir son espace privé.

Moi, j'ai de la chance: j'ai une chambre indépendante. Voici mon univers:

J'ai un lit. À gauche du lit, il y a _____, et à droite

_____.

En face du lit, on trouve _____. Par terre, il y a _____.

Près de la fenêtre, j'ai _____.

Sur mon bureau, j'ai toujours des _____ et des _____.

Mes livres sont _____.

Bisous!

Pause-Culture

A. Le logement étudiant en France. Describe these types of student housing, using words from the following vocabulary list: **agréable, confortable, grand, joli, minuscule, petit, simple.**

1. Un appartement, c'est _____.

2. Un studio, c'est _____.

3. Une chambre de bonne, c'est un logement _____.

4. Une chambre dans une cité universitaire, c'est un logement _____.

B. Montréal, une ville française en Amérique. Reread the **Reportage** section in your textbook, then complete the following sentences with the words from the list: **la langue officielle, la vieille ville, l'environnement, francophone, six millions.**

1. Au Québec, le français est _____.

2. Le Québec est un territoire _____.

3. Il y a _____ de personnes à Montréal.

4. Les rues tranquilles de _____ montrent les origines françaises de Montréal.

5. À Montréal, on est très attaché à la beauté de _____.

Leçon 3: Structures

 ## Les verbes en *-ir*

Expressing Actions

STUDY HINTS: LEARNING NEW VERBS

- Be sure to learn a *complete* conjugation (pronoun followed by stem + ending) for any new group of verbs and for all irregular verbs.
- Your different senses reinforce each other, so practice *saying, writing, reading,* and *hearing* all new verb forms. (Working with a partner helps!)
- Once you feel confident of the forms, ask and answer simple questions with a partner. Touch on each new verb at least once.
- Always learn the meaning of a new verb *in context*. Write out a brief, original sentence illustrating its meaning: **Je réfléchis aux questions.**
- Whenever possible, break up your studying into several short periods rather than one major cram session. You will feel fresher, learn more quickly, and retain more.

A. Ah! Les verbes! Fill in the chart with the appropriate verb forms.

	AGIR	RÉUSSIR
les femmes		
je/j'		
Jean et moi		
tu		
vous		
une personne travailleuse		

B. **Situations.** Read the two paragraphs, then complete them using the listed verbs.

Prudent ou impulsif? J'ai des amis qui _____[1] avant d'agir.

Moi, par contre (*on the other hand*), je suis un impulsif: j'_____[2]

souvent sans (*without*) réfléchir. Et je _____[3] quelquefois le

mauvais chemin (*wrong path*). Mais je _____[4] en général par

être content de mon choix.

agir
choisir
finir
réfléchir

Des cinéphiles. Mes amis et moi, nous sommes passionnés de cinéma.

Le vendredi, nous regardons les critiques de films récents et nous

_____.[5] Nous _____[6] quatre

ou cinq films intéressants et nous votons: nous _____[7]

à sélectionner un film pour vendredi soir. Après le film, nous

_____[8] souvent par discuter de nos réactions au café.

choisir
finir
réfléchir
réussir

C. **Une nouvelle vie.** Arthur and Mireille are looking for new jobs. Listen to Mireille, and write in the missing verbs. Listen as many times as you need to.

En ce moment, Arthur et moi, nous _____[1] de nouveaux postes. Nous

_____[2] beaucoup aux choix possibles. Chez nous, on est raisonnable, on

n'_____[3] pas avec précipitation. Mais point de vue travail, nous

_____[4] assez le risque et les voyages. Nous ne voulons (*want*) pas

_____[5] par trouver une situation médiocre. Ce n'est pas comme ça qu'on

_____[6] sa vie. Nous, nous _____[7] une vie moins (*less*)

tranquille. C'est pourquoi, en mars, nous partons (*are leaving*) pour le Sénégal...

Les réponses se trouvent dans l'appendice.

D. **La décision d'Arthur et de Mireille.** Now listen to the following questions, and answer them as if you were Arthur.

Vous entendez:	Mireille et toi, vous cherchez de nouveaux appartements ou de nouveaux postes?
Vous dites:	Nous cherchons de nouveaux postes.

1. ...   2. ...   3. ...   4. ...

E. **Quelle préposition?** Insert the correct preposition into the sentence. Is it **à, de,** or **par**?

1. Avant de raccrocher (*Before hanging up*) le téléphone, je finis _____ parler.

2. Je ne sais pas quoi porter, mais je finis _____ choisir un jean et une chemise rose.

3. Je réfléchis souvent _____ mon existence. Et toi?

4. Je réussis _____ examens quand ils sont très simples.

5. Quand je réussis _____ trouver un job, je téléphone _____ ma famille.

La place de l'adjectif qualificatif

Describing People, Places, and Things

A **Attention à la place et à l'accord!** Insert the adjectives in parentheses into the following sentences. Concentrate on both the agreement of the adjectives and their placement.

MODÈLE: J'aime les tapis. (petit, marron) →
J'aime les petits tapis marron.

1. Marie porte une jupe. (long, bleu)

   _____

2. Robert achète une voiture. (rouge, nouveau)

   _____

3. C'est une étagère. (blanc, vieux)

   _____

4. Quelle maison! (beau, ancien)

   _____

5. Voici des fleurs. (joli, jaune)

   _____

6. Ce sont des accusations. (autre, faux)

   _____

7. C'est une dame. (grand, généreux)

   _____

8. (chaque, gros) voiture est chère.

   _____

B. **Le déménagement.** Pascal is moving into a new apartment. Rewrite his description to make it more interesting. Add the adjectives given in parentheses in the correct place and use the correct form.

C'est un appartement (beau / ancien) avec trois chambres (petit / ensoleillé [*sunny*]). Dans le salon, il y a un canapé (bleu / beau) et des chaises (vieux) en bois (*wooden*). Je partage (*share*) la cuisine (grand) avec deux étudiants (étranger / jeune). Dans le quartier, il est facile de rencontrer des personnes (nouveau / sympathique).

_____

_____

_____

_____

C. **Le premier semestre à l'université.** Choose the correct words and insert them into the sentences.

1. J'ai de _____ (nouveaux, vrais) livres pour mes cours et ils sont très

    _____ (vieux, chers).

2. En histoire de l'art, j'ai des livres avec de _____ (beaux, jeunes) tableaux.

3. Mes professeurs sont _____ (chers, vieux) et ils ne sont pas très enthousiastes.

4. _____ (Donc, Si), mes cours ne sont pas intéressants.

5. J'ai un examen demain (*tomorrow*) et _____ (si, alors) j'étudie, je vais réussir.

D. **Les voisines. (*Neighbors*.)** Listen to the following conversation, then indicate whether the statements you hear are true (**vrai, V**) or false (**faux, F**).

À comprendre: je dois acheter (*I have to buy*), malheureusement (*unfortunately*), nourriture (*food*), ses (*her*), trop (*too*)

Antoinette, une jeune étudiante belge, parle avec sa voisine Mme Michel, une dame d'un certain âge, qui vit (*lives*) avec son chien et ses chats. Mme Michel a l'air triste.

Vrai ou faux?

1. V   F   Mme Michel peut déjeuner au café aujourd'hui.

2. V   F   Mme Michel achète beaucoup de nourriture pour animaux.

3. V   F   Mme Michel cherche un nouvel appartement.

4. V   F   Antoinette a de la sympathie pour sa voisine.

5. V   F   L'immeuble de Mme Michel a un nouveau propriétaire.

6. V   F   Mme Michel est allergique à son vieux chien.

7. V   F   C'est la première fois que Mme Michel a ce problème.

E. **La vie de Mme Michel.** Listen to the following statements, then contradict each one with the opposite adjective, according to the example.

    Vous entendez: C'est un nouvel appartement.
    Vous dites: Non, c'est un vieil appartement.

1. …   2. …   3. …   4. …   5. …   6. …

Leçon 4: Perspectives

◉ Faire le bilan

A. **Votre vie à vous.** Fill out this questionnaire so the university housing service can find you a roommate.

SERVICE DE LOGEMENT[a]
Questionnaire personnel

Date _____

Votre nom _____ Prénom _____ Téléphone _____

Adresse _____ Ville _____ Code postal _____

Date de naissance[b] _____ M _____ F _____ Langue(s) _____

Nationalité _____

Logement: _____ près de l'univ. _____ loin de l'univ.

Chambre partagée? _____ oui _____ non

Faculté _____ Année d'études _____

Programme d'études _____

Préférences: Musique: _____ classique _____ jazz _____ rock _____ country

Sports: _____ tennis _____ jogging _____ ski _____ basket

_____ (autre)

Cinéma, télévision: _____ amour _____ aventures _____ documentaire

_____ science-fiction _____ informations[c]

_____ (autre)

Pour passer le
week-end, vous: _____ étudiez le français _____ jouez / travaillez à l'ordinateur

_____ jouez d'un instrument _____ écoutez de la musique

_____ organisez une fête _____ regardez un film

Autre(s) passe-temps: _____

Divers: Vous étudiez: _____ dans votre chambre _____ à la bibliothèque

Vous utilisez les messages instantanés[d] _____ constamment _____ beaucoup _____ un peu

Vous avez: _____ un chien _____ un chat

Vous avez: _____ une voiture _____ une mobylette[e]

Vous finissez vos études: _____ tôt[f] _____ tard[g]

Personnalité: _____ sympathique _____ dynamique _____ génial(e)[h]

_____ charmant(e) _____ sérieux/sérieuse _____ poli(e)

_____ sportif/sportive _____ (autre)

Politique: _____ libéral(e) _____ conservateur/conservatrice

Physique: taille: _____ cheveux: _____ yeux: _____

---

[a]housing [b]birth [c]news [d]SMS [e]scooter [f]early [g]late [h]clever

B. **Ah! Les verbes!** Take a moment to review the two regular conjugations and the two irregular verbs you have learned so far.

	LOUER	CHOISIR
je		
mes amis		
Laure		
tu		
vous		
Khaled et moi		

	ÊTRE	AVOIR
tu		
Jacqueline		
les étudiants		
je/j'		
Michaël et moi		
vous		

C. **Votre vie à vous.** Imagine that you have advertised for a roommate. Write out four questions you will ask people when they call to say they're interested.

1. _____

2. _____

3. _____

4. _____

D. **Votre vie à vous.** Tell about yourself, your ideas, and your plans by answering these questions.

1. Quel âge avez-vous? _____

   _____

2. À votre avis, quel est l'âge idéal? Pourquoi? _____

   _____

3. Qu'est-ce que vous avez envie de faire dans la vie? _____

   _____

4. De quoi avez-vous besoin pour réussir votre vie? _____

   _____

5. En général, avez-vous de la chance ou non dans la vie? Expliquez. _____

   _____

E. Posez des questions! Imagine a question that might elicit the given answers. Pay special attention to the underlined words.

MODÈLE: _Qui_ a 20 ans dans la classe de français? →

Ce n'est pas <u>le professeur</u>!

1. _____ est-ce que tu vas (*are you going*) jouer au tennis?

<u>Demain</u>, si je n'ai pas beaucoup de travail.

2. _____ est ton nouvel ami?

Il est <u>vraiment sympathique</u>!

3. _____ étudie le français avec toi?

<u>Mon cousin Paul</u> étudie le français avec moi.

4. _____ étudiants y a-t-il dans le cours?

Il y a <u>vingt</u> étudiants dans le cours.

5. _____ Karen ne réussit-elle pas en cours de français?

<u>Parce qu'elle a peur de parler en cours</u>.

6. _____ finissez-vous le livre?

Nous finissons le livre <u>vendredi</u>, je pense.

7. _____ loues-tu une chambre?

Je loue une chambre <u>à côté de l'université</u>.

8. _____ tu portes à la soirée?

Je porte <u>un jean</u>. Ça va?

Prononciation

Les accents. In French, some accent marks do not influence pronunciation. The **accent grave** (`) on **a** and **u,** for example, is used to distinguish words spelled alike but having different meanings: **la** (*the*) versus **là** (*there*), or **ou** (*or*) versus **où** (*where*). The **accent circonflexe** (ˆ), as well, sometimes has no influence on pronunciation. Other accent marks do affect pronunciation. In the following exercise, pay close attention to how the sound of **e** changes with different accents, to the sound of **o** with the **accent circonflexe,** and to the independent vowel sounds indicated by the **tréma** (¨). Also take note of the soft **c** sound produced by the **cédille** (¸).

Répétez les expressions suivantes. Vous les entendrez deux fois.

1. cité / numéro / cinéma / téléphone / étudiante / répétez
2. très / système / problème / sincère / fière / bibliothèque
3. être / fenêtre / prêt / forêt / honnête / bête
4. drôle / hôtel / Jérôme
5. Noël / naïf / Joël
6. ça / façon / fiançailles

À l'écoute!

Un camarade de chambre. Gabriel, a rather eccentric young man, is looking for a roommate. He is reading aloud the ad he is about to place in the paper. Listen to him as many times as necessary, then select the answers that best complete the following sentences.

1. Le camarade de chambre idéal de Gabriel est _____.
   a. intelligent et amusant
   b. naïf et patient

2. La chambre à louer est _____.
   a. dans un nouvel immeuble
   b. près de l'université

3. Gabriel recherche un camarade qui a _____.
   a. une chaîne stéréo, un ordinateur, un canapé, une télévision et deux lits
   b. une chaîne stéréo, un ordinateur, un canapé, une télévision et un téléphone

4. Gabriel passe beaucoup de temps _____.
   a. à l'université
   b. au café

 # Par écrit

Function: More on describing a person

Audience: Readers of a school newspaper

Goal: An article about Izé Bola, a new exchange student

Izé tells about herself: **«Je m'appelle Izé Bola. J'habite en Côte-d'Ivoire. Je suis aux États-Unis pour améliorer** (*improve*) **mon anglais. Je me spécialise en sciences. Un jour, je veux** (*want*) **être médecin** (*doctor*) **comme mon père.»**

Steps

1. Complete the following sentences. Then write two or three sentences of your own, making inferences based on Izé's statements and making up plausible details.

   Izé est étudiante en biologie. Elle veut…
   Elle a aussi envie…
   Elle a l'air…
   Elle a _____ ans.
   Elle étudie aux États-Unis parce que…
   C'est une jeune fille…
   Elle parle…
   Elle aime surtout (*especially*)… mais elle n'aime pas…

2. Try to make Izé come alive for your readers. A few techniques:

- Give vivid and specific details about Izé's personality, interests, taste in clothing, and so on.
- Include some direct quotes from Izé. How does she express herself?
- Place the most interesting points at the beginning or end of a sentence, so that they stand out.

As always, read your first draft "cold" (perhaps after taking a break) for organization and flow. It is best if you and a classmate check each other's work. Double-check your final draft for spelling, punctuation, and grammar, especially your use of verbs.

Journal intime

Describe in as much detail as possible either your room at home or the room of your dreams (la chambre idéale). Be sure to use complete sentences. Include the following information:

- What objects are in the room?
- What is the atmosphere of the room like?
- What kinds of things go on there?

MODÈLE: Ma chambre est unique parce qu'elle...

Révisez! Chapitres 1–4

> **Révisez!** is a review section that appears after **Chapitres 4, 8, 12,** and **16** of the Workbook/Laboratory Manual. It gives you the opportunity to practice vocabulary and grammatical structures you learned in the preceding chapters.

A. Toujours les bonnes manières! Write a logical statement or question that corresponds to each of the following answers.

1. —_____ —

   —De rien!

2. —_____ —

   —Très bien, merci. Et toi?

3. —_____ —

   —Je m'appelle Rémi Caron.

4. —_____ —

   —Salut, Gabriel!

5. —_____ —

   —Ah oui! Je comprends. Merci, madame.

B. À la réception. You are working at the lobby desk at the International House on campus. Listen to various students' phone numbers. Write down the missing figures.

KENNETH:	03–43–48–_23_–31
AIMÉE:	03–59–22–_____–17
BERNARD:	03–18–_____–30–21
JACQUELINE:	03–36–13–59–_____
MARIE:	03–27–_____–14–08

Les réponses se trouvent dans l'appendice.

C. Nous sommes étudiants. Write complete sentences using the following elements.

1. Robert / étudier / physique / et / biologie / à / université

   _____

2. il / être / étudiant / et / habiter / à / Marseille

   _____

3. Marie et Jacques / aimer / rock / mais / Patrice / aimer mieux / musique classique

   _____

(continued)

4. Sophie et moi, nous / regarder / télévision / et / nous / écouter / radio

_____

5. nous / manger bien / et / ne pas fumer

_____

D. Étudiants francophones. Listen to separate statements by Marie-Laure and Khaled, two French-speaking students studying in Los Angeles. As you listen, fill in the chart.

	MARIE-LAURE	KHALED
Âge?	_23 ans_	_____
Nationalité?	_____	_____
Activités		
Études?	_____	_____
		_____
Travail?	_____	_dans une galerie d'art_
Intérêts et distractions?	_____	_jouer au volley-ball_
	la danse	
	_____	
	_____	

Les réponses se trouvent dans l'appendice.

E. Voici Monique. Combine the following elements to create complete sentences.

1. Monique / ne pas être / sportif / mais / elle / être / dynamique

_____

2. elle / avoir / cheveux / blond / et / yeux / marron

_____

3. elle / aimer porter / vêtements / beau / confortable

_____

4. le / ami de Monique / arrive / Europe / aujourd'hui

_____

5. il / avoir / 30 ans / et / jouer / piano

_____

F. Dictée. Listen to Grégoire and Virginie talk about Grégoire's wardrobe needs. Then, listen a second time while you complete the passage in writing.

GRÉGOIRE: Nous partons pour le week-end, _____?[1] Écoute Virginie, mes _____[2] vraiment impossibles.

VIRGINIE: _____[3] vrai. Ton _____[4]-là, par exemple, _____[5]...

GRÉGOIRE: Regarde, au Puce Market _____[6] et des jeans _____[7] et pas chers.

VIRGINIE: Tu _____[8] les grands magasins (*department stores*): le Printemps, les Galeries Lafayette?

GRÉGOIRE: Tu sais (*know*) que _____[9]... pour les vêtements.

Les réponses se trouvent dans l'appendice.

G. Un dîner au restaurant. Ask the questions that correspond to the following answers.

1. _____

   Ils sont *au restaurant*.

2. _____

   Ils mangent une grande pizza parce *qu'ils ont faim*!

3. _____

   Robert aime *les steaks,* mais Thomas aime mieux *le poisson* (*fish*).

4. _____

   Le restaurant est *excellent*.

5. _____

   Il y a trente-six clients au restaurant.

H. Une vie satisfaisante. Marie-Claude is describing her life to an old friend. Look at the following list. Then, as you listen, check off the items that she says are part of her life.

_____ un petit studio   _____ un micro-ordinateur

_____ une villa magnifique à Monaco   _____ de bons amis

_____ une camarade de chambre   _____ des cours intéressants

_____ un canapé confortable   _____ des cours d'art

_____ un baladeur iPod®   _____ des profs intelligents

Les réponses se trouvent dans l'appendice.

De génération en génération

CHAPITRE
5

Leçon 1: Paroles

Trois générations d'une famille

> **Attention!** Starting in this chapter, most directions are given in French.

A. Les parents. Choisissez l'expression logique. (**é. = épouse** [*marries*])

Yves é. Colette

Sylvie é. François   Anne-Marie é. Pierre

Toinette   Alain   Hughes   Paméla

MODÈLE: Paméla est **la cousine** / **la sœur** de Toinette.

1. Alain est **le frère** / **le fils** de Sylvie.

2. Anne-Marie est **la fille** / **la femme** de Pierre.

3. Paméla est **la fille** / **la petite-fille** de Colette.

4. Toinette est **la sœur** / **la fille** d'Alain.

5. Sylvie est **la tante** / **la cousine** d'Hughes.

6. François est **le frère** / **le mari** de Sylvie.

7. Alain est **le cousin** / **le neveu** de Pierre.

8. Yves est **l'oncle** / **le père** d'Anne-Marie.

9. Paméla est **la belle-sœur** / **la nièce** de Sylvie.

10. François est **le demi-frère** / **l'oncle** de Paméla.

11. Colette est **la belle-mère** / **la grand-mère** de Sylvie.

12. Hughes et Paméla sont **célibataires** / **mariés.**

B. La famille au complet. Complétez les phrases.

1. Le père de ma (*my, f.*) mère est mon _____.

2. Le fils de ma fille est mon _____.

3. La mère de mon frère est ma _____.

4. Le frère de ma cousine est mon _____.

5. La fille de mon oncle est ma _____.

6. Le fils de mes parents est mon _____.

7. Le frère de ma fille est mon _____.

8. La sœur de mon père est ma _____.

9. Le frère de mon mari est mon _____.

10. Les grands-parents de mes parents sont mes _____.

C. Notre arbre généalogique. (*Our family tree.*) Écoutez Georges Monnier, et regardez son arbre généalogique. Écrivez le prénom (*Write the first name*) des membres de sa famille.

Les réponses se trouvent dans l'appendice.

D. La famille de Dominique. Regardez la position de la petite Dominique Lévêque sur l'arbre généalogique, puis (*then*) répondez aux questions. Qui sont ces personnes par rapport à (*in relation to*) Dominique?

Vous entendez: Qui est Jacqueline?

Vous choisissez: C'est (la mère)/la sœur / la tante de Dominique.

1. C'est la mère / la sœur / la tante de Dominique.

2. C'est le grand-père / l'oncle / le frère de Dominique.

3. C'est le grand-père / l'oncle / le frère de Dominique.

4. Ce sont les parents / les grands-parents / les cousins de Dominique.

5. Ce sont les sœurs / les cousins / les cousines de Dominique.

Chez les Chabrier

A. Un bel appartement. Écrivez le nom de chaque pièce sur l'image.

Maintenant décrivez (*describe*) l'appartement.

6. Le séjour est _____

7. Dans le séjour, il y a _____

   mais il n'y a pas _____

8. Dans la cuisine, _____

9. La salle de bains a _____

10. Dans la chambre, il y a _____

B. Le décor d'une maison. Regardez de nouveau l'image de l'exercice A, et répondez aux questions.

    Vous entendez: Où se trouve le canapé?
    Vous dites: Dans le séjour.

1. ...   2. ...   3. ...   4. ...   5. ...   6. ...

C. Chez les Dubois. Regardez la maison et les membres de la famille. Écoutez chaque phrase, puis indiquez si elle est vraie (**V**) ou fausse (**F**).

Voici M. et Mme Dubois, leur (*their*) fils Jean-Louis, leur fille Micheline et M. et Mme Carnot, les parents de Mme Dubois.

1. V F   5. V F

2. V F   6. V F

3. V F   7. V F

4. V F   8. V F

D. Un bel appartement. Complétez le paragraphe suivant avec le mot logique. *Note:* Un appartement à trois pièces a un séjour et deux chambres. La cuisine et la salle de bains ne sont pas considérées comme des «pièces» dans une petite annonce (*ad*).

Vocabulaire: escalier, pièces, premier étage

Véronique et Michel ont un bel appartement dans le treizième arrondissement (*thirteenth district*) de Paris. C'est un trois-_____.¹ Il faut monter (*climb*)

l'_____² pour arriver à la porte, parce que l'appartement est au

_____.³

Vocabulaire: bureau, chambre, couloir, cuisine

Il y a une _____,⁴ une salle de bains, des toilettes et un

_____⁵ qui mène (*that leads*) aux chambres. Une _____⁶

sert de (*serves as a*) _____⁷ à (*for*) Michel, parce qu'il travaille à la maison.

Vocabulaire: arbre, balcon, rez-de-chaussée, sous-sol

Sur le _____,⁸ Véronique et Michel ont beaucoup de plantes—des

fleurs de toutes les couleurs et un très petit _____,⁹ un bonsaï. Au

_____¹⁰ de l'immeuble, il y a un lave-linge (*washing machine*) pour tous les

locataires (*tenants*), et au _____,¹¹ il y a une jolie terrasse.

Quel temps fait-il? Les saisons et le temps

Quel temps fait-il? Décrivez le temps qu'il fait, et indiquez la saison.

MODÈLE: Il fait chaud et il fait beau. Nous sommes en été.

1. _____

_____

2. _____

_____

3. _____

_____

4. _____

_____

Leçon 2: Structures

Les adjectifs possessifs

Expressing Possession

A. Avec qui? Récrivez (*Rewrite*) les phrases suivantes en faisant (*making*) les substitutions indiquées.

1. Nous parlons avec *notre sœur*.

    a. (grands-parents) _____

    b. (oncle) _____

    c. (enfant) _____

2. Toi, tu habites avec *ta mère*?

    a. (frères) _____

    b. (amie, Magalie) _____

    c. (mari) _____

3. J'étudie avec *mon professeur*.

    a. (amis, Luc et Céline) _____

    b. (amie, Jeanne) _____

    c. (sœur) _____

4. Vous dînez avec *vos amis*.

    a. (parents) _____

    b. (fils) (*s.*) _____

    c. (famille) _____

B. Sophie et Guy. Complétez les phrases de manière logique avec **son, sa, ses, leur** ou **leurs**.

1. Guy a une fille. C'est _____ fille.

2. Sophie a aussi une fille. C'est _____ fille.

3. Guy a un fils. C'est _____ fils.

4. Sophie a aussi un fils. C'est _____ fils.

5. Guy a des enfants. Ce sont _____ enfants.

6. Sophie a des enfants aussi. Ce sont _____ enfants.

7. Guy et Sophie sont mari et femme. _____ enfants sont Mirabelle et Cédric.

8. Voici le chien de Guy et Sophie. Bobino est _____ chien.

9. Et voilà l'histoire de Guy et de Sophie. C'est _____ histoire.

C. **Votre vie à vous.** Que (*What*) partagez-vous (*share*)? Dans chaque cas, mentionnez deux choses que la personne / les personnes partage(nt) et deux choses qu'elle(s) ne partage(nt) pas.

MODÈLE: Je partage ma cuisine, mes livres et mon auto, mais je ne partage pas mes chaussures, ma brosse à dents (*toothbrush*) ou mes vêtements.

1. Je partage _____

_____

_____

2. Ma famille et moi, nous partageons _____

_____

_____

_____

3. Mon ami(e) partage _____

_____

_____

_____

D. **Qui arrive aujourd'hui?** Réagissez (*React*) aux remarques de Sylvie en suivant (*by following*) le modèle.

Vous entendez: Voici la mère de mon père.
Vous dites: Ah! C'est ta grand-mère, alors.

1. ...   2. ...   3. ...   4. ...   5. ...

E. **Deux cousins.** Cet après-midi, Luc et Sophie jouent chez leur grand-mère. Regardez le dessin et répondez aux questions.

Vous entendez:	C'est la cravate de Luc?
Vous dites:	Non, ce n'est pas sa cravate.

1. … 2. … 3. … 4. … 5. …

Le verbe *aller* et le futur proche

Talking About Your Plans and Destinations

A. **Où est-ce qu'on va?** Utilisez le verbe **aller** pour indiquer à un nouvel étudiant où on va dans diverses circonstances.

Vocabulaire possible: l'amphithéâtre, la bibliothèque, en boîte, le café, le cinéma, la cité-U, la fac, le gymnase, le laboratoire de langues, la librairie, la maison, le resto-U, en ville

MODÈLE: Quand nous avons envie de manger, _____ *nous allons au resto-U.*

1. Quand les jeunes ont envie de danser, _____

2. Quand les étudiants ont envie d'étudier, _____

3. Quand nous avons besoin de stylos, _____

4. Quand on a soif, _____

5. Quand tu as envie de regarder la télé, _____

6. Quand tes amis et toi, vous avez envie d'exercice, _____

7. Quand j'ai envie de m'amuser (*have fun*), _____

B. **Comment vas-tu?** Sylvie parle avec Marc, son cousin. Donnez les réponses de Sylvie en suivant le modèle.

Vous entendez:	Salut, Sylvie! Comment vas-tu?
Vous dites:	Je vais bien, merci.

1. … 2. … 3. … 4. … 5. …

C. Où va-t-on? Écoutez chaque remarque en regardant (*as you look at*) le dessin correspondant. Ensuite (*Then*), répondez à la question.

> Vous entendez: —Gérard passe le samedi soir à regarder un bon film.
> —Où va-t-il, alors?
> Vous dites: Il va au cinéma.

1.   2.

3.   4.   5.

D. Qu'allez-vous faire? Dans chaque cas, répondez à la première question avec **aller** + infinitif, et répondez vous-même (*yourself*) à la deuxième question.

> Vous entendez: Aujourd'hui, Martine travaille. Et demain?
> Vous dites: Demain, elle va aussi travailler.
> Vous entendez: Et vous, vous allez travailler demain?
> Vous dites: Non, demain, je ne vais pas travailler.

1. …   2. …   3. …   4. …

E. Votre vie à vous. Indiquez quand vous allez faire les activités indiquées. Utilisez des expressions de temps, et expliquez vos réponses, si possible.

Expressions de temps: aujourd'hui, bientôt, ce matin, ce soir, ce week-end, cet après-midi, dans trois jours (deux semaines, etc.), demain, en juin (juillet, etc.), la semaine prochaine, lundi (mardi, etc.), tout à l'heure, tout de suite

> MODÈLE: téléphoner à votre sœur: →
> Je vais téléphoner à ma sœur lundi parce que j'aime discuter avec elle. (Je ne vais pas téléphoner à ma sœur parce que je n'ai pas de sœur.)

1. danser: _____

_____

2. manger de la pizza: _____

_____

3. réussir à un examen: _____

_____

4. aller au cinéma: _____

_____

(*continued*)

5. parler français: _____

_____

6. skier: _____

_____

7. aller en cours: _____

_____

8. visiter la bibliothèque: _____

_____

9. téléphoner à _____: _____

_____

10. porter un maillot de bain: _____

_____

Le blog d'Hassan

Un mariage franco-marocain

A. Hassan, le blogueur. Mettez en ordre les termes suivants pour composer des phrases correctes.

1. je / ami de Léa / suis / un / Hassan

_____

2. blog / va présenter / films vidéo / mon / des

_____

3. vais / mariage / participer à / interculturel / je / un

_____

4. préparer / repas de noces / le / va / qui

_____

5. Abdel / Carole / fiancée / est / d' / la

_____

B. La famille d'Hassan. Qui sont les membres de la famille d'Hassan? Complétez les phrases.

1. C'est le père de mon père. C'est mon _____

2. C'est la femme de mon frère. C'est ma _____

3. C'est le frère de mon père. C'est mon _____

4. C'est la deuxième femme de mon père. C'est ma _____

5. C'est la fille de la sœur de ma mère. C'est ma _____

C. La météo du jour du mariage. Utilisez les éléments suivants pour imaginer quel temps il va faire le jour du mariage d'Abdel et de Carole. Commencez chaque phrase par **Il va** (+ *infinitive*) pour faire des phrases au futur proche.

1. soleil: _____

2. froid: _____

3. mauvais: _____

4. vent: _____

5. chaud: _____

D. Les amis du blog. Imaginez le logement des amis du blog. Utilisez le vocabulaire suivant: **balcon, bureau, chambre, cuisine, escalier, étage, jardin, pièce, salle de bains, séjour.**

1. La maison d'Alexis a _____

2. L'appartement de Mamadou a _____

3. À la cité-U, la chambre de Poema a _____

4. À Genève, Charlotte habite une maison composée de _____

E. Vous répondez à Hassan. Expliquez vos projets pour le futur en choisissant les mots qui conviennent. N'oubliez pas d'indiquer votre adresse électronique.

DE: _____

A: Hassan@wanadoo.fr

Bonjour / Salut, Hassan!

Je suis / Je ne suis pas comme ton ami Abdel. **J'ai envie / Je n'ai pas envie** de me marier.

Je veux / Je ne veux pas (*don't want*) avoir **un(e) / de mari / femme / famille.**

Je rêve / Je ne rêve pas de donner **un petit-fils / une petite-fille** à **mon père / ma mère.** Plus tard (*Later*), je veux habiter dans **une maison / un appartement.**

J'imagine **ma maison / mon appartement** avec **une / deux / trois** chambres. Mais pour moi, le plus important (*the most important thing*) c'est **la salle de bains / la cuisine / le bureau.** Et je veux absolument **une terrasse / un jardin** parce qu'**en automne / au printemps / en été,** j'aime manger dehors!

À bientôt!

Pause-Culture

A. Les mariages interculturels. Complétez le premier mot de chacune de ces phrases en écrivant l'adjectif possessif approprié.

1. M_____ beau-frère est franco-camerounais: il est du Cameroun et sa mère est française.

2. T_____ nièce est franco-algérienne: elle est de France et son père est algérien.

3. S_____ tante est franco-tunisienne: elle est de Tunisie mais sa mère est française.

4. L_____ enfants sont franco-suisses: ils sont de Suisse mais leurs parents sont français.

5. N_____ parents sont franco-sénégalais: notre père est français et notre mère est sénégalaise.

B. La Maroc aujourd'hui. Relisez le **Reportage** dans votre manuel et choisissez la bonne réponse.

1. Le Roi Mohammed VI modernise le code de la famille _____.
    a. en 2003   b. en 2001   c. en 2005

2   Dans la société traditionnelle, la polygamie était (*was*) _____.
    a. interdite   b. autorisée   c. obligatoire

3. Une femme qui demande le divorce a la garde (*has custody*) des enfants _____.
    a. toujours   b. en priorité   c. rarement

4. Aujourd'hui, l'âge légal du mariage pour les femmes est _____.
    a. 15 ans   b. 18 ans   c. 20 ans

5. Pour une femme marocaine, servir son mari, c'est _____.
    a. de la soumission   b. une preuve de générosité   c. une façon d'établir son influence

Leçon 3: Structures

Le verbe *faire*

Expressing What You Are Doing or Making

A. En vacances. Les Ferretti sont au bord de la mer (*at the seaside*). Mme Ferretti écrit à une amie. Complétez le texte avec le verbe **faire**, puis répondez aux questions.

La vie ici au bord de la mer est très simple. Je _____[1] un peu de cuisine et les

enfants _____[2] la vaisselle. On ne _____[3] pas beaucoup de lessive

et nous _____[4] le ménage ensemble. C'est vite fait.

Le matin, mon mari et moi _____[5] du jogging. L'après-midi, j'aime

_____[6] de longues promenades. Les enfants préfèrent _____[7] du

sport. Paul _____[8] du tennis et Anne _____[9] de la voile. Tous les

deux (*Both*) _____[10] la connaissance de beaucoup d'autres jeunes (*young people*).

C'est une vie bien agréable.

11. Est-ce que Mme Ferretti est contente de ses vacances? _____

12. Qui est sociable dans la famille? _____

13. Et vous, que faites-vous au bord de la mer? _____

_____

B. Que faites-vous? Complétez les phrases avec une expression avec **faire** à la forme correcte.

1. Quand vous conduisez (*drive*), vous _____ la route.

2. Ta machine à laver est au sous-sol, alors tu _____ au sous-sol.

3. Devant le cinéma, est-ce que vous _____ de temps en temps?

4. Vous allez en France? Vous _____ en été?

5. Nous avons un nouveau bateau (*boat*). Tu _____ avec nous samedi?

6. Vous _____ à Grenoble ou à Squaw Valley en hiver.

7. Tu désires perdre du poids (*lose weight*). Tu _____ tous les jours.

C. Et ces gens? Qu'est-ce qu'ils font? Regardez le dessin et répondez aux questions.

Vous entendez:　　Qui fait un voyage?
Vous dites:　　　　C'est Marie-Rose.

1. …　2. …　3. …　4. …　5. …　6. …　7. …　8. …

D. Obligations. Écoutez la situation, et répondez à la question.

À comprendre: toujours dans l'évier (*still in the sink*), tu ne sors pas assez (*you don't go out enough*)

Expressions utiles: faire mes devoirs, la cuisine, le ménage, du sport, la vaisselle

Vous entendez:　　Tes amis arrivent et ton appartement est en désordre.
　　　　　　　　　　Qu'est-ce que tu as besoin de faire?
Vous dites:　　　　J'ai besoin de faire le ménage.

1. …　2. …　3. …　4. …

Les verbes en -re

Expressing Actions

A. Ah! Les verbes! Complétez le tableau.

	PERDRE	RENDRE	ATTENDRE	VENDRE
tu				
vous				
je/j'				
nous				

B. Qu'est-ce qui se passe? Décrivez la scène en vous servant des verbes en **-re** et d'autres verbes que vous connaissez (*that you know*).

_____

_____

_____

_____

_____

_____

_____

_____

_____

_____

C. Visite au musée (*museum*) d'Orsay. Complétez le texte avec les verbes donnés.

Maurice et Geoffroy vont _____¹ le musée d'Orsay. Les amis

_____² l'autobus pendant 20 minutes devant leur immeuble.

Maurice donne 1,50 € au conducteur (*driver*), qui lui _____³

sa monnaie (*change*). Quand ils _____⁴ le conducteur annoncer

leur arrêt (*stop*), ils _____⁵ devant le musée.

    Geoffroy ne veut pas _____⁶ une minute. Il va tout de suite

regarder les tableaux de Cézanne. Maurice pose toutes sortes de questions, mais

Geoffroy _____⁷ sans beaucoup réfléchir. Il rêve d'être artiste.

    Après deux heures au musée, ils _____⁸ à Olivier, un

étudiant en médecine qui habite dans le quartier.

(verbes: attendre, descendre, entendre, rendre, visiter)

(verbes: perdre, répondre, rendre visite)

D. Une visite. Écoutez l'histoire de François en regardant les dessins. Mettez les dessins dans l'ordre chronologique selon (*according to*) l'histoire. Numérotez (*Number*) les images de 1 à 4.

À comprendre: coup de téléphone (*telephone call*), le voir (*to see him*), plus tard (*later*)

_____   _____   _____   _____

E. François et Carine. Écoutez chaque question, et écrivez la réponse. Basez vos réponses sur les dessins de l'exercice D.

    Vous entendez: Sur le dessin numéro 1, qu'est-ce que François attend?

    Vous écrivez: _____*Il attend*_____ un coup de téléphone.

1. _____ le téléphone.

2. Oui, _____ au téléphone.

3. _____ des fleurs.

4. _____ rue Meursault.

5. _____ à Carine.

6. Non, _____ leur temps.

Les réponses se trouvent dans l'appendice.

Leçon 4: Perspectives

◎ Faire le bilan

A. Un peu de généalogie. Complétez l'arbre généalogique d'après (*according to*) les phrases suivantes.

1. Le père de Monique s'appelle Geoffroy. Mathilde est sa femme.
2. Monique a une cousine qui s'appelle Chantal.
3. Catherine a quatre petits-fils et deux petites-filles.
4. La tante de Chantal et de Jules s'appelle Marie-Christine.
5. Marie-France est une fille de Catherine et d'Arthur.
6. Jacques est le neveu de Rémi.
7. Mathilde a deux belles-sœurs, Marie-Christine et Marie-France.
8. Marie-Christine a un frère, Geoffroy, et un beau-frère, Rémi.
9. Rémi et Marie-France ont un fils et une fille.
10. Geoffroy est l'oncle de Raoul.

B. Réactions. Faites une phrase avec les éléments donnés et un adjectif approprié.

Adjectifs possibles: courageux, drôle, fatigué, impatient, paresseux, poli, timide, travailleur

MODÈLE: mes parents / faire le marché ensemble →
Quand mes parents font le marché ensemble, ils sont impatients.

1. nous / faire les devoirs _____

_____

2. je / faire des courses _____

_____

3. je / faire la connaissance d'un professeur _____

_____

4. mon père (ma mère) / faire la cuisine _____

_____

5. mes amis / faire une promenade _____

_____

C. Votre vie à vous. Nommez cinq personnes—des membres de votre famille ou des amis—et faites un commentaire sur chacune (*each one*).

MODÈLE: Ma cousine Mary Ellen habite en Californie avec son mari et ses trois enfants.

1. _____

   _____

2. _____

   _____

3. _____

   _____

4. _____

   _____

5. _____

   _____

D. Voici Mauricia! Dans cet article tiré du (*taken from the*) magazine *20 Ans*, on présente une Française d'outre-mer (*from overseas*) qui est à Arcachon, en France. Lisez-le (*Read it*), puis répondez aux questions avec des phrases complètes.

À comprendre: calepin (*notebook*), croise (*meets*), mannequin (*fashion model*), pensionnat (*boarding school*), pique (*gets*)

Nom: Francis
Prénom: Mauricia
Née à: Sainte-Lucie
Agence: Zen
Age: 21 ans
Taille: 1,76 m
Yeux: noirs
Cheveux: noirs
Signe: Taureau

À 15 ans, elle quitte Rémire-Montjoly en Guyane, ses parents et ses trois sœurs chéries pour finir ses études dans un pensionnat d'Arcachon. C'est en vacances là-bas qu'elle croise le directeur d'un magazine féminin. Vous êtes mannequin? Non, pourquoi? Mister Goodluck lui ouvre son calepin. Elle y pique quelques adresses d'agences.

1. Quel est le nom de famille de Mauricia? _____

2. Dans quel pays habite sa famille? _____

3. Combien de personnes est-ce qu'il y a dans sa famille? _____

   _____

4. Pourquoi est-elle en France? _____

   _____

5. Qu'est-ce que le directeur du magazine féminin propose à Mauricia? Il lui propose de/d'_____

   _____

Prononciation

L'intonation. Intonation refers to the rise and fall of the voice in an utterance. It conveys the emotion and intention of the speaker. In French declarative sentences (that is, sentences conveying facts), the intonation rises within each breath group. It falls at the end of the sentence, within the final breath group. In exclamations and commands, intonation starts rather high at the beginning and falls toward the end.

Répétez les phrases suivantes.

1. Je m'appelle Marcel Martin.
2. Ma sœur s'appelle Évelyne.
3. Il y a beaucoup de monde chez nous.
4. Quelle famille charmante!
5. Que tu es gentil!
6. Écoutez bien!

L'intonation interrogative. In a question calling for a *yes* or *no* answer, French intonation rises at the end. In an information question, intonation begins at a high level and descends at the end.

Répétez les phrases suivantes.

1. Ça va?
2. C'est ta mère?
3. Tu viens?
4. As-tu envie de danser?
5. Comment allez-vous?
6. Quand arrive-t-on?
7. Qu'est-ce que c'est?
8. Pourquoi ne manges-tu pas?

À l'écoute!

Quelle animation! Sandrine relit à voix haute (*rereads aloud*) la lettre qu'elle va envoyer (*to send*) à son amie. Écoutez sa lettre, puis choisissez les réponses aux questions suivantes.

À comprendre: comme (*as, since*), hier (*yesterday*), on a fait (*we did*)

1. Comment s'appelle la femme de Raphaël?
   a. Alice
   b. Danielle

2. Qui est Frédéric?
   a. le cousin de Sandrine
   b. l'oncle de Sandrine

3. Et ce matin, qu'est-ce qu'on fait?
   a. le ménage
   b. la cuisine

4. Quel temps fait-il aujourd'hui?
   a. Il fait chaud.
   b. Il fait froid.

5. Avec qui est-ce que Frédéric va arriver?
   a. avec Tatie Danielle
   b. avec une jeune fille

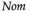 **P**ar écrit

Function: Describing a place

Audience: Your classmates and instructor

Goal: Write a description of a home

Steps

1. Start by brainstorming: What is "home" for you? Jot down adjectives that describe it, its furnishings, its real or ideal inhabitants, and what you do there.
2. Choose the general tone you wish to adopt: A detached or objective tone would result from a simple, factual description, and a more emotional tone would result from your focusing on your feelings. An emotional tone might include such words as **aimer, adorer,** and **détester.**
3. Settle on a vantage point. Will you move through a number of rooms and convey what you see there? Will you describe your home from one fixed point, such as the living room or the garden?
4. Organize your ideas and create an outline.
5. Write your first draft. Take a break, then reread it for organization and consistency.
6. Have a classmate check your work.
7. Prepare your final draft, taking into account your classmate's most helpful remarks. Check the draft for spelling, punctuation, and grammar. Focus especially on your use of possessive adjectives and on the verbs **faire** and **aller.**

Journal intime

Dessinez votre arbre généalogique. Puis choisissez trois ou quatre membres de votre famille et décrivez l'aspect physique de chaque personne.

MODÈLE: Paul est mon petit frère. Il a dix-sept ans. Il est grand et brun, et il a les cheveux longs et les yeux verts. Ses amis aiment bien Paul parce qu'il est drôle et sympathique...

À table!

Leçon 1: Paroles

STUDY HINTS: PRACTICING FRENCH OUTSIDE OF CLASS

By itself, the time you spend in class each week will not allow you to gain a deep or lasting knowledge of French. Once you have completed the activities in your Workbook/Laboratory Manual, how else can you practice French?

- Most importantly, take advantage of and create opportunities to *speak French with others.* Language is a social tool: It withers and fades in isolation.
- Hold a *regular conversation hour*—perhaps at a café—with other students in your class.
- *Practice* your French *with native speakers.* Is there an International House on your campus? a French Table at lunch or dinner? Are there French-speaking professors or students? Try out a few phrases every chance you get.
- Explore the myriad *French resources on the Internet,* including chat rooms, Web pages, streaming audio, podcasts, and virtual museums.
- Make a habit of *viewing French-language films:* at the movies or on VCR or DVD at the library or at home. Organize **soirées de cinéma** with classmates!
- Check local bookstores, newsstands, libraries, and record stores for *French-language publications and music.*
- Listen to *French-language radio broadcasts* and watch *French-language television programs.* You may find them difficult at first, but if you persevere, you will be surprised how quickly your understanding grows. Contact your local cable company or French consulate for a list of French-language programs in your area.

 Les repas de la journée

A. Les catégories. Classez les aliments suivants dans les catégories appropriées. (Les catégories sont à la page suivante.)

du lait
une mousse au chocolat
des haricots verts
une pomme
une laitue
des pommes de terre
de la bière
une salade verte

un gâteau
un hamburger
du vin
du thé et du café
une banane
une poire
du poulet
du sel

de l'eau
une tarte
un bifteck
du sucre
du jambon
une fraise
du porc
une orange

1. FRUITS

_____

_____

_____

_____

_____

3. VIANDE

_____

_____

_____

_____

5. BOISSONS

_____

_____

_____

_____

2. LÉGUMES

_____

_____

_____

4. CONDIMENTS

_____

_____

6. DESSERTS

_____

_____

_____

B. **Définitions.** Complétez chaque phrase avec le terme défini.

1. Un pain long et typiquement français, c'est une _____.

2. Un fruit ou un légume rouge qu'on utilise dans une sauce pour les spaghettis,

   c'est une _____.

3. Une boisson populaire aux États-Unis pour le petit déjeuner, c'est le _____.

4. La viande rouge utilisée pour un bifteck ou pour un rôti (*roast*), c'est du _____.

5. Une boisson comme le coca-cola qui a des bulles (*bubbles*), c'est une _____.

6. Un aliment qui vient (*comes*) de l'océan, c'est un _____.

7. Le steak-frites et le poulet-frites sont deux _____ français populaires.

C. **Devinettes (*Riddles*).** Écoutez les descriptions, puis répondez.

À comprendre: confiture (*jam*), nature (*without anything on them*)

Vous entendez:	Ce sont des fruits rouges ou verts. On les mange nature, ou on en fait des tartes. Rambour et Granny Smith sont des variétés de ce fruit. Qu'est-ce que c'est?
Vous dites:	Ce sont des pommes.

1. ...   2. ...   3. ...   4. ...   5. ...

D. Trouvez l'intrus (intruder). Écoutez le narrateur, et indiquez l'aliment qui *ne va pas* avec les autres.

À comprendre: tasse (*cup*), vous commandez (*you order*)

Vous entendez: Vous choisissez des fruits.
Vous entendez: a. les croissants   b. les pommes   c. les bananes
Vous choisissez: ⓐ les croissants

1. a b c   4. a b c

2. a b c   5. a b c

3. a b c

Exprimer ses préférences: le verbe *préférer*

A. Ah! Les verbes! Complétez le tableau.

	PRÉFÉRER	ESPÉRER	RÉPÉTER
Éric			
tu			
Éric et toi, vous			
nous			
les professeurs			

B. Des projets de voyage. Complétez chaque phrase avec la forme correcte du verbe qui convient.

Verbes: célébrer, considérer, espérer (2), préférer

Ma famille et moi, nous _____¹ visiter Venise l'année prochaine, parce que ma

femme adore les pâtes (*pasta*). Les enfants _____² la pizza. Moi, je

_____³ ça important d'étudier l'italien avant (*before*) notre départ. Demain, ma

femme et moi, nous _____⁴ notre anniversaire de mariage, et je vais offrir à ma

femme les billets d'avion (*plane tickets*) pour aller à Venise. J'_____⁵ qu'elle va être

contente.

À table

A. Au restaurant. Vous êtes au restaurant. Voici votre couvert. Que dites-vous à la serveuse?

MODÈLE: Excusez-moi, madame, je n'ai pas de couteau.

1. Excusez-moi, madame,

_____

2. Excusez-moi, madame,

_____

3. Excusez-moi, madame,

_____

4. Excusez-moi, madame,

_____

B. Qu'est-ce qu'on utilise? Écoutez la question, et répondez avec une expression de la liste suivante.

Expressions utiles: avec un couteau, avec une cuillère, avec une fourchette, dans une assiette, dans une bouteille, dans une tasse

Vous entendez: Avec quoi est-ce qu'on coupe (*cut*) une tarte?
Vous dites: Avec un couteau.

1. …   2. …   3. …   4. …   5. …

C. Qu'est-ce qui n'est pas sur la table? Regardez les dessins, écoutez la description et complétez la description.

Vocabulaire: beurre, fourchette, gâteau, poivre, sucre, verres

Vous entendez: C'est le petit déjeuner. Voici le pain, mais il n'y a pas de…
Vous dites: Il n'y a pas de beurre.

1.

2.

3.

4.

5.

D. Votre vie à vous. Répondez aux questions suivantes avec des phrases complètes.

1. Qu'est-ce que vous avez sur la table chez vous quand vous dînez? _____

   _____

   _____

2. Avez-vous une nappe sur votre table? Pourquoi (pas)? _____

   _____

3. Dans quoi mangez-vous votre soupe d'habitude? _____

   _____

4. Chez vous, avez-vous une carafe d'eau sur la table pendant (*during*) le repas? une carafe

   d'autre chose? Expliquez. _____

   _____

Leçon 2: Structures

Les verbes *prendre* et *boire*

Talking About Food and Drink

A. Ah! Les verbes! Complétez le tableau.

	PRENDRE	BOIRE
tu		
je		
vous		
Jean et moi		
mon père		

B. Que dit Georges? Utilisez le verbe **prendre**.

Mots possibles: l'autobus, l'avion, le petit déjeuner, une photo, ma valise, un verre

MODÈLE: «Je prends une photo.»

1. «Nous _____

_____.»

2. «Ils _____

_____.»

3. «Ils _____

_____.»

4. «Je _____

_____.»

5. «Il _____

_____!»

C. **Voyages, boissons.** Complétez les paragraphes suivants avec la forme correcte des verbes à droite.

Claudine _____[1] beaucoup quand elle voyage parce

qu'elle essaie (*tries*) de _____[2] la langue du pays

qu'elle visite. Quand elle _____[3] une boisson dans

un café ou quand elle _____[4] le train, elle

_____[5] du vocabulaire. Pour elle, voyager, c'est apprendre.

apprendre
comprendre
prendre

Les amis français de Paul _____[6] du Perrier aux repas.

Mais Paul ne _____[7] pas pourquoi. «C'est mauvais!»

dit-il (*he says*). Mais les Français ne _____[8] pas pourquoi

Paul _____[9] du lait avec ses repas. «En France, dit son

ami Jacques, nous, les adultes, ne _____[10] pas beaucoup

de lait. C'est la boisson des enfants.»

boire
comprendre

D. La bonne boisson. Complétez les phrases suivantes avec le verbe **boire** et une expression de la liste. Ajoutez (*Add*) une explication.

Boissons: de la bière, des boissons froides, du café, du champagne, du chocolat, du lait, du thé, du vin chaud

MODÈLE: Au petit déjeuner, nous buvons du café parce que nous avons sommeil.

1. En été, je _____

_____

2. Au petit déjeuner, nous _____

_____

3. Le premier janvier, il y a des personnes qui _____

_____

4. En hiver, les enfants _____

_____

5. À l'Action de grâce,* ma famille _____

_____

E. Chez Madeleine. Thérèse et Jean-Michel dînent au restaurant. Regardez le menu à prix fixe.

Hors-d'oeuvre
oeufs mayonnaise
sardines à l'huile

Entrées
soupe de poisson
escargots

Plats principaux
filet de sole
veau à la crème

chez Madeleine
Menu à prix fixe
20 euros

Légumes
haricots verts
pommes frites

Salade verte

boisson comprise

Fromages
Camembert
Brie

Desserts
tarte aux pommes
mousse au chocolat

Écoutez la conversation. Marquez les aliments que Thérèse ne prend jamais (*never has*).

_____ le poisson   _____ les pommes de terre   _____ le vin

_____ le pâté   _____ les fraises   _____ l'eau minérale

_____ le fromage   _____ le chocolat   _____ le veau (*veal*)

---

*__L'Action de grâce__ is the French name for Thanksgiving in Canada.

F. Le repas de Thérèse. Regardez le menu. Écoutez les questions, et donnez les réponses de Thérèse.

Vous entendez:	Bonsoir, mademoiselle. Vous buvez du vin ce soir?
Vous dites:	Non, merci. Je prends une eau minérale.
Vous entendez:	Comme hors-d'œuvre, vous prenez les œufs mayonnaise ou les sardines à l'huile?
Vous dites:	Je prends les œufs, s'il vous plaît.

1. …   2. …   3. …   4. …

G. Qu'est-ce qu'on apprend? Ajoutez la préposition **à** dans les blancs où il est nécessaire.
Attention: Dans certains cas, la préposition n'est pas nécessaire.

MODÈLES: J'apprends _à_ faire la cuisine française.

J'apprends _____ les secrets de la gastronomie.

Le prof apprend _à_ la classe _à_ faire une salade niçoise.

Le prof apprend _____ une nouvelle recette _à_ la classe.

1. Tu apprends _____ faire attention au professeur?

2. Les étudiants apprennent _____ les nuances de la bonne cuisine quand ils écoutent le prof.

3. J'apprends _____ beaucoup sur la gastronomie française.

4. Le prof apprend _____ l'art de la nouvelle cuisine _____ ses étudiants.

5. Vous apprenez _____ faire un gâteau au chocolat délicieux!

6. Nous apprenons _____ nos amis _____ faire un repas français.

Les articles partitifs

Expressing Quantity

A. À table. Article défini ou partitif?

1. —Adèle, qu'est-ce que tu manges?

—_____ª fromage.

—Mais tu n'aimes pas _____ᵇ fromage. Tu détestes _____ᶜ fromage!

—C'est vrai, mais _____ᵈ fromage français est exceptionnel.

2. —Que désirez-vous, madame?

—_____ª vin rouge, s'il vous plaît, et _____ᵇ café pour monsieur.

—Désirez-vous _____ᶜ sucre?

—Non, merci, je n'aime pas _____ᵈ café avec _____ᵉ sucre.

3. —Est-ce qu'il y a _____ª bifteck au resto-U ce soir?

—Ah! _____ᵇ bifteck, ça n'existe pas au resto-U, mais il y a _____ᶜ pommes de

terre, _____ᵈ jambon et _____ᵉ pain.

B. Conséquences. Complétez les phrases suivantes en utilisant une expression de quantité: **assez de, beaucoup de, peu de, trop de, un peu de.**

MODÈLE: On perd du poids si on mange _peu de_ desserts.

1. Les végétariens mangent _____ légumes.

2. Si tu es diabétique, tu manges _____ sucre.

3. Si vous avez très soif, vous buvez _____ eau.

4. On grossit (*gains weight*) si on mange _____ beurre.

5. Un plat n'est pas bon si on met (*put*) _____ sel.

C. On fait la cuisine. Choisissez les ingrédients nécessaires.

MODÈLE: Pour faire un ragoût de bœuf (*beef stew*), on utilise des carottes, du vin rouge et de la viande.
On n'utilise pas normalement de poisson.

1. Pour faire une soupe, on utilise _____
_____
_____

2. Pour faire un sandwich, on utilise _____
_____
_____

3. Pour faire une omelette, on utilise _____
_____
_____

4. Pour faire un gâteau, on utilise _____
_____
_____

D. Morowa fait le marché. Écoutez la recommandation des marchands (*merchants*), et donnez les réponses de Morowa. Suivez le modèle.

À comprendre: formidable (*fantastic*), frais (*fresh*)

Vous entendez: Le vin rouge est excellent.
Vous dites: Bon, alors, du vin rouge, s'il vous plaît.

1. …   2. …   3. …   4. …   5. …   6. …

E. Quels sont les ingrédients? Vous êtes gastronome (*gourmet*). Donnez une réponse logique aux questions suivantes.

Vous voyez:	viande / œufs
Vous entendez:	Y a-t-il de la viande dans une salade César?
Vous dites:	Non, il n'y a pas de viande, mais il y a des œufs.

1. olives / chocolat
2. bananes / tomates
3. oignons / fraises
4. poisson / sel
5. pommes / œufs

F. Après le pique-nique. Répondez aux questions en utilisant les suggestions suivantes.

Vous voyez:	un peu
Vous entendez:	Il y a de la bière?
Vous dites:	Oui, il y a un peu de bière.

1. beaucoup   4. assez
2. un peu   5. trois bouteilles
3. un litre   6. trop

G. Au restaurant. Regardez les choix, et répondez au serveur pour indiquer vos préférences.

Vous voyez:	œufs à la mayonnaise charcuterie (*f.*) (*cold-cuts*)
Vous entendez:	Qu'est-ce que vous prenez comme entrée?
Vous dites:	Je voudrais des œufs à la mayonnaise, s'il vous plaît.
	(*ou* Je voudrais de la charcuterie, s'il vous plaît.)

1. poulet   poisson
2. haricots verts   frites
3. salade verte   salade de tomates
4. vin rouge   eau minérale
5. fraises   tarte aux pommes

Le blog d'Hassan

Miam-miam!

A. Les recettes d'Hassan. Hassan va inventer des recettes diététiques. Complétez ces phrases à l'aide du vocabulaire suivant: **assez de, beaucoup de, peu de, un peu de.**

1. Hassan va préparer des recettes diététiques avec _____ calories.

2. Il va inventer de nouveaux plats avec _____ légumes.

3. Il va mettre _____ épices pour donner du goût (*flavor*).

4. Dans ses recettes diététiques, il y a _____ huile et _____ beurre.

5. Dans son blog culinaire, Hassan va mettre _____ recettes qui prennent

   _____ temps à préparer.

B. Les goûts d'Hassan. Que préfère manger Hassan? Complétez ces phrases avec l'article partitif approprié.

1. Hassan, est-ce que tu aimes manger _____ chocolat, _____ gâteaux et _____ glaces?

2. Hassan adore les sandwichs avec _____ fromage et _____ oignons.

3. Il va inventer une soupe avec _____ tomates, _____ carottes et _____ crème.

4. Au marché, Hassan achète _____ pommes de terre, _____ brocolis et _____ laitue.

5. Hassan boit seulement _____ jus d'orange, _____ lait, _____ eau et _____ thé.

C. **Les blogueurs à table.** Choisissez la bonne réponse.

1. Le matin, les blogueurs prennent le **déjeuner / petit déjeuner**.

2. Vers 1 h, ils achètent des sandwichs pour leur **déjeuner / goûter**.

3. L'après-midi, ils pensent au **goûter / dîner du soir**.

4. Le samedi soir, ils aiment **déjeuner / dîner** avec des amis.

5. Le dimanche à midi, c'est le jour du **déjeuner / dîner** en famille.

D. **Rendez-vous.** Complétez ces phrases avec le présent du verbe entre parenthèses.

1. Alexis, tu (boire) _____ du vin ou du champagne?

2. Mamadou ne (boire) _____ pas de vin.

3. Poema réfléchit: «Je (prendre) _____ un fruit ou une mousse au chocolat?»

4. Alexis et Trésor, vous (prendre) _____ un bifteck?

5. Charlotte et son mari ne (boire) _____ jamais (*never*) d'alcool. Ils (prendre)

   _____ toujours (*always*) un dessert.

E. **Vous répondez à Hassan.** Expliquez vos habitudes alimentaires à Hassan en complétant les phrases de ce courriel avec des articles partitifs: **du, de la, des** ou des expressions de quantité: **beaucoup de, un peu de**. N'oubliez pas d'indiquer votre adresse électronique.

DE: _____

À: Hassan@wanadoo.fr

Salut, Hassan!

Pour moi, manger est une nécessité et un plaisir.

Le matin, je commence la journée avec _____ et _____.

Au déjeuner, je mange généralement _____ et _____.

Vers quatre heures de l'après-midi, je prends un goûter, comme les enfants! Je mange

_____ ou _____. Puis pour le dîner, j'ai généralement

_____ et _____.

Pendant la semaine, je ne bois jamais d'alcool. Je préfère boire _____ ou

_____. Mais le week-end, je ne refuse pas de boire _____.

Voilà mon régime (*diet*)!

À bientôt!

Pause-Culture

A. La cuisine marocaine. Pour chaque réponse, écrivez la question correspondante, en utilisant **est-ce que** et l'inversion, selon le modèle.

> MODÈLE: —Est-ce que les Marocains mangent du porc?
> —Les Marocains mangent-ils du porc?
> —Non, ils ne mangent pas de porc.

1. _____
   _____

   —Oui, ils mangent du poulet et du bœuf.

2. _____
   _____

   —Non, ils boivent du thé, du café et de l'eau.

3. _____
   _____

   —Oui, le couscous est préparé avec de l'harissa.

4. _____
   _____

   —Non, ils ne mettent (*put*) pas de crème dans le poulet.

5. _____
   _____

   —Oui, ils mettent beaucoup d'épices dans les légumes.

B. Les spécialités françaises. Relisez le **Reportage** dans votre manuel, puis indiquez si les phrases suivantes sont vraies (**V**) ou fausses (**F**).

1. V F En France, on adore les cuisses de grenouilles!

2. V F En France, on mange du chat.

3. V F Les Français apprécient le lapin.

4. V F La baguette et le camembert sont des classiques français.

5. V F Le steak-frites est une spécialité française.

Leçon 3: Structures

 L'impératif

Giving Commands

A. Allons-y! Mettez une légende (*caption*) avec un verbe à l'impératif sous chaque dessin.

Vocabulaire: aller au cinéma, dîner ensemble, faire une promenade, jouer au tennis, prendre un verre

MODÈLE:

Dînons ensemble.

1. _____

2. _____

3. _____

4. _____

B. De bons conseils (advice). Donnez des conseils aux personnes suivantes en utilisant les suggestions. Utilisez la forme **tu, vous** ou **nous.**

MODÈLE: Il y a un bal ce soir, mais votre ami Georges ne sait pas danser. Quels conseils lui (*him*) donnez-vous?

ne pas rester dans sa chambre: *Ne reste pas dans ta chambre!*

apprendre à danser: *Apprends à danser!*

aller regarder les autres: *Va regarder les autres!*

1. Vos parents sont en visite à l'université, et ils ont faim. Quels conseils leur (*them*) donnez-vous?

ne pas dîner au resto-U: _____

choisir un restaurant français: _____

ne pas aller chez McDonald's: _____

2. Votre ami a besoin d'une nouvelle voiture. Il n'a pas beaucoup d'argent (*money*), mais il aime impressionner les autres. Quels conseils lui donnez-vous?

choisir une Volkswagen décapotable (*convertible*): _____

_____

ne pas prendre le bus: _____

demander de l'argent à ses parents: _____

_____

3. Marielle et Solange ont envie de décorer leur chambre, mais Marielle adore le violet et Solange aime mieux le jaune. Quels conseils leur donnez-vous?

ne pas changer de décor: _____

ne pas choisir un tapis rouge: _____

utiliser beaucoup de blanc: _____

être flexible: _____

C. Que dites-vous? Que dites-vous dans chacune des situations suivantes? Complétez la phrase avec une forme impérative du verbe **être** ou **avoir.**

MODÈLE: Vous avez envie de consoler votre ami(e) parce qu'il a fait un erreur en classe.

«N'___*aie*___ pas honte!»

1. Votre ami et vous avez invité vos patrons (*bosses*) à dîner chez vous, et vous êtes nerveux.

«_____ calmes.»

2. Vos amis ont faim mais le repas que vous préparez n'est pas prêt.

«_____ un peu de patience!»

3. Votre chat Minou mange les biscuits sur la table.

«Minou! _____ sage (*well-behaved*)!»

(continued)

4. Votre ami(e) ne veut pas goûter au caviar.

   «N'_____ pas peur. C'est délicieux.»

5. Votre ami(e) et vous avez un peu peur de préparer un soufflé, mais vous voulez le faire.

   «_____ du courage.»

D. Au marché en plein air (*open-air*). Écoutez les suggestions de vos amis, et répondez en vous basant sur (*basing your answers on*) le modèle.

À comprendre: chèvre (*goat*)

Vous entendez: On fait le marché cet après-midi?
Vous dites: Oui, faisons le marché!

1. …   2. …   3. …   4. …   5. …   6. …

L'heure

Telling Time

A. Quelle heure est-il? Regardez les dessins suivants. Donnez l'heure et la partie du jour, puis décrivez ce que fait chaque personne.

David

Verbes utiles: écouter, jouer, manger, parler, regarder

Parties du jour: du matin, de l'après-midi, du soir

MODÈLE: Il est sept heures du matin.
           David mange un croissant.

Geneviève

1. _____

   _____

Pierre

2. _____

   _____

3. _____

_____

4. _____

_____

5. _____

_____

B. L'heure correcte. Écoutez la situation et l'heure. Tracez les aiguilles des horloges. (*Draw the hands on the clocks.*)

Vous entendez: —Je prends l'apéritif. Quelle heure est-il?
                —Il est six heures et demie.

Vous écrivez:

1.   2.   3.

(*continued*)

4.   5.   6.

Les réponses se trouvent dans l'appendice.

C.   Quelle heure est-il? Dites l'heure à haute voix.

Vous voyez:

Vous entendez: Quelle heure est-il?
Vous dites: Il est six heures moins cinq.

1.   2.   3.

4.   5.   6.

D.   L'heure officielle. Regardez encore une fois les horloges de l'exercice C. Pour chaque horloge, écrivez l'heure officielle de l'après-midi ou du soir.

MODÈLE:

_17 h 55_

1. _____   2. _____   3. _____

4. _____   5. _____   6. _____

E. À l'heure, en avance ou en retard? Voici l'emploi du temps de Madeleine. Écoutez l'heure à laquelle (*at which*) elle arrive à chaque rendez-vous. Arrive-t-elle à l'heure, en avance ou en retard?

Vous voyez:	8 h 30 cours d'anglais
Vous entendez:	Elle arrive à huit heures et quart.
Vous dites:	Elle arrive en avance.

1. 9 h 45   cours d'histoire
2. 12 h   déjeuner avec Marc
3. 1 h   labo de biologie
4. 3 h 15   cours d'art
5. 6 h 15   dîner avec Céline
6. 9 h 30   cinéma

F. Caroline! Complétez le dialogue avec les mots appropriés.

Vocabulaire: bientôt, de bonne heure, en retard, midi, minuit, quelle heure est-il, tard, tôt

MAMAN: Tu es toujours _____,[1] Caro! Il est l'heure d'aller à l'école!

CAROLINE: Non… Je suis fatiguée, maman. Il est encore _____,[2] non?

MAMAN: Quoi? Non, il est très _____![3]

CAROLINE: Mais, _____?[4] Neuf heures? Dix heures?

MAMAN: Non. Il est _____,[5] ma fille.

CAROLINE: Oh là! C'est terrible. Il est trop tard!

MAMAN: Demain matin, tu vas te réveiller (*to wake up*) _____,[6] tu

m'entends? Et ce soir, tu vas dormir (*to sleep*) avant _____.[7]

Tu pars (*leave*) maintenant!

CAROLINE: D'accord, d'accord. Je vais _____[8] partir!

Leçon 4: Perspectives

 Faire le bilan

A. La nourriture et les boissons. Complétez le dialogue.

FATIMA: qu'est-ce que vous / prendre / pour / dîner?

_____

JOËL: on / prendre / jambon / et / salade

_____

FATIMA: manger / vous / assez / fruits?

_____

(continued)

JOËL: oui, nous / manger / souvent / poires / et / pommes

_____

FATIMA: prendre / vous / beaucoup / vin?

_____

JOËL: non / nous / ne pas boire / vin

_____

FATIMA: nous, nous / boire / eau minérale

_____

JOËL: qui / faire / cuisine / chez vous?

_____

FATIMA: hélas (*alas*) / être / souvent / moi

_____

B. À quelle heure? Qu'est-ce que vous faites aux heures suivantes? Inventez une réponse si vous n'êtes pas sûr(e).

MODÈLES: 7 h 30 →
À sept heures et demie du matin, je prends le petit déjeuner au resto-U.

23 h 50 →
À minuit moins dix, je regarde la télévision.

1. 9 h 45

_____

2. 12 h 30

_____

3. 14 h 30

_____

4. 17 h

_____

5. 20 h 15

_____

C. Miam-miam! Vous allez au supermarché pour acheter les ingrédients nécessaires pour faire la recette (*recipe*) suivante. Faites une liste des ingrédients. (N'oubliez pas l'article partitif.)

_____*du pain*_____   _____

_____   _____

_____   _____

_____   _____

Le pain perdu

1 verre de lait ½ verre de sucre

Fouette[1] les œufs avec le sucre...

...puis ajoute le lait.

Laisse fondre[2] une noix de beurre dans la poêle.

Trempe[3] une à une les tranches de pain...

...et fais-les dorer[4] sur les 2 faces.

Saupoudrées de[5] sucre, accompagnées de confiture, c'est un délicieux goûter.

[1]*Beat* [2]Laisse... *Melt* [3]*Dip* [4]fais... *brown them* [5]Saupoudrées... *Dusted with*

Prononciation

Les consonnes françaises. In both English and French, a given consonant can represent more than one sound.

- In French, the letter **s** is pronounced [z] when it occurs between vowels, but [s] in other contexts. Listen for the difference: **musique, chaise; snob, idéaliste.**
- The letter **c** is pronounced [k] before consonants, at the end of some words, and before the vowels **a, o,** and **u: action, avec, calme, conformiste, cubiste.** It is pronounced [s] before the letters **e, i,** and **y: centre, cinéma, Nancy.**
- The letter **g** is pronounced [g] before consonants, **a, o,** and **u: agréable, garçon, golf, guide.** In other contexts, it is pronounced [ʒ]: **géant, girafe, gymnaste.**

(continued)

Répétez les expressions suivantes.

1. excusez / visiter / télévision / salut / sport / sociologie
2. crêpe / flic / canadien / comment / culinaire / célibataire / cité / cyclisme
3. grand-mère / gâteau / gourmand / guitare / gentil / hygiène / gymnastique

À l'écoute!

Des vacances gastronomiques. À la radio française, vous entendez une annonce pour des vacances originales. Écoutez cette annonce, puis indiquez quand a lieu chaque activité.

1. On apprend à préparer le repas _____.

2. On va choisir les légumes, le poisson

   et la viande _____.

3. On apprend comment on fait les produits

   de la région _____.

4. On mange _____.

    a. vers 6 h 30
    b. au retour du (*after returning from the*) marché
    c. vers une heure de l'après-midi
    d. après le repas

Par écrit

Function: Writing about daily habits

Audience: Someone you do not know

Goal: Write a passage describing your eating habits. Use the following questions as a guide.

PARAGRAPHE 1
Combien de repas par jour prenez-vous? En général, mangez-vous bien ou mal? Expliquez.

PARAGRAPHE 2
Que prenez-vous au petit déjeuner?

PARAGRAPHE 3
Où mangez-vous à midi? Prenez-vous un repas complet au déjeuner?

PARAGRAPHE 4
Mangez-vous pendant l'après-midi? Qu'est-ce que vous mangez?

PARAGRAPHE 5
Qui prépare le dîner chez vous? Passez-vous beaucoup de temps à table?

PARAGRAPHE 6
Quand invitez-vous des amis à dîner chez vous? À quelle occasion préparez-vous un repas spécial?

Steps

1. Jot down brief answers to the questions.
2. Look over your answers, then create a topic sentence to sum up the main point of your paragraph.
3. Write a first draft, take a break, then check it for organization and style. Have a classmate critique your draft, and incorporate his or her most important suggestions into your final draft.
4. Check your final draft for spelling, punctuation, and grammar, particularly the use of partitive articles. Underline the topic sentence in each paragraph before you hand in your composition.

 # Journal intime

Décrivez ce que vous prenez d'habitude au petit déjeuner, au déjeuner et au dîner.

- Où et avec qui mangez-vous?
- Quels plats choisissez-vous? Pourquoi?
- Quels plats est-ce que vous évitez (*avoid*)? Pourquoi?
- Prenez-vous des plats différents en hiver et en été?

MODÈLE: En général, je prends le petit déjeuner au café Bari près de chez moi, quelquefois avec mon amie Rosa…

Les plaisirs de la cuisine

CHAPITRE 7

Leçon 1: Paroles

 Les magasins d'alimentation

A. Les courses. Une amie vous demande de faire les courses. Regardez la liste, et indiquez les magasins où vous allez trouver ces aliments.

MODÈLE: 500 g de jambon → à la charcuterie

1. du fromage _____

2. deux baguettes _____

3. 500 g de viande hachée (*ground*) _____

4. une boîte de haricots verts _____

5. trois douzaines (*dozen*) d'huîtres _____

6. du pâté de campagne _____

7. un croissant chaud _____

8. des crabes _____

9. des conserves _____

10. du saucisson _____

B. Analogies. Suivez le modèle.

MODÈLE: le beurre: le couteau = le sucre: _____*la cuillère*_____

1. le poisson: la poissonnerie = le pain: _____

2. la baguette: le pain = l'éclair: _____

3. le champagne: la boisson = le camembert: _____

4. le bifteck: la viande = les haricots verts: _____

(continued)

5. le poulet: la viande   = le vin: _____

6. choisir: le choix   = boire: _____

7. la viande: la faim   = l'eau minérale: _____

8. la soupe: la cuillère   = le bifteck: _____

 C. Dans quel magasin... ? Vous faites des courses dans une petite ville française avec Karen, une amie américaine. Répondez à ses questions.

À comprendre: millefeuilles (*type of pastry*), petits-fours (*type of pastry*)

Expressions utiles: la boucherie, la boulangerie, la charcuterie, l'épicerie, la pâtisserie, la poissonnerie

Vous entendez: Où est-ce que j'achète des baguettes et des petits pains?
Vous dites: Eh bien, à la boulangerie!

1. ...   2. ...   3. ...   4. ...   5. ...

D. Votre vie à vous. Répondez aux questions suivantes avec des phrases complètes.

1. Comme dessert, préférez-vous la tarte aux pommes ou les éclairs au chocolat? Pourquoi?

_____

_____

2. Qu'est-ce que vous préférez: le porc ou le bœuf? Ou est-ce que vous aimez bien tous les deux (*both*)? Expliquez. _____

_____

3. Est-ce que vous préférez le saumon, la sole, la truite (*trout*) ou les fruits de mer (crevettes, huîtres, homard, etc.)? Pourquoi? _____

_____

4. Mangez-vous souvent de l'ail et des oignons? Pourquoi ou pourquoi pas? _____

_____

5. Qu'est-ce que vous aimez mieux pour un dîner en famille: un rôti de veau, des côtes de porc ou des saucisses? Pourquoi? _____

_____

6. Où préférez-vous faire vos courses: dans de petits magasins d'alimentation ou dans un supermarché? Pourquoi? _____

_____

Au restaurant

A. Votre carte. Vous écrivez la carte d'un restaurant. Classez les plats selon les catégories indiquées.

brie	escargots de Bourgogne	roquefort
camembert	glace maison	rôti de porc
cocktail de crevettes	mousse au chocolat	sole meunière
côte de porc	pâté de campagne	steak-frites
crème caramel	pot-au-feu	tarte aux fraises
eau minérale	poulet à la crème	vin rouge/blanc/rosé

ENTRÉES

_____

_____

_____

PLATS GARNIS

_____

_____

_____

_____

_____

FROMAGES

_____

_____

_____

DESSERTS

_____

_____

_____

BOISSONS

_____

_____

B. Qui est au restaurant? Écoutez les descriptions et identifiez ces personnes, selon le modèle. C'est **un client, une cliente, un serveur** ou **une serveuse**?

À comprendre: apprécient (*appreciate, like*)

Vous entendez: Mme Gilles prend sa place à table. Qui est-ce?
Vous dites: C'est une cliente.

1. …   2. …   3. …   4. …   5. …   6. …

C. La Maison de Jacques. Lisez la carte, puis écoutez et répondez.

À comprendre: ananas (*pineapple*), au régime (*on a diet*), choux (*cabbage*), farci (*stuffed*), givré (*frozen sorbet served in a citrus rind*), moules (*mussels*)

La Maison de Jacques vous propose...

Le menu à 15 euros*

L'entrée
(choisissez *une* entrée)
La soupe de légumes
Les moules marinières

Le plat principal
(choisissez *un* plat)
L'omelette (au choix)
Le hamburger

Le dessert
Les fruits de saison
Les ananas au sirop
La glace ~ 3 boules
au choix

Vin de la maison/
eau minérale/
café/
thé

Le menu à 20 euros*

L'entrée
(choisissez *une* entrée)
Les escargots (6)
La soupe de légumes
Les moules marinières

Le plat principal
(choisissez *un* plat)
Le veau à la crème
Le jambon aux choux
Le poulet farci
Le hamburger
L'omelette maison

Le dessert
Les fruits de saison
Le fromage au choix
La glace ~ 3 boules
au choix
Le mystère
Le citron/l'orange givré(e)

Vin de la maison/
eau minérale/
café/
thé

**Le service de 15% est compris*

Vous dînez à La Maison de Jacques avec deux amis. Écoutez la serveuse et les réponses de vos camarades. Ensuite, indiquez votre choix.

1. ...   2. ...   3. ...   4. ...   5. ...   6. ...

Les nombres supérieurs à 60

A. Qu'en pensez-vous? (*What do you think?*) Écrivez les nombres en toutes lettres.

MODÈLE: Ma grand-mère a _____*quatre-vingt-trois*_____ ans.

1. Dans un an, il y a _____ jours.

2. On est «vieux» quand on a _____ ans.

3. Il reste _____ jours de classe avant la fin (*end*) du

   semestre/trimestre.

4. Un prix raisonnable pour un livre de classe est _____ dollars.

5. Le nombre qui précède quatre-vingts est _____.

6. Dans trois heures, il y a _____ minutes.

7. Vingt-trois plus soixante-deux font _____.

8. Le nombre juste après quatre-vingt-dix est _____.

B. Messages. Écoutez les messages que vous trouvez sur votre boîte vocale (*voice mail*). Notez les numéros à rappeler (*call back*).

1. Claude: _____-_____-_____-_91_-_____

2. Ginette: _____-_____-_68_-_____-_____

3. Léonard: _____-_____-_11_-_____-_____

4. Mireille: _____-_____-_____-_____-_66_

Les réponses se trouvent dans l'appendice.

C. Faites vos courses. Vous achetez les aliments suivants au supermarché. Dites les prix à haute voix (*aloud*). Commencez avec **Ça coûte...**

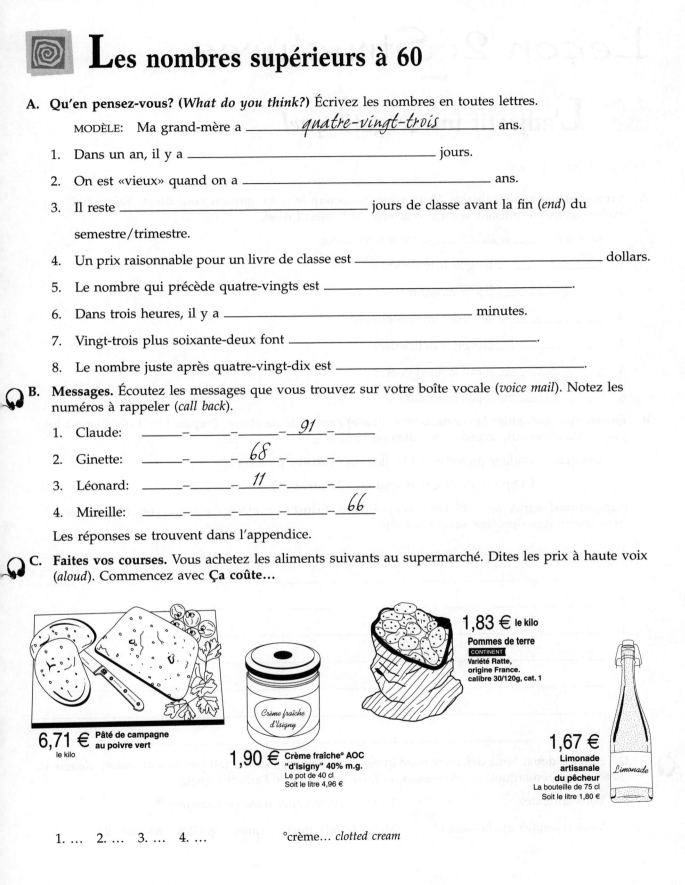

6,71 € Pâté de campagne
au poivre vert
le kilo

1,90 € Crème fraîche° AOC
"d'Isigny" 40% m.g.
Le pot de 40 cl
Soit le litre 4,96 €

1,83 € le kilo
Pommes de terre
CONTINENT
Variété Ratte,
origine France.
calibre 30/120g, cat. 1

1,67 € Limonade
artisanale
du pêcheur
La bouteille de 75 cl
Soit le litre 1,80 €

Crème fraîche
d'Isigny

Limonade

1. ...   2. ...   3. ...   4. ...   °crème... *clotted cream*

Leçon 2: Structures

L'adjectif interrogatif *quel*

Asking About Choices

A. Un restaurant extraordinaire. Vous aimez beaucoup le restaurant où vous dînez. Faites des exclamations en utilisant la forme correcte de l'adjectif **quel**.

MODÈLE: ___*Quelle*___ carte intéressante!

1. _____ longue liste de vins!

2. _____ décor élégant!

3. _____ serveurs professionnels!

4. _____ crevettes délicieuses!

5. _____ mousse au chocolat!

6. _____ repas formidable!

B. Questions. Vous faites la connaissance d'un(e) camarade de classe. Préparez huit questions à lui poser. Attention aux accords masculins ou féminins.

MODÈLES: couleur préférée → Quelle est ta couleur préférée?

CD préférés → Quels sont tes CD préférés?

Suggestions: actrice favorite, boissons préférées, chansons préférées, cours favori, films favoris, livre favori, repas préféré, saison favorite

1. _____

2. _____

3. _____

4. _____

5. _____

6. _____

7. _____

8. _____

C. Déjeuner à deux. Vous déjeunez avec quelqu'un (*someone*) qui ne fait pas très attention. Réagissez (*React*) à ses remarques, en choisissant la forme correcte de l'adjectif **quel**.

Vous entendez: Tu veux (*want*) aller dans ce restaurant?

Vous entendez et choisissez: Mais, (quel) quelle quels quelles restaurant?

1. quel   quelle   quels   quelles   4. quel   quelle   quels   quelles
2. quel   quelle   quels   quelles   5. quel   quelle   quels   quelles
3. quel   quelle   quels   quelles

Les réponses se trouvent dans l'appendice.

D. La curiosité. Écoutez les phrases suivantes, et posez la question correspondante. Suivez les modèles.

Vous entendez:	Vous ne savez (*know*) pas quel jour nous sommes aujourd'hui.
Vous dites:	Quel jour sommes-nous aujourd'hui?

Vous entendez:	Vous voulez (*want*) savoir quels films votre camarade préfère.
Vous dites:	Quels films préfères-tu?

1. …   2. …   3. …   4. …   5. …

Les réponses se trouvent dans l'appendice.

Les adjectifs démonstratifs

Pointing Out People and Things

A. Choses à transformer. Vous n'êtes pas content(e) de votre logement. Voici une liste de choses à transformer. Utilisez l'adjectif démonstratif qui convient.

MODÈLE: __*ce*__ miroir

1. _____ rideaux   6. _____ meubles

2. _____ tapis   7. _____ quartier

3. _____ lampe   8. _____ petites tables

4. _____ arbre devant ma fenêtre   9. _____ mur

5. _____ bureau   10. _____ affiche

B. Un caractère indépendant. Vous ne prenez jamais ce qu'on vous offre! Répondez aux questions selon le modèle.

Vous entendez:	Tu as envie de ce sandwich?
Vous dites:	Non, donne-moi plutôt (*instead*) cette tarte!

1.   2.

3.   4.

5.

C. Une mère soucieuse (anxious). Écoutez la conversation. Ensuite, complétez les phrases.

Mme Brachet et son fils Marcel font une promenade en ville.
Ils parlent des projets de mariage de Marcel et de sa fiancée Jeanne.

MME BRACHET: Alors, Marcel, _____¹...

les parents de Jeanne habitent ici?

MARCEL: Oh oui, tout près, maman! Dans

_____,² justement (*in fact*).

MME BRACHET: Et toi et Jeanne, vous louez un appartement

dans _____,³ en face?

MARCEL: Oui, maman. Regarde _____⁴

et _____⁵ balcon.

(*Ils montent au cinquième étage.*)

MME BRACHET: Tous ces escaliers... _____,⁶ elles

sont minuscules!

_____,⁷

_____⁸ sans rideaux...

MARCEL: Mais voyons, maman, _____⁹ est bien

situé (*located*), et nous ne sommes pas difficiles!

MME BRACHET: Peut-être...

MARCEL: Et de toute façon (*In any case*), Jeanne et moi, nous avons l'intention

de continuer à venir déjeuner chez toi, au moins le dimanche!

Les réponses se trouvent dans l'appendice.

Le blog d'Hassan

Marché ou cybermarché?

A. Le marché ou le cybermarché? Complétez les phrases avec le présent du verbe entre parenthèses.

1. Au marché, Hassan (choisir) _____ des produits frais.

2. Hassan et toi, vous (acheter) _____ du riz et des conserves au cybermarché.

3. Au cybermarché, Hassan (avoir besoin de) _____ payer la livraison (*delivery*).

4. Au marché, Hassan (rencontrer) _____ un ami.

5. Au marché, Hassan et son ami Abdel (être) _____ surpris: ils (trouver)

   _____ des produits surgelés (*frozen food*)!

B. Hassan fait son marché. Complétez les phrases par l'adjectif démonstratif approprié: **ce, cet, cette**
ou **ces.**

1. Bonjour, monsieur, donnez-moi _____ morceau de fromage, s'il vous plaît.

2. Je vais aussi prendre _____ deux homards et _____ tranche de saumon.

3. Excusez-moi: _____ saucissons, ils sont italiens ou français?

4. _____ rôti, c'est du bœuf ou du veau?

5. Combien coûte _____ éclair?

C. Les amis du blog ont fait leurs courses. Complétez les phrases en indiquant dans quels magasins
d'alimentation les amis du blog achètent certains aliments.

1. Alexis achète des boîtes de conserve à _____

2. Mamadou choisit des gâteaux à _____

3. Charlotte commande du pain de campagne à _____

4. Poema achète du saumon et des soles à _____

5. Trésor demande à Alexis d'acheter des saucisses à _____

D. Au restaurant. Mettez les phrases de ce dialogue dans un ordre logique en les numérotant de 1 à 5.

_____ LE SERVEUR: Oui, en France, il est toujours compris et représente 15 % de l'addition.

_____ MAMADOU: Ce dîner était (*was*) délicieux!

_____ MAMADOU: Très bien.

_____ LE SERVEUR: Merci, monsieur.

_____ MAMADOU: Est-ce que le service est compris?

E. Vous répondez à Hassan. Décrivez vos habitudes alimentaires à Hassan en choisissant les expressions de ce courriel. N'oubliez pas d'indiquer votre adresse électronique.

DE: _____

À: Hassan@wanadoo.fr

Salut, Hassan!

Je veux (*want*) bien faire un régime (*diet*) pendant la semaine, mais **je ne veux pas / je ne peux pas** (*cannot*) résister à la tentation d'un bon petit plat au restaurant le week-end.

J'aime / Je n'aime pas toujours goûter toutes les spécialités. Par exemple, **je prends / je ne prends jamais** (*never*) certains plats typiquement français comme (*like*) les escargots ou les cuisses de grenouilles.

Généralement, mes amis **m'encouragent / ne m'encouragent pas** à manger des plats inconnus (*unknown*). Ils me disent: «**Goûte / Ne goûte pas** ça!» Moi, je réponds: «**Vous avez raison / Vous avez tort.**» Et **je goûte / je ne goûte pas**!

À bientôt, Hassan!

Pause-Culture

A. Mon menu français. Vous êtes au restaurant avec un ami parisien. Avec lui, vous composez votre menu. Complétez le dialogue en faisant des phrases complètes.

1. Qu'est-ce que tu commandes en entrée?

   _____

2. Et pour le plat principal, tu veux une viande, un poisson ou les deux (*both*)?

   _____

3. Tu bois du vin? Du blanc ou du rouge?

   _____

4. Tu prends du fromage? Quelle sorte de fromage?

   _____

5. Tu vas prendre un dessert, bien sûr! Qu'est-ce que tu veux?

   _____

B. Les spécialités francophones. Relisez le **Reportage** dans votre manuel, puis complétez les phrases suivantes.

1. Le plat national suisse, c'est _____.

2. Les _____, c'est la grande spécialité de la Belgique.

3. Le plat le plus populaire en France, c'est _____.

4. Au Québec, on adore _____.

5. Le _____ est un classique de la cuisine algérienne et le

   _____ est le plat national du Maroc.

Leçon 3: Structures

Les verbes *vouloir*, *pouvoir* et *devoir*

Expressing Desire, Ability, and Obligation

A. Ah! Les verbes! Complétez le tableau.

	DEVOIR	VOULOIR	POUVOIR
je			
nous			
il			
vous			

B. Préférences. Complétez chaque phrase avec les formes correctes de **vouloir** et de **devoir**. Attention au sens!

MODÈLE: Les étudiants _____*doivent*_____ étudier, mais ils _____*veulent*_____ sortir.

Le week-end

1. Notre professeur _____ travailler, mais il _____

   voyager.

2. Mes amis et moi _____ rester ici, mais nous _____

   partir en vacances.

(continued)

3. Mes amis _____ faire la sieste (*take a nap*), mais ils

   _____ étudier.

4. Je _____ faire le ménage, mais je _____ faire une

   promenade.

5. Mon ami _____ bien manger des crevettes, mais il ne

   _____ pas parce qu'il est allergique aux fruits de mer (*seafood*).

L'après-midi

6. Nous _____ aller à la bibliothèque, mais nous _____

   prendre un café.

7. Les étudiants _____ finir leurs devoirs, mais ils _____

   regarder la télé.

8. Le professeur _____ préparer ses cours, mais il _____

   rentrer à la maison.

C. **On ne peut pas!** Dites ce que les personnes suivantes *ne peuvent pas* faire.

   MODÈLE: Marie et Sophie n'ont pas de voiture. →
   Elles ne peuvent pas habiter à la campagne.

   boire du café   inviter un(e) ami(e) au restaurant
   faire du jogging   manger du pain
   faire du ski   prendre un dessert
   habiter à la campagne

1. Georges est allergique à la farine de blé (*wheat flour*). Il _____

   _____

2. Il fait moins 7° C aujourd'hui. Nous _____

   _____

3. Madeleine a la jambe cassée (*a broken leg*). Elle _____

   _____

4. Je n'ai pas d'argent. Je _____

   _____

5. Mes parents sont allergiques à la caféine. Ils _____

_____

6. Le sucre vous rend malade (*makes you sick*). Vous _____

_____

D. Probabilités. Écoutez la phrase, et donnez une explication. Utilisez le verbe **devoir**.

À comprendre: très fréquenté (*very busy*)

Expressions utiles: avoir faim, être au régime (*on a diet*), être fatigué(e), être formidable, être impatient(e), être malade

Vous entendez: Marie n'est pas en classe.
Vous dites: Elle doit être malade.

1. …   2. …   3. …   4. …   5. …

E. Déjeuner à la cafétéria. D'abord, regardez le dessin. Ensuite, écoutez le passage, et marquez les réponses aux questions suivantes.

1. Qui n'a pas d'argent aujourd'hui?   Richard   Marlène   Louise

2. Qui peut payer son déjeuner?   Richard   Marlène   Louise

3. Qui doit moins manger?   Richard   Marlène   Louise

4. Qui veut prendre des gâteaux?   Richard   Marlène   Louise

F. Que dites-vous? Écrivez l'expression qui convient pour chaque situation.

Vocabulaire:

De rien.	Je veux dire	Merci. C'est très gentil.
Est-ce que je pourrais	Je voudrais	s'il vous plaît
Il n'y a pas de quoi, monsieur.	Je vous en prie, madame.	Tu dois

1. Vous aidez une vieille dame et elle dit «Merci beaucoup».

   Vous dites: «_____»

2. Votre ami vous donne (*gives you*) un bon livre.

   Vous dites: «_____»

3. Vous essayez d'expliquer à votre prof pourquoi vous ne venez pas en classe.

   Vous dites: «_____ que je suis malade.»

4. Un ami a emprunté (*borrowed*) 10 € à votre mère et maintenant elle a besoin de cet argent.

   Vous dites: «_____ 10 € à ma mère. Peux-tu les lui rendre (*pay her back*)?»

(continued)

5. Vous voulez acheter des pommes de terre au marché.

   Vous dites: «＿＿＿＿＿＿＿＿＿＿＿＿＿＿＿＿＿＿ avoir un demi-kilo de pommes

   de terre, ＿＿＿＿＿＿＿＿＿＿＿＿＿＿＿＿＿＿＿?»

6. Vous parlez au serveur dans un restaurant.

   Vous dites: «＿＿＿＿＿＿＿＿＿＿＿＿＿＿＿＿＿ le pot-au-feu, s'il vous plaît.»

7. Un homme vous remercie (*thanks you*) pour un service.

   Vous dites: «＿＿＿＿＿＿＿＿＿＿＿＿＿＿＿＿＿＿＿＿＿＿＿＿＿»

8. Votre copain vous remercie pour un service.

   Vous dites: «＿＿＿＿＿＿＿＿＿＿＿＿＿＿＿＿＿＿＿＿＿＿＿＿＿»

Le passé composé avec l'auxiliaire *avoir*

Talking About the Past

A. Ah! Les verbes! Conjuguez les verbes au passé composé.

	TRAVAILLER	RÉUSSIR	VENDRE
j'			
on			
les copains			
vous			
nous			
tu			

B. Formes. Donnez le participe passé des verbes suivants.

1. apprendre ＿＿＿＿＿＿＿＿＿
2. être ＿＿＿＿＿＿＿＿＿
3. répondre ＿＿＿＿＿＿＿＿＿
4. vouloir ＿＿＿＿＿＿＿＿＿
5. prendre ＿＿＿＿＿＿＿＿＿
6. faire ＿＿＿＿＿＿＿＿＿

7. avoir ＿＿＿＿＿＿＿＿＿
8. devoir ＿＿＿＿＿＿＿＿＿
9. boire ＿＿＿＿＿＿＿＿＿
10. pleuvoir ＿＿＿＿＿＿＿＿＿
11. pouvoir ＿＿＿＿＿＿＿＿＿
12. finir ＿＿＿＿＿＿＿＿＿

C. Un dîner extraordinaire. Nathalie et Luc parlent à leurs copains de leur dîner au restaurant Chez Paquerette. Utilisez le passé composé des verbes appropriés.

Nous _____ ¹quinze jours à l'avance (*ahead of time*) parce que

le restaurant est extrêmement populaire. Luc _____² une très

bonne idée: il _____³ au maître d'hôtel (*maître d'*) de nous

donner une table sur la terrasse. C'était (*It was*) très romantique! Nous

_____⁴ seulement cinq minutes, puis le serveur a apporté la

carte. Nous _____⁵ notre entrée et notre plat principal.

J'_____⁶ par une délicieuse soupe aux légumes, mais Luc

_____⁷ prendre du pâté de campagne.

    Puis on _____⁸ de la viande: un rôti de porc pour moi et

un bifteck pour Luc. Le serveur _____⁹ très gentil: il a

recommandé un excellent vin rouge et nous _____¹⁰ toute la

bouteille! Ce soir-là, le chef _____¹¹ un dessert spécial, une

tarte au citron, et tous les clients du restaurant _____¹² leur

repas par ce dessert merveilleux. Quel dîner extraordinaire!

attendre
avoir
choisir
commencer
demander
réserver
vouloir

boire
être
faire
finir
prendre

D. Votre vie à vous. Utilisez les expressions données et dites ce que vous avez fait ou n'avez pas fait pendant le week-end dernier. **Attention:** Regardez le modèle. Les articles indéfinis et partitifs changent après le négatif.

MODÈLE: manger de la pizza → J'ai mangé de la pizza. (Je n'ai pas mangé de pizza.)

1. accepter une invitation _____

2. boire du champagne _____

3. prendre de l'aspirine _____

4. avoir peur _____

5. porter un maillot de bain _____

6. faire le ménage _____

7. regarder la télévision _____

Nommez trois autres activités que vous avez faites pendant le week-end dernier.

Verbes possibles: acheter, boire, dîner, écouter, faire, jouer, manger, porter, quitter, regarder

_____

_____

_____

E. Quelle est la question? Écrivez une question logique pour la réponse donnée.

MODÈLE: Quand _as-tu dîné au restaurant_?

J'ai dîné au restaurant la semaine dernière.

1. Avec qui _____?

   J'ai dîné avec deux amis.

2. Où _____?

   Nous avons pris un café au petit bistro du coin (*neighborhood*) après le dîner.

3. À quelle heure _____?

   J'ai dû appeler un taxi à minuit.

4. Pourquoi _____?

   Parce que nous n'aimons pas prendre le métro après 11 h du soir.

F. Au supermarché. Annette répond aux questions d'une amie au téléphone. Écrivez les réponses.

—Oui, dans le journal (*newspaper*). _____[1] une publicité (*ad*) pour un

nouveau supermarché près de chez moi, et Jeff et moi, _____[2] nos

courses là-bas (*there*) cet après-midi.

—Oui, _____[3] par acheter du pâté de campagne et deux baguettes.

—Non, _____[4] trop de gâteaux! On a pris des pommes, des poires et des

bananes.

—Non, pas vraiment, _____[5] de difficulté à trouver les aliments que

nous aimons.

—Oui, _____[6] à acheter beaucoup de choses pour pas très cher.

—Mes parents aussi _____[7] très contents de ce nouveau supermarché.

Les réponses se trouvent dans l'appendice.

G. La journée de Bernard. Écoutez l'histoire suivante, et numérotez les images de 1 à 4.

A. _____   B. _____

C. _____   D. _____

🎧 **H. Et. toi?** Écoutez chaque conversation, puis dites ce que vous avez fait vous-même la semaine dernière.

Vous entendez: Nicole a discuté avec ses parents. —Moi, j'ai discuté avec mes amis.
                            —Et toi?
Vous dites: Moi, j'ai discuté avec mes profs.

1. ...   2. ...   3. ...   4. ...   5. ...   6. ...

I. Les vacances. Julie a été très active pendant ses trois semaines de vacances avec sa famille. Complétez chaque paragraphe dans son journal intime avec l'expression logique.

lundi	mardi	mercredi	jeudi	vendredi	samedi	dimanche
1	2	3	4 *Fin des cours*	5 *Aller dans les Alpes*	6 *Faire du ski!*	7 *Faire une promenade*
8	9	10 *Aller sur la Côte d'Azur 9 h du matin*	11	12 *Aller à la plage!*	13	14
15	16 *La mer 9 h du matin - 5 h du soir*	17	18 *Dîner dans un restaurant élégant 8 h du soir*	19	20	21 *Rentrée chez nous*

samedi, le 6 janvier

Quelles bonnes vacances! (Hier matin, Avant-hier) _____¹ j'ai fini mes

cours. (Hier soir, Avant-hier) _____² nous sommes partis (*we left*) pour

les Alpes. Maintenant je suis dans ma chambre à l'hôtel Omni, et je vais bientôt dormir. Nous avons

fait du ski (toute la matinée, le mois dernier) _____³ et je suis crevée

(*exhausted*)!

(*continued*)

mercredi, le 17 janvier

Oh là là! Depuis (*Since*) (la semaine dernière, le week-end dernier) _____,[4]

nous sommes sur la Côte d'Azur, où il fait très beau. Il fait chaud (ce n'est pas normal en janvier)!

(L'année dernière, Hier) _____,[5] j'étais (*I was*) à la mer (toute la matinée,

toute la journée) _____.[6] L'eau est un peu froide, mais c'est

formidable! Demain nous allons dîner dans un restaurant élégant pendant (la soirée, la matinée)

_____.[7]

Leçon 4: Perspectives

Faire le bilan

A. Un snob. Loïc est assez snob. Il préfère tout ce qui (*everything that*) est vieux et classique. Il aime les lignes simples et élégantes. Exprimez son point de vue.

Vocabulaire: hôtel, maison, tableau (*m.*) (*painting*)

MODÈLE: J'aime *cette maison-ci*, mais je n'aime pas *cette maison-là*.

1.   _____ sont trop modernes. Mais

   _____ sont superbes.

Hôtel Moderne   Hôtel Georges V

2. _____ n'est pas confortable, mais

_____ a l'air très agréable.

B. Statistiques et chiffres (*numbers*). Dans chaque phrase, il y a un chiffre écrit en toutes lettres. Soulignez le chiffre dans la phrase et écrivez son équivalent en chiffres (*Arabic numerals*) à la fin.

MODÈLE: Selon le Quid,* il y a trente-six mille huit cent soixante villes et villages en France.

_____ *36 860* _____

1. En mille sept cent quatre-vingt-neuf, il y avait (*there were*) 50 habitants au kilomètre carré (*square*) en France. _____

2. Selon le Quid, il y a maintenant plus de (*more than*) vingt mille quatre cent cinquante habitants au kilomètre carré à Paris. _____

3. Selon l'INSEE (Institut national de la statistique et des études économiques), le recensement (*census*) de 2004 montre que Paris avait deux millions cent cinquante-huit mille habitants.

_____

4. Selon l'INSEE, il y avait sept cent quatre-vingt-treize mille huit cent quatre-vingt-treize naissances (*births*) en France en 2003. _____

5. Selon l'INSEE, il y avait cinq cent soixante-deux mille six cents décès en France en 2003.

_____

6. Selon le Quid, en 2005 il y avait un total de soixante millions sept cent quarante-deux mille personnes en France. _____

C. Qu'est-ce qu'on fait? Complétez les phrases avec la forme correcte du verbe indiqué.

pouvoir

1. —Est-ce que vous _____ skier cet après-midi?

—Non, pas cet après-midi, mais demain nous _____.

2. —Est-ce que tu _____ aller au cinéma ce soir?

—Non, je ne _____ pas.

3. Je _____ aider mon ami à faire la cuisine, et il

_____ regarder la télé.

_____

*Quid est une encyclopédie française de statistiques et de données (*facts*).

(*continued*)

vouloir

4. —Est-ce que vous _____ danser?

   —Oui, je _____ bien.

5. —Est-ce que tu _____ apprendre le français?

   —Oui, et mon amie Sonia _____ apprendre le chinois.

6. Nous ne _____ pas faire le ménage, mais nos parents ne

   _____ pas avoir des enfants paresseux. Alors, nous faisons le ménage.

devoir

7. Tu _____ faire tes devoirs, je _____

   travailler et Maurice _____ faire les courses.

8. Les professeurs _____ corriger (*correct*) leurs examens.

9. —Qu'est-ce que vous _____ faire à l'université?

   —Nous _____ réussir aux examens.

D. Votre vie à vous. Répondez aux questions suivantes de façon personnelle.

1. Où est-ce que vous devez aller pour manger une très bonne pizza?

   _____

2. Voulez-vous de la viande sur votre pizza? Qu'est-ce que vous voulez d'autre?

   _____

   _____

3. Pouvez-vous manger de la pizza tous les jours ou est-ce que vous avez besoin de variété

   culinaire?

   _____

 # **P**rononciation

La lettre *r*. Whereas the English *r* sound is made with the tongue, the French **r** is generally guttural, produced in the back of the mouth: **Robert, rhinocéros.**

Répétez les expressions suivantes. Vous les entendrez deux fois.

1. cours / sur / cher / soir
2. mardi / heureux / bureau / soirée
3. jardin / exercice / pardon / merci
4. rose / rouge / rue / russe
5. nombre / France / trois / quatre

La lettre *l*. The French l is produced in the front of the mouth, with the tongue firmly pressed against the back of the upper teeth: **le lac, la librairie.**

Répétez les expressions suivantes. Vous les entendrez deux fois.

1. livres / mademoiselle / calme / bleu / avril
2. un film à la faculté
3. Lisez-le lundi.
4. Salut! Allons-y! (*Let's go!*)
5. Elle va aller au bal.

À l'écoute!

Un client difficile. Dans ce bistro, c'est Yvonne qui prend la commande (*order*). Qu'est-ce qui se passe (*What happens*) avec ce client? Écoutez leur conversation, puis choisissez les bonnes réponses.

1. Le client s'intéresse aux vins _____.
   a. blancs
   b. rouges

2. Yvonne propose deux vins à plus de _____ euros la bouteille.
   a. 15
   b. 150

3. Comme plats, Yvonne mentionne _____.
   a. la salade niçoise et la quiche lorraine
   b. le filet de bœuf et le poulet rôti

4. Le client demande si l'on peut commander du _____.
   a. chocolat
   b. bourgogne (*Burgundy wine*)

5. Le client finit par commander _____.
   a. de la soupe et du thé
   b. un rôti de bœuf et une carafe de vin

Par écrit

Function: More on describing (a place)

Audience: A friend or classmate

Goal: Write a note to a friend inviting him or her to dinner.

To persuade your friend to come, describe your chosen restaurant using the following questions as a guide. **Dans quel restaurant préférez-vous dîner? Mangez-vous souvent dans ce restaurant? Quand? Est-ce qu'il est fréquenté par beaucoup de clients? Est-ce que la carte est simple ou recherchée (*fancy*)? Quel est votre plat préféré? Quelle est la spécialité du chef?** Begin the letter with **Cher/Chère** _____. End with **À bientôt... .**

Steps

1. Begin your first draft with a strong introduction—an intriguing question or an amusing thought to attract your friend's attention: **Veux-tu prendre un repas délicieux avec un ami / une amie très sympathique?**
2. Write the body of the note, answering the questions just posed.
3. Write a conclusion. Include some interesting information about the restaurant or specific plans for the date and time of your dinner.
4. Take a break, then revise your composition, checking the organization of the opening and closing paragraphs. Have a classmate check your work. Prepare the final draft, keeping an eye on spelling, punctuation, and grammar (particularly your use of adjectives).

Journal intime

Imaginez que vos amis (ou des membres de votre famille) décident de fêter votre anniversaire (*birthday*) au restaurant. Décrivez la soirée de vos rêves.

- Où allez-vous dîner?
- Qui est invité?
- Qu'est-ce que vous mangez et buvez? (Décrivez le menu en détail.)
- Que faites-vous avant et après le repas?

MODÈLE: Voici la soirée de mes rêves: un pique-nique au jardin du Luxembourg à Paris, avec mon ami Joël…

Vive les vacances!

Leçon 1: Paroles

 ## **E**n vacances

A. Activités sportives. Dans chaque catégorie, nommez au moins deux sports que vous aimez ou que vous voulez pratiquer.

Vocabulaire suggéré: l'alpinisme, le base-ball, le basket-ball, faire du bateau, faire du cheval, faire une randonnée, le football, le football américain, le jogging, nager, patiner, la pêche, la planche à voile, la plongée sous-marine, le ski (nautique, alpin, de fond), le tennis, le vélo

MODÈLE: Sports qu'on pratique dans la rue: →
le vélo, le jogging

1. Sports qui ne nécessitent pas d'équipement: _____
   _____

2. Sports qu'on pratique à la montagne: _____
   _____

3. Sports qu'on pratique dans la mer, un lac ou un fleuve: _____
   _____

4. Sports qu'on pratique sur un terrain (*field, court*) spécial: _____
   _____

5. Autres sports d'été: _____
   _____

6. Autres sports d'hiver: _____
   _____

B. Choisir ses vacances. Complétez les phrases suivantes avec une des nouvelles expressions verbales.

MODÈLE: Si on aime la montagne, on peut *faire de l'alpinisme.*

1. Si vous aimez dormir (*to sleep*) en plein air, vous pouvez _____

2. Si vous avez besoin de repos (*rest*), vous pouvez _____

3. Pour passer des vacances sportives, on peut _____

4. Si vous aimez la mer, vous pouvez _____

5. En hiver, on peut _____

6. Si on veut voir la campagne française, on peut _____

C. Que fait Chantal en vacances? Répondez à chaque question en regardant les dessins.

Vous entendez: Que fait Chantal sur le fleuve?
Vous dites: Elle fait du bateau.

1.

2.

3.

4.

5.

D. Votre vie à vous. Pensez à vos vacances préférées, et répondez aux questions avec des phrases complètes.

1. Qu'est-ce que vous aimez faire dans un lac? _____

_____

2. Qu'est-ce que vous aimez faire en montagne? _____

_____

3. À la campagne, préférez-vous faire du vélo ou une promenade à pied (*on foot*)? _____

_____

4. De quoi avez-vous besoin quand vous faites de l'équitation? _____

_____

5. Pour vous, c'est quoi, les vacances idéales? _____

_____

Le verbe *acheter*

Les préparatifs de vacances. Complétez les phrases suivantes avec la forme du verbe **acheter** qui convient.

1. Jules et toi, vous allez faire du camping. Vous _____ une tente et des sacs de couchage (*sleeping bags*).

2. Cet été, je vais aller à la plage; j'_____ donc un grand chapeau et un maillot. Mais l'hiver prochain, je vais aller faire du ski à Chamonix avec mon frère. Nous _____ des skis et des vêtements chauds.

3. Ma camarade de chambre part pour l'Angleterre. Elle _____ des bottes et un imperméable.

4. Mes parents vont aller faire une randonnée dans les Rocheuses. Ils _____ de nouvelles chaussures de randonnée.

5. Tu vas à la Martinique? Est-ce que tu _____ des sandales et des shorts?

Au magasin de sports

A. Soupe de lettres. Trouvez les expressions suivantes: **anorak, chaussures de ski, lunettes de ski, maillot de bain, sac de couchage, serviette de plage, soleil, tente.** *Attention:* Deux expressions sont écrits à l'envers (*backward*) et un mot est écrit verticalement (*vertically*).

```
L A I S K S D E P L A I N B R E A
I K S E D S E T T E N U L F R E S
S E R V I E T T E D E P L A G E O
O U P R I T E N T E D O N N E R L
S E R A N O R A B L E P A I N S E
O M A I L L O T D E B A I N S I I
I M P R A N O R A K M A I L O T L
O O L M A R I O E V E L M O N I E
L E U S L K A T H A L B O G R E S
L E I L I E E M P R U N T E R E T
D R E G A H C U O C E D C A S F U
C H A U S S U R E S D E S K I R E
```

B. De quoi a-t-on besoin? Écoutez les phrases suivantes, et choisissez l'objet qui *n'est pas nécessaire*.

Vous entendez: Pour faire du bateau, on a besoin d'un fleuve et...

Vous choisissez: (d'une voiture) / d'un kayak

1. d'un maillot de bain / d'une raquette

2. d'un sac de couchage / d'un pantalon de ski

3. d'une tente / d'une planche

4. d'un parapluie / d'un anorak

5. d'un sac à dos / d'un casque (*helmet*)

Des années importantes

A. Leçon d'histoire. Écrivez les années en toutes lettres. Imitez le modèle.

MODÈLE: Louis XIV monte sur (*takes*) le trône de France en 1643. →

mille six cent quarante-trois

1. La Première Guerre mondiale (*First World War*) finit en 1918.

_____

2. La Révolution française commence en 1789.

_____

3. La Sorbonne est fondée (*founded*) par Robert de Sorbon en 1257.

_____

4. La France vend la Louisiane aux États-Unis en 1803.

_____

5. La guerre de Sécession (*Civil War*) aux États-Unis commence en 1861.

_____

6. Gutenberg invente l'imprimerie (*printing press*) en 1436.

_____

🎧 **B. Un peu d'histoire européenne.** Indiquez la date que vous entendez.

Vous entendez: La victoire de Charlemagne sur les Saxons, c'est en sept cent quatre-vingt-cinq. C'est en sept cent quatre-vingt-cinq.

Vous choisissez: la victoire de Charlemagne sur les Saxons   (785)   885

1. la fondation de l'université de Paris   1142   1120

2. la première croisade (*Crusade*)   1096   1076

3. la mort (*death*) de Jeanne d'Arc   1431   1471

4. la guerre de Sept Ans   1776   1756

5. l'exécution de Louis XVI   1793   1796

6. la première abdication de Napoléon   1814   1804

Les réponses se trouvent dans l'appendice.

C. Moments historiques. Écoutez la question. Trouvez la réponse dans la liste des années et prononcez-la (*it*). Devinez (*Guess*) si vous n'êtes pas certain(e)!

À comprendre: construit (*built*), pèlerins (*pilgrims*), rocher (*rock*), vol (*flight*)

Vous entendez: Quelle est l'année de l'arrivée de Christophe Colomb en Amérique?
Vous dites: mille quatre cent quatre-vingt-douze

1492   1620   1776   1789   1865   1903

1. ...   2. ...   3. ...   4. ...   5. ...

Leçon 2: Structures

◎ Quelques verbes irréguliers en *-ir*

Expressing Actions

A. Ah! Les verbes! Complétez le tableau.

	MES COPAINS	TU	NOUS	MOROWA
sortir				
venir				
sentir				
dormir				
servir				
obtenir				

B. Où est-ce qu'on mange? Complétez les histoires suivantes, puis répondez aux questions.

Dimanche soir (dormir, sentir, servir, sortir)

Après un long week-end, Line est très fatiguée. À six heures elle _____¹ déjà.

Charles téléphone et demande si elle veut _____² Il a envie d'aller dans un

restaurant où on _____³ de la pizza napolitaine. Au restaurant, Line

_____⁴ l'odeur de la pizza, et elle n'a plus sommeil.

(continued)

- Est-ce que Line préfère dormir ou manger? _____

- Et vous? _____

Au petit déjeuner (dormir, partir, sentir, servir)

Le matin nous _____ [5] souvent jusqu'à sept heures et demie. Au resto-U on

_____ [6] le petit déjeuner de sept à huit heures. Quand nous entrons dans la salle à

manger, nous _____ [7] l'odeur du café. On mange bien, et puis on

_____ [8] en cours.

- À quelle heure ces personnes doivent-elles quitter leur chambre le matin?

  _____

- Et vous? _____

C. **Mystères.** Donnez une réponse logique à chaque question en utilisant **venir de** et une des expressions suggérées.

Suggestions: boire une bouteille d'eau, dîner, dormir douze heures, faire de l'aérobic, passer un an au Mexique, vendre votre entreprise à une multinationale

MODÈLE: Pourquoi est-ce que tu n'as pas faim? →
Je viens de dîner.

1. Pourquoi Christelle n'a-t-elle pas soif?

   _____

2. Pourquoi est-ce qu'Amir et toi, vous avez le visage (*face*) tout rouge?

   _____

3. Pourquoi les cousines d'Yves parlent-elles si bien l'espagnol?

   _____

4. Est-ce que vous savez pourquoi nous sommes si riches?

   _____

5. Pourquoi est-ce que je n'ai pas sommeil?

   _____

D. **J'aimerais savoir...** Écoutez la phrase, et changez-la en utilisant le nouveau sujet.

Vous entendez: Jeanne sort-elle ce soir?
Vous voyez: vous
Vous dites: Sortez-vous ce soir?

1. Jacqueline
2. les enfants
3. la famille
4. je
5. vous

E. Venir, devenir, obtenir et revenir. Refaites la phrase que vous entendez avec le sujet que vous voyez.

> Vous entendez: Venez-vous à Paris en été?
> Vous voyez: ils
> Vous dites: Viennent-ils à Paris en été?

1. nous
2. vous
3. tu
4. je
5. il
6. ils

F. Qui est le plus aventureux? Complétez les phrases avec **partir, quitter** ou **sortir** selon le sens.

Michèle   Édouard   Jean-Pierre

Michèle et Édouard…

1. _____ de la maison avec beaucoup de valises.

2. _____ la France pour aller en vacances.

3. _____ pour l'Afrique où ils vont faire un safari-photo.

Jean-Pierre…

4. _____ seulement (*only*) pour aller à la plage.

5. ne _____ pas la plage.

6. va _____ à la fin de la journée.

L e passé composé avec l'auxiliaire *être*

Talking About the Past

A. Ah! Les verbes! Complétez le tableau en mettant les verbes au passé composé.

	ARRIVER	PARTIR	RENTRER
vous, madame			
Hassan et moi			
les visiteurs			
Marie-Anne, tu			

B. Qu'est-ce qui s'est passé? Faites des phrases logiques (affirmatives ou négatives) au passé composé. *Rappel:* Le participe passé s'accorde (*agrees*) avec le sujet quand le verbe est conjugué avec **être.**

> MODÈLE: Vendredi, nous avons eu un examen de biologie très difficile. Jeudi, nous: aller au cinéma / rentrer du laboratoire à onze heures du soir →
> Jeudi, nous ne sommes pas allés au cinéma. Nous sommes rentrés du laboratoire à onze heures du soir.

1. Il a plu à verse (*It rained cats and dogs*) dimanche après-midi. Mes amies: aller à la piscine / rester à la / maison / sortir dans le jardin _____

   _____

   _____

   _____

2. Martine est allée en Afrique. Elle: passer par Dakar / rester une semaine à Marrakech / aller à Rome _____

   _____

   _____

3. Le marquis de La Fayette a participé à la Révolution américaine. Il: naître en 1757 / mourir en 1834 / devenir président des États-Unis _____

   _____

   _____

   Votre vie à vous. Moi, je: naître avant... / entrer à l'école primaire à cinq ans / devenir étudiant(e) à cette école en... _____

   _____

   _____

C. Une cinéaste francophone. Euzhan Palcy est une cinéaste (*film director*) martiniquaise. Reconstituez quelques moments importants de sa vie en utilisant les verbes **naître, devenir, partir, rentrer** et **venir** dans les phrases suivantes. N'oubliez pas l'accord du participe passé.

Euzhan Palcy _____[1] à la Martinique dans une famille d'artistes.

Jeune fille, elle _____[2] de la Martinique pour faire ses études cinématographiques

en France.

Elle _____[3] à la Martinique faire son premier grand film, *Rue Cases Nègres* (*Sugar*

Cane Alley).

En 1983, ce film _____[4] célèbre à Paris.

Après son succès, Euzhan Palcy _____[5] pour les États-Unis pour tourner (*make*) un

autre film, cette fois-ci avec Marlon Brando et Donald Sutherland. C'est le film *A Dry White Season*.

D. E.T.—Une vie et un voyage extraordinaires! Mettez les verbes au passé composé. Utilisez **être** ou **avoir** comme auxiliaire, selon le cas.

E.T. (naître) _____[1] il y a très longtemps dans une galaxie très loin d'ici.

Il (avoir) _____[2] une dispute avec son père, alors il (partir)

_____[3] à l'âge de 15 ans pour une autre ville de sa planète. Il (aller)

_____[4] dans une université scientifique et il (apprendre)

_____[5] l'astronomie et la psychologie. Après quelques années, il

(revenir) _____[6] dans la ville de ses parents et il (continuer)

_____[7] ses études. Il (habiter) _____[8] dans cette ville

pendant dix ans, et puis il (obtenir) _____[9] un travail comme astronaute. Il

(partir) _____[10] de sa ville natale (*native*) pour aller au Centre des Voyages

Intergalactiques. On (choisir) _____[11] E.T. pour un voyage sur la Terre

(*Earth*) et quand il (arriver) _____,[12] ses problèmes (commencer)

_____.[13] Pendant le temps qu'il (passer) _____[14] sur la

Terre, il (désirer) _____[15] de temps en temps téléphoner chez lui, mais il (ne

pas pouvoir) _____[16] le faire (*to do it*). Enfin, il (réussir)

_____[17] et ses amis (venir) _____[18] le chercher (*pick*

him up). Il (quitter) _____[19] la Terre pour toujours.

E. Un premier voyage. Maryvonne, qui a douze ans, voyage seule pour la première fois. Écoutez les directives de son père, et marquez les activités qu'il mentionne.

> Arrêtez le CD et lisez les possibilités. Ensuite, écoutez.

À comprendre: je viens te chercher (*I'll come pick you up*)

____ aller sur le quai (*platform*)   ____ changer de train à Grenoble

____ acheter un billet   ____ rencontrer des amis

____ prendre sa valise   ____ aller voir tante Lucie

____ monter dans le train   ____ rentrer dans deux semaines

____ prendre le déjeuner   ____ faire une randonnée

____ descendre à Lyon

Trois jours plus tard, Maryvonne écrit une carte postale à son père. Elle raconte son voyage *au passé*. Complétez sa carte postale.

CARTE POSTALE

Cher Papa,

Oui, à la gare° je suis allée sur le quai. Je/J' _____ *¹ ma valise.*

Je/J' _____ *² dans le train. Je/J'* _____ *³*

à Lyon. Je/J' _____ *⁴ nos amis. Je/J'* _____ *⁵*

voir tante Lucie. Et maintenant, Papa, j'ai envie de rentrer. Est-ce que tu peux

venir me chercher?

Gros bisous,

Maryvonne

°station

Les réponses se trouvent dans l'appendice.

🎧 **F. Un week-end en ville.** Racontez le week-end de Marceline au passé composé.

Vous entendez:	Marceline achète son billet.
Vous dites:	Marceline a acheté son billet.

Vous entendez:	Son train arrive.
Vous dites:	Son train est arrivé.

1. …   2. …   3. …   4. …   5. …   6. …   7. …   8. …

Le blog d'Hassan

Partir!

A. Hassan, l'été dernier. Mettez les verbes entre parenthèses au passé composé.

1. Je/J' (prendre) _____ mes vacances à La Nouvelle-Orléans.

2. Je/J' (quitter) _____ Paris pour deux semaines.

3. Mon amie américaine Debby (sortir) _____ un soir avec moi.

4. Nous (aller) _____ à un concert de jazz.

5. Je/J' (sentir) _____ que l'Amérique était un pays ami.

B. La géographie d'Hassan. Complétez les phrases en mettant les verbes entre parenthèses au présent.

1. Je (revenir) _____ de Louisiane; maintenant, je veux aller en Californie.

2. Je (partir) _____ bientôt (*soon*) pour Genève.

3. Je (devenir) _____ un grand voyageur!

4. À Marrakech, mon copain et moi, nous (sortir) _____ en boîte (*nightclubs*).

5. Nous (dormir) _____ le jour et nous dansons la nuit!

C. Quelques questions aux amis du blog. Transformez ces phrases interrogatives selon le modèle.

MODÈLE: Alexis, tu as aimé l'île de la Réunion? → Alexis, tu n'as pas aimé l'île de la Réunion?

1. Alexis, tu es resté deux semaines à la Réunion?

_____

2. Trésor, tu as nagé dans l'océan Indien pendant les vacances?

_____

3. Charlotte, l'été dernier, tu as eu des invités dans ta maison à Genève?

_____

4. Poema, tes parents ont loué leur villa à des Français l'été dernier?

_____

5. Mes amis, vous avez fini de faire vos projets de voyage pour l'été prochain?

_____

D. Le passé récent des blogueurs. Mettez ces phrases au passé récent en utilisant **venir de.**

MODÈLE: Mamadou (perdre) _____ ses clés dans le métro. → Mamadou

vient de perdre ses clés dans le métro.

1. Hassan (écrire) _____ un message sur son blog pour raconter son échange

   d'appartement.

2. Alexis, qu'est-ce que tu (répondre) _____ à Hassan?

3. Mamadou et moi, nous (écrire) _____ un article sur la Coupe du monde de

   football.

4. Charlotte et sa fille (quitter) _____ la Suisse pour l'Angleterre.

5. Poema et toi, vous (passer) _____ quinze jours à la campagne.

E. Vous répondez à Hassan. Parlez de vos vacances avec Hassan en complétant les phrases de ce courriel. N'oubliez pas d'indiquer votre adresse électronique.

DE: _____

À: Hassan@wanadoo.fr

Bonjour, Hassan, comment ça va?

J'adore parler des vacances!

L'été dernier, je suis parti(e) _____. J'ai visité _____.

Je suis allé(e) à _____ et je suis passé(e) par _____.

J'ai fait _____ et aussi _____.

Quel beau voyage!

Je rêve de prendre une année sabbatique (*take a year off*) et de faire un tour du monde quand j'aurai

ma licence (*when I graduate*). J'espère pouvoir visiter_____, _____

et _____.

Plus tard, je vais essayer un échange d'appartement. Cette formule a l'air _____.

À bientôt, Hassan!

Pause-Culture

A. **Le territoire français.** Regardez la carte de France à la fin de votre livre. Ces informations sont-elles vraies (**V**) ou fausses (**F**)?

1. V F La Bretagne est dans l'Ouest (*west*) de la France.

2. V F Les Alpes sont des montagnes (*mountains*).

3. V F La Corse est une île italienne.

4. V F La Côte d'Azur est dans le Sud de la France.

5. V F Le Massif central est dans le Nord de la France.

B. **La passion des vacances.** Relisez le **Reportage** dans votre livre, puis choisissez les réponses correctes pour compléter les phrases.

1. Aujourd'hui, les Français ont _____ semaines de congé (*vacation*) par an.
   a. quatre   b. cinq   c. six

2. Les professeurs ont presque _____ mois de vacances par an.
   a. deux   b. trois   c. quatre

3. Pendant les vacances d'hiver, beaucoup de Français vont à la _____.
   a. montagne   b. mer   c. campagne

4. Ceux qui (*Those who*) aiment le tourisme vert vont à la _____.
   a. montagne   b. mer   c. campagne

5. Ceux qui aiment bronzer vont souvent sur les plages _____.
   a. de la Côte d'Azur   b. de la Normandie   c. du Nord

Leçon 3: Structures

L'expression impersonnelle *il faut*

Expressing Obligation and Necessity

A. **Qu'est-ce qu'il faut?** Répondez aux questions suivantes avec l'expression **il faut** et des substantifs.

MODÈLE: Qu'est-ce qu'il faut pour faire du camping?
Il faut une tente et un sac de couchage pour faire du camping.

1. Qu'est-ce qu'il faut pour faire du ski alpin?

_____

_____

2. Qu'est-ce qu'il faut pour faire de l'équitation?

_____

_____

3. Qu'est-ce qu'il ne faut pas pour aller à la plage?

_____

_____

4. Qu'est-ce qu'il faut pour faire une randonnée en montagne?

_____

_____

B. Que faut-il faire? Qu'est-ce qu'il ne faut pas faire? Écoutez les situations, et utilisez une des expressions suggérées pour dire ce qu'il faut faire ou ce qu'il ne faut pas faire.

Expressions suggérées: aller au lit, boire un coca, manger un sandwich, aller nager (*to go for a swim*), répondre, rester dans la maison

Vous entendez:	On a soif.
Vous choisissez:	boire un coca
Vous dites:	Il faut boire un coca.

1. … 2. … 3. … 4. … 5. …

Les prépositions devant les noms de lieu

Expressing Location

A. Test de géographie. Connaissez-vous votre géographie?

MODÈLES: Pour faire du ski sans quitter les États-Unis, on va _dans le Colorado_.

Les voitures Peugeot viennent _de France_.

Afrique	Californie	Japon
Allemagne	Chine	Madrid
Amérique du Nord	Colorado	Moscou
Amérique du Sud	France	Virginie

1. Le Mexique est _____

2. On a inventé la Volkswagen _____

3. Les voitures Nissan viennent _____

4. On mange beaucoup de riz _____

5. Le théâtre Bolchoï se trouve _____

6. Le musée du Prado est _____

7. Nous buvons du café qui vient _____

8. George Washington est né _____

9. La Côte-d'Ivoire est _____

10. Les grands vins américains viennent _____

B. Des annonces. Lisez ces annonces publiées dans un magazine pour étudiants, *Le Monde de l'éducation*, puis complétez les phrases et répondez à la question personnelle.

À comprendre: chaleureuse (*warm*), joignez (*combine*), prestations (*services*), sans peine (*without effort*), soie (*silk*)

Stages et loisirs

Prof. organise voyage en août 08, Chine-Tibet-Népal et H.-Kong, circuit complet, bonnes prestations.
Tél: 01-43-40-66-84, soir.

Le Maroc en bus, 21 jours août, 1.200 € tt comp., camping style cool. Doc. à Foyer rural, 52000 Euffigneix.
Tél: 01-25-32-31-46, soir.

Voyage en Chine, Route de la soie, 1 mois, juillet, août, 2.775 € TC, M. Chen, 60 bd Magenta, 75010 Paris.

Corse Porticcio, loue été, F3, dans villa calme, 500 m de la plage
Tél: 01-93-20-18-14 ou 01-93-63-42-22, le soir.

VACANCES ANGLAISES POUR JEUNES
Joignez l'utile à l'agréable. Améliorez votre anglais sans peine dans l'ambiance chaleureuse de notre home. Cours particuliers et sorties variées.
FAMILY INTERNATIONAL
11 Ashwell Road
Whissendine, OAKHAM
Leics LE 15 7EN. G. B.
Tel : 19 44 66 479 219.

---

1. On peut passer 21 jours en août _____.

2. Le voyage sur la route de la soie _____ coûte 2775 €.

3. Le professeur organise un voyage _____,

_____, _____ et _____.

4. On peut louer une villa _____.

5. **Votre vie à vous.** Quelle annonce trouvez-vous intéressante? Pourquoi?

_____

_____

_____

C. Voyages d'affaires. M. Auteuil est représentant (*salesman*) pour une entreprise internationale. Il habite à Paris mais voyage beaucoup. Racontez ses voyages en vous basant sur son calendrier.

			septembre			
lundi	mardi	mercredi	jeudi	vendredi	samedi	dimanche
				1	*2*	*3*
4	*5* Rio —————	*6*	*7* ————→	*8*	*9*	*10*
11	*12* Marseille	*13* Italie	*14* Allemagne ——	*15* ————→	*16*	*17*
18	*19*	*20* Japon ———	*21*	*22*	*23*	*24*
25 ————→	*26*	*27*	*28*	*29* Angleterre ——→	*30*	

MODÈLES: Mardi le cinq, il va _____ *à Rio* _____.

Vendredi le huit, il rentre *du Brésil et arrive à Paris*.

1. Mardi le douze, il est _____.

2. Mercredi le treize, il arrive _____.

3. Jeudi le quatorze, il part _____ et il va

_____.

4. Samedi le seize, il rentre _____.

5. Mercredi le vingt, il voyage _____ où il passe une semaine.

6. Mardi le vingt-six, il revient _____.

7. Vendredi le vingt-neuf, il quitte _____ pour aller

_____.

D. Voyages de rêve. Écoutez les projets de voyage suivants, puis donnez la destination de ces gens.

Destinations: l'Australie, la Belgique, le Canada, la Chine, le Mexique, New York, la Tunisie

Vous entendez: Sylvie veut voir des ruines mayas et aztèques en Amérique. Où va-t-elle?
Vous dites: Elle va au Mexique.

1. … 2. … 3. … 4. … 5. … 6. …

E. Le retour. Écoutez la description et dites d'où arrive chaque personne.

À comprendre: on y fabrique (*are made there*), téléviseurs (*television sets*)

| Cybèle | Monique | Gérard | Florence | Joseph |

Vous entendez: Cybèle arrive d'Amérique du Sud. On parle portugais dans le pays qu'elle a visité. À Rio, une ville importante, on célèbre le carnaval du Mardi gras au mois de février. D'où arrive Cybèle?

Vous dites: Elle arrive du Brésil.

1. … 2. … 3. … 4. …

Leçon 4: Perspectives

◎ Faire le bilan

A. Votre vie à vous. Racontez neuf événements (*events*) de votre vie.

Verbes suggérés: aller, apprendre, boire, devenir, entrer, faire, mourir, naître, partir, quitter, recevoir, sortir, tomber, venir, voyager

MODÈLES: J'ai voyagé en Californie pour la première fois avec ma famille en 2003.

Ma petite sœur est née.

Avant l'âge de 10 ans:

1. _____

2. _____

3. _____

À l'école secondaire:

4. _____

5. _____

6. _____

(continued)

La semaine dernière:

7. _____

8. _____

9. _____

B. Épisodes de l'histoire de France. Lisez ce texte, puis faites l'exercice.

La Révolution française commence le 14 juillet *mille sept cent quatre-vingt-neuf* quand le peuple de Paris prend la Bastille. Louis XVI est guillotiné en *mille sept cent quatre-vingt-treize*.

Napoléon Bonaparte devient empereur en *mille huit cent quatre*, mais après sa défaite à la bataille de Waterloo en *mille huit cent quinze*, Louis XVIII monte sur le trône. Son frère Charles X, devient roi (*king*) mais il s'échappe (*escapes*) en Angleterre pendant la Révolution de *mille huit cent trente*.

Le règne (*reign*) de Louis-Philippe finit en *mille huit cent quarante-huit* avec une autre révolution. Le peuple proclame la Seconde République. Mais le 2 décembre *mille huit cent cinquante et un*, Louis-Napoléon Bonaparte prépare un coup d'état.

Après la guerre avec la Prusse, en *mille huit cent soixante-dix*, le peuple proclame la Troisième République, qui va continuer jusqu'en *mille neuf cent quarante*, au début de la Deuxième Guerre mondiale. *Mille neuf cent cinquante-huit* marque le début (*beginning*) de la Cinquième République en France.

Écrivez en chiffres les dix dates données dans le texte. Complétez aussi l'événement correspondant, en mettant le verbe au passé composé.

1. ___*1789*___ La Révolution française ___*a commencé*___ (commencer).

2. _____ Louis XVI _____ (être) guillotiné.

3. _____ Napoléon Bonaparte _____ (devenir) empereur.

4. _____ Louis XVIII _____ (monter) sur le trône.

5. _____ Charles X _____ (aller) en Angleterre.

6. _____ Le peuple _____ (proclamer) la Seconde République.

7. _____ Louis-Napoléon _____ (préparer) un coup d'état.

8. _____ Le peuple _____ (proclamer) la Troisième République.

9. _____ La Troisième République _____ (tomber) avec le

   début de la Deuxième Guerre mondiale.

10. _____ La Cinquième République _____ (commencer).

C. Votre vie à vous. Répondez aux questions suivantes.

1. Où êtes-vous né(e)? D'où venez-vous? _____

   _____

2. Qu'est-ce que vous avez pris au petit déjeuner ce matin? _____

   _____

3. En général, combien d'heures dormez-vous par nuit? _____

   _____

4. Combien d'heures avez-vous dormies la nuit dernière? _____

_____

5. Où avez-vous passé les dernières vacances d'hiver? _____

_____

6. Qu'est-ce que vous avez fait en vacances? _____

_____

7. Achetez-vous beaucoup d'équipement de sport? Qu'avez-vous acheté l'an dernier? _____

_____

Prononciation

Les consonnes finales. Final consonants are generally not pronounced in French. To distinguish singular and plural nouns, for example, it is necessary to listen to the article: **le parapluie, les parapluies; la tente, les tentes.** However, there are a few final consonants that are usually pronounced:

- Final **c: avec, bec, parc**
- Final **l: bal, mal, mille**
- Final **f: bœuf, neuf, soif**
- Final **r: pair, par, pour**

Be aware that there are several common words in which final **c** is not pronounced: **banc, blanc, porc, tabac.** Keep in mind, as well, that final **-er** is sometimes pronounced like French **air,** but often pronounced like **é: fier,** but **chanter, danser, parler.**

Répétez les expressions suivantes. Vous les entendrez deux fois.

1. parc / public / Québec / sac / banc / blanc / porc / tabac
2. chef / neuf / œuf / soif / bœuf / fief
3. alcool / bal / col / bol / mal / pull
4. air / fier / mer / pour / bronzer / nager / quitter / voyager

À l'écoute!

Des vacances originales. Les vacances d'été approchent et Mme Dumas, qui a des enfants, vient d'entendre une annonce à la radio qui l'a beaucoup intéressée. Écoutez cette annonce, puis complétez les phrases suivantes à l'aide des éléments qui conviennent.

À comprendre: formation (*training*), VTT (*mountain biking*)

1. *Colosympa* organise des vacances réservées aux jeunes de 14 à _____.
   a. 17 ans   b. 18 ans   c. 19 ans

2. Ce concept de vacances mêle (*mixes*) sport, nature et _____.
   a. Internet   b. peinture   c. littérature

3. Ce village de vacances est _____.
   a. à la campagne   b. à la montagne   c. au bord de la mer

4. On peut faire du rafting, du VTT, de la voile et _____.
   a. du camping   b. la cuisine   c. des randonnées

Par écrit

Function: Narrating in the past

Audience: Friends

Goal: Write a story about a disastrous vacation (**des vacances désastreuses**) that you experienced, or invent such a situation.

Steps

1. Write an outline of your story.

   - Set the scene. Tell who went with you and where you went.
   - Describe the complications that beset you.
   - Explain what you and your companions did in these adverse circumstances.
   - Tell how the vacation ended and how the difficulties were resolved.

2. Complete the outline, fill in any details, and write the first draft.
3. Have a classmate reread the draft to see if what you've written is clear.
4. Finally, make any changes suggested by your classmate that seem germane and check the draft for spelling, punctuation, and grammar. Focus especially on your use of the **passé composé**.

Journal intime

Avant d'écrire dans votre journal, lisez la question suivante et cochez (✓) les réponses correctes.

Qu'est-ce que vous avez fait l'été passé?

J'ai… / Je suis…

_____ travaillé

_____ allé(e) (où?)

_____ passé beaucoup de temps avec des amis

_____ fait des études

_____ beaucoup regardé la télévision

_____ beaucoup nagé

_____ (autre) _____

Maintenant décrivez brièvement (*briefly*) ce que vous avez fait l'été passé.

- Où êtes-vous allé(e)?
- Qu'est-ce que vous avez fait?
- Avec qui?
- Qu'est-ce que vous avez appris, acheté, vu, etc.?

   MODÈLE: L'été passé, j'ai travaillé comme animatrice (*counselor*) dans un camp de vacances pour enfants handicapés…

Révisez! Chapitres 5–8

A. Révision de verbes. Complétez les phrases avec la forme correcte du présent des verbes indiqués.

Nous _____[1] (habiter) dans la banlieue de Rouen. Mon père _____[2] (travailler) en ville où il _____[3] (vendre) des produits pharmaceutiques. Ma mère, qui est informaticienne, _____[4] (avoir) son bureau à la maison. Mon frère Pierre et moi _____[5] (aller) à la même université. Nous _____[6] (réussir) bien dans nos études. Nous _____[7] (voyager) ensemble et _____[8] (prendre) le train tous les jours. Pierre _____[9] (vouloir) acheter une voiture, mais moi, je _____[10] (préférer) les transports en commun. Chez nous, les tâches ménagères (*household chores*) _____[11] (être) bien partagées. Quand maman le _____[12] (pouvoir), elle _____[13] (faire) les courses et, au retour du travail, c'_____[14] (être) mon père qui _____[15] (faire) la cuisine. Le week-end, Pierre et moi _____[16] (faire) le ménage.

B. À Paris. Louise et Madeleine discutent des prix dans un grand magasin à Paris. Écrivez les prix que vous entendez.

1. pull en laine _____ €

2. chaussures de ski _____ €

3. anorak _____ €

4. robe en soie _____ €

5. robe en taffetas _____ €

Les réponses se trouvent dans l'appendice.

C. Remèdes. Les personnes suivantes ont de petits problèmes. Proposez une solution logique.

MODÈLE: La maison de Mme Lecoq est complètement en désordre après sa soirée de samedi dernier. Qu'est-ce qu'elle doit faire? → Elle doit faire le ménage.

1. Deux amies ont préparé un dîner délicieux. Maintenant leur cuisine est remplie (*full*) d'assiettes et de tasses sales (*dirty*). Qu'est-ce qu'elles doivent faire? _____

_____

2. Vous avez besoin de faire un peu d'exercice physique, mais vous n'avez pas d'équipement. Qu'est-ce que vous pouvez faire? _____

_____

3. Vos parents sont curieux parce que vous avez un nouveau petit ami / une nouvelle petite amie. Qu'est-ce qu'ils veulent? _____

_____

4. Vous avez des devoirs à faire pour votre cours d'anglais de demain. Mais il est 9 h du soir. Qu'est-ce que vous devez faire? Qu'est-ce que vous voulez faire? _____

_____

_____

5. Vous avez perdu votre sac à dos et votre portefeuille (*wallet*) avec cinquante dollars. Qu'est-ce que vous pouvez faire? Qu'est-ce que vous allez faire? _____

_____

_____

D. Donnez des ordres. Faites des suggestions logiques à l'aide des expressions données.

Expressions suggérées: boire du café, déjeuner avec nous, faire du ski, ne pas faire de pique-nique, jouer au tennis, prendre l'autobus.

MODÈLE: Il est midi (tu) → Déjeune avec nous!

1. Il neige. (nous) _____

2. Il fait du soleil. (tu) _____

3. Il pleut. (vous) _____

4. Il est 7 h du matin et vous avez sommeil. (vous) _____

5. La voiture est au garage. (nous) _____

E. Au snack-bar. Écoutez attentivement le dialogue suivant, puis écrivez les expressions qui manquent (*are missing*).

LE SERVEUR: _____,[1] mademoiselle?

CORINNE: _____[2] et une petite

_____[3] niçoise, _____[4]

LE SERVEUR: _____?[5]

CORINNE: Non, attendez… _____[6] aussi un café crème.

LE SERVEUR: C'est pour emporter (*to take out*) ou _____?[7]

CORINNE: Pour emporter. _____?[8]

LE SERVEUR: Ça fait _____.[9] Merci, mademoiselle.

CORINNE: _____.[10] Au revoir!

Les réponses se trouvent dans l'appendice.

Maintenant, écoutez les propos du serveur, et répondez à la place de Corinne.

1. …   2. …   3. …   4. …

F. Entendu au magasin. Complétez les phrases suivantes à l'aide d'un adjectif démonstratif (**ce, cet, cette** ou **ces**).

À la boulangerie:

«_____¹ boulangerie est célèbre. _____² pain est merveilleux et _____³

croissants sont excellents. J'adore _____⁴ gâteaux. Regarde _____⁵ éclair au chocolat!»

À l'épicerie:

«Moi, j'aime _____⁶ légumes et _____⁷ fruits. Regarde _____⁸ orange! Elle est

superbe. _____⁹ salade semble (*seems*) être parfaite (*perfect*). _____¹⁰ œufs sont très

frais. Mais pourquoi est-ce que _____¹¹ œuf n'est pas marron?»

À la boucherie:

—Je vais prendre _____¹² rôti de bœuf et _____¹³ saucisses.

—Vous voulez un peu de _____¹⁴ pâté?

—Non merci. Je préfère _____¹⁵ côtes de porc.

G. Un tour des îles francophones. Mettez l'histoire suivante au passé composé.

Un jour de septembre, nous _____¹ New York pour aller à la
Guadeloupe. Après, nous _____² à la Martinique. Nous
_____³ les plages de ces îles si reposantes (*so relaxing*)! Après une
semaine, nous _____⁴ pour la Réunion, une petite île à l'est de
Madagascar, dans l'océan Indien.

aller
partir
quitter
trouver

Puis, on _____⁵ pour Tahiti où on _____⁶

deux semaines magnifiques. Moi, je/j' _____⁷ du bateau à voile;

mes amis _____⁸ sur les plages. On _____⁹

voir des fleurs splendides et visiter les villages que le célèbre peintre Gauguin a tant

(*so much*) aimés.

bronzer
faire
partir
passer
pouvoir

Moi, je/j' _____¹⁰ de visiter la Nouvelle-Calédonie. Mais

mes amis _____¹¹ à Tahiti. À la fin du voyage, nous

_____¹² ensemble aux États-Unis. Quand nous

_____¹³ de l'avion à New York, j'étais triste de

voir les couleurs sombres de cette ville—mais très heureux de revoir ma famille.

décider
descendre
rentrer
rester

H. Un week-end à la campagne. Racontez au passé composé le week-end de votre amie Zineb.

> Pay special attention to whether verbs are conjugated with **avoir** or with **être** in the **passé composé.**

Vous entendez: Zineb achète une tente.
Vous dites: Zineb a acheté une tente.

Vous entendez: Ses amis arrivent.
Vous dites: Ses amis sont arrivés.

1. ...   2. ...   3. ...   4. ...   5. ...   6. ...   7. ...   8. ...

En route!

Leçon 1: Paroles

 ## À l'aéroport / À la gare / En route!

A. Analogies. Complétez chaque analogie.

> MODÈLE: acheter un billet : au guichet = ___*faire le plein*___ : à une station-service

1. un voyage : voyager = _____ : voler (*to fly*)

2. un aéroport : un avion = _____ : un train

3. un steward : une hôtesse de l'air = un passager : _____

4. _____ : l'air = un bateau : l'eau

5. un conducteur : le train = _____ : l'avion

6. piloter : un avion = conduire (*to drive*) : _____

7. un avion : l'air = une voiture : _____

B. Thierry et Serge partent pour la Suisse.
Raconte leur départ. Utilisez les mots de la liste.

Vocabulaire: billets, guichet, ski, valises

Thierry et Serge sont au _____[1] pour acheter des _____.[2] Leurs

_____[3] sont par terre. Ils vont en Suisse pour faire du _____.[4]

(*continued*)

Vocabulaire: gare, passagers, quai

Le train est déjà à la _____.⁵ Serge et Thierry attendent sur le _____.⁶

Pour l'instant, ils sont les seuls _____.⁷

Vocabulaire: compartiment, plein, wagon

Ils ont réservé des places dans un _____.⁸ Leur _____⁹ est

_____.¹⁰

C. À l'aéroport international. Trouvez le numéro du vol sur le tableau, et écrivez les informations que vous entendez.

Vous entendez: Le vol numéro quatre-vingt-treize arrive du *Maroc* à *dix-sept heures quinze*.
Vous écrivez: Maroc / 17 h 15

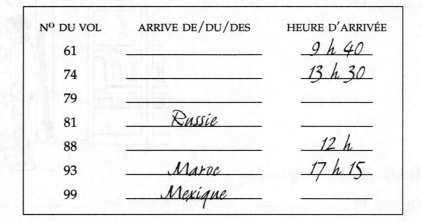

Nº DU VOL	ARRIVE DE/DU/DES	HEURE D'ARRIVÉE
61		9 h 40
74		13 h 30
79		
81	Russie	
88		12 h
93	Maroc	17 h 15
99	Mexique	

Les réponses se trouvent dans l'appendice.

D. Le voyage de Sabine. Écoutez l'histoire en regardant les dessins. Mettez les dessins en ordre en les numérotant (*numbering them*) de 1 à 6.

À comprendre: affaires à emporter (*things to carry*), atterrir (*to land*), débarquer (*to deplane*), douane (*customs*), manquer (*to miss*)

Sabine est étudiante en sociologie à Rouen. L'été passé, elle a fait un voyage d'études en Côte-d'Ivoire.

a. ___1___

b. _____

c. _____

d. _____

e. _____

f. _____

Et vous? Réfléchissez à un voyage en train ou en avion que vous avez fait récemment (*recently*), et donnez votre propre (*your own*) réponse aux questions suivantes. Vous n'entendrez pas (*You will not hear*) de réponses suggérées.

> Vous entendez: Pourquoi as-tu fait ce voyage?
> Vous voyez: J'ai fait… pour…
> Vous dites: J'ai fait ce voyage pour voir ma famille.

1. J'ai voyagé…
2. J'ai pris…
3. J'ai choisi…
4. Oui, j'ai emporté… (Non, je n'ai pas emporté…)
5. À mon arrivée, j'ai (je suis)…
6. J'ai loué…

F. **Votre vie à vous.** Pensez à un voyage que vous voulez faire et répondez aux questions suivantes.

1. Où voulez-vous voyager? _____

2. Quel mode de transport voulez-vous utiliser? Si vous voulez voyager en avion, voulez-vous prendre un billet première classe ou classe économique?

   _____

   _____

3. Quelle sorte de bagages allez-vous prendre? Pourquoi? _____

   _____

4. Est-ce que vous allez louer une voiture, une moto, un vélo pendant vos vacances? Où voulez-vous aller avec ce mode de transport?

   _____

   _____

Les points cardinaux

L'Europe. Consultez la carte d'Europe dans votre livre, et puis indiquez où sont situés les pays.

Vocabulaire: au nord, au nord-est, à l'est, au sud-est, au sud, au sud-ouest, à l'ouest, au nord-ouest

> MODÈLE: La Biélorussie est _au sud-est_ de la Lituanie.

1. La France est _____ de l'Angleterre.

2. La Norvège est _____ du Danemark.

3. La Grèce est _____ de la Turquie.

4. La Pologne est _____ de la République tchèque.

5. L'Allemagne est _____ de la Belgique.

6. L'Italie est _____ de la Grèce.

7. La Hongrie est _____ de l'Ukraine.

8. La Belgique est _____ de l'Angleterre.

Leçon 2: Structures

Le verbe *conduire*

Expressing Actions

A. Ah! Les verbes! Complétez le tableau.

	CONDUIRE	TRADUIRE	CONSTRUIRE
je			
nous, les étudiants			
les professeurs			
vous, Madame Gian			
tu			

B. Moyens de transport. Écoutez la description, et donnez le nom du véhicule.

Vous entendez:	Jean-Pierre peut transporter au maximum un passager. Quel véhicule est-ce qu'il conduit?
Vous dites:	Il conduit une moto.

1. ...　2. ...　3. ...　4. ...

C. **Activités diverses.** Complétez les phrases avec le présent du verbe qui convient.

MODÈLE: Nous _____*traduisons*_____ (construire, traduire) cet article en japonais.

1. Mon amie Cornelia va partout (*everywhere*) à pied. Elle ne _____
   (conduire, détruire) pas sa voiture.

2. Les Riesel? Oui, ils _____ (construire, réduire) une nouvelle maison.

3. Notre professeur _____ (détruire, traduire) des poèmes de Senghor.

4. Léa et moi, nous _____ (conduire, détruire) notre voiture prudemment.

5. Les armées _____ (construire, détruire) beaucoup de villes pendant
   les guerres.

6. On _____ (réduire, traduire) généralement ses dépenses (*expenditures*)
   quand on perd son travail.

7. Je _____ (conduire, aller en voiture) à l'université.

*D*epuis et *pendant*

Expressing How Long, How Long Ago, and Since When

A. **À Chamonix.** Mariane et Fanny font connaissance pendant les vacances. Utilisez **depuis, pendant** ou **il y a.**

MARIANE: _____[1] quand es-tu ici à Chamonix?

FANNY: Je suis ici _____[2] trois heures. J'ai envie de faire de l'alpinisme

_____[3] les trois jours que je vais être ici. Tu es ici

_____[4] longtemps?

MARIANE: J'ai pris le train de Lyon _____[5] une semaine. _____[6]

six jours, je visite toutes les curiosités de la région: la mer de Glace (*Ice*), le mont Blanc.

Et _____[7] mon arrivée, je goûte à tous les bons plats de la région.

FANNY: Est-ce qu'il fait toujours si beau _____[8] le mois de juin?

MARIANE: D'habitude, oui. Mais il a neigé en montagne _____[9] deux semaines.

B. **Votre vie à vous.** Décrivez votre travail pour le cours de français. Complétez les phrases avec l'heure, la durée (*duration*), et cetera, selon le cas.

1. J'étudie le français depuis _____

2. J'ai commencé mes devoirs aujourd'hui il y a _____

3. Je fais cet exercice depuis _____

4. Hier, j'ai fait mes devoirs pendant _____

C. Nouveaux intérêts. Écoutez la conversation entre Bernard et Sophie.

Un soir, à l'hôtel, Bernard Meunier parle avec une jeune femme, Sophie Morin...

Après les vacances. Sophie décrit ses vacances à une copine. Écoutez les questions de sa copine et complétez par écrit les phrases suivantes.

1. Je suis de retour _____ quelques (*a few*) jours seulement.

2. _____ mon retour, je pense à mon nouvel ami Bernard...

3. _____ mes vacances, j'ai passé beaucoup de temps avec Bernard.

4. Nous avons parlé pour la première fois _____ deux semaines.

5. Ce soir-là, nous avons discuté _____ des heures.

Le blog de Juliette

La Rolls du vélo

A. Juliette à Paris. Choisissez l'expression qui convient.

1. **Depuis combien de temps / Pendant combien de temps** Juliette rêve-t-elle d'un vélo?

2. **Depuis combien de temps / Pendant combien de temps** Juliette a-t-elle rêvé d'un vélo?

3. Juliette habite Paris depuis le 1ᵉʳ juillet 2005. **Depuis quand / Depuis combien de temps** habite-t-elle Paris?

4. Juliette et Léa sont amies **depuis / il y a** plusieurs années.

5. **Il y a / Pendant** deux ans, Juliette ne connaissait (*didn't know*) pas Hassan.

B. En route, Juliette! Complétez les phrases avec les prépositions **en** ou **à**.

1. Depuis plusieurs mois, Juliette fait l'aller-retour entre Paris et Bruxelles _____ train.

2. À Paris, elle se déplace (*gets around*) _____ bus ou _____ métro.

3. Elle n'a pas beaucoup d'argent: elle ne peut pas se déplacer _____ taxi.

4. Elle fait des kilomètres _____ pied dans Paris.

5. Et maintenant, elle va en cours et elle fait ses courses _____ vélo.

C. Quelques questions aux amis du blog. Écrivez la question en utilisant la réponse donnée. Employez le pronom **tu.**

1. —Alexis, _____?

   —Non, j'achète toujours mes billets de train sur Internet. C'est très facile.

2. —Trésor, _____?

   —Non, je n'aime pas prendre l'avion: j'ai trop peur!

3. —Charlotte, _____?

   —Dans un compartiment couchette, il y a six couchettes.

(continued)

4. —Mamadou, _____?

    —Je ne prends pas le train pour partir le week-end. Je prends ma voiture.

5. Poema, _____?

    —Oui, quand je suis en Polynésie, je voyage souvent en bateau.

D. **Les amis du blog en route!** Complétez les phrases suivantes avec le présent du verbe **conduire.**

1. En Afrique, Mamadou _____ le camion de son oncle.

2. Dans les rues de Versailles, Alexis et Trésor _____ prudemment (*carefully*).

3. Poema, tu _____ à Paris?

4. Charlotte dit souvent: «Je _____ trop vite!»

5. Mamadou et moi, nous _____ doucement (*slowly*) pour admirer le paysage (*scenery*).

E. **Vous répondez à Juliette.** Expliquez quels sont vos moyens de transport habituels en complétant les phrases de ce courriel. N'oubliez pas d'indiquer votre adresse électronique.

DE: _____

À: Juliette@wanadoo.fr

Bonjour, Juliette, il est bien ton blog! Bravo!

Moi, dans ma ville, je ne prends jamais _____. Je vais en

cours _____. Le soir, si je sors seul(e), je prends

toujours _____. Pour un rendez-vous important, je

prends _____.

Quand je vais voir (*see*) mes parents à (*name of city*) _____, je prends

_____.

Je conduis mais je n'ai pas de _____. J'ai seulement un vélo! Comme toi!

À bientôt, Juliette!

Pause-Culture

A. **La France des transports.** Complétez le paragraphe suivant en utilisant les expressions proposées: **métro, pistes cyclables, polluant, train, vélo.**

À Paris, tout le monde prend le _____. C'est le moyen de transport le plus

populaire. Dans le métro et dans les bus, il n'y a pas de première classe, mais dans le

_____, on peut voyager en première ou en deuxième classe.

Les jeunes adorent rouler à _____. C'est agréable: à Paris, il y a des

kilomètres de _____. Et ce n'est pas _____!

B. Le train pas cher. Relisez le **Reportage** dans votre manuel, puis complétez les phrases suivantes.

1. On peut voyager de Paris à Londres en trois heures par _____.

2. _____, c'est l'abréviation de la Société nationale des chemins de fer français.

3. Avec les billets **«Découverte à deux»**, on a _____ % de réduction.

4. On achète les billets _____ directement sur Internet.

5. Avec la **«Carte Pass Inter Rail»,** on peut voyager dans 30 pays d'_____ et

    d'_____.

Leçon 3: Structures

Les adverbes affirmatifs et négatifs

Expressing Negation

A. Mais non! Aidez Roger à contredire (*to contradict*) son ami Bernard en complétant les phrases.

MODÈLE: BERNARD: Marie aime *beaucoup* l'opéra.

ROGER: Mais non, _____*elle n'aime pas du tout l'opéra.*_____

1. BERNARD: Maurice est *toujours* à l'heure.

    ROGER: Mais non, _____

2. BERNARD: Henri est *déjà* allé en Italie.

    ROGER: Mais non, _____

3. BERNARD: Il part *souvent* en vacances.

    ROGER: Mais non, _____

4. BERNARD: Sa femme *ne* part *jamais* avec lui.

    ROGER: Mais si, _____

5. BERNARD: Henri travaille *encore* chez Renault.

    ROGER: Mais non, _____

6. BERNARD: Sa fille est *déjà* mariée.

    ROGER: Mais non, _____

7. BERNARD: Son fils *n'*est *plus* à l'université.

    ROGER: Mais si, _____

B. **À l'agence de voyages.** Pauvre Yves! Il a toujours moins de chance que les autres. Écrivez son rôle dans le dialogue en utilisant **ne... que.**

MODÈLE: MARC: Chic! (*Cool!*) J'ai mille dollars à dépenser cet été.

YVES: Moi, je *n'ai que deux cents dollars.*

MARC: J'ai six semaines de vacances cette année.

YVES: Moi, je _____ 1

MARC: Il y a une douzaine d'endroits que je vais visiter.

YVES: _____ 2

MARC: Je peux choisir entre six grands hôtels dans plusieurs villes européennes.

YVES: _____ 3

MARC: Je vais partir pour trois semaines au soleil.

YVES: _____ 4

C. **Paul et Richard.** Écoutez la description de Paul et comparez-le à son frère Richard, qui est son opposé.

À comprendre: en ballon (*in a hot-air balloon*)

Vous entendez: Paul a déjà un diplôme.
Vous dites: Richard n'a pas encore de diplôme.

Vous entendez: Paul a encore de l'argent.
Vous dites: Richard n'a plus d'argent.

1. ... 2. ... 3. ... 4. ... 5. ... 6. ...

D. **Limites.** Écoutez les phrases suivantes, et remplacez l'expression **seulement** par **ne... que.**

Vous entendez: Nous avons seulement deux heures ici.
Vous dites: Nous n'avons que deux heures ici.

Vous entendez: J'achète seulement un billet.
Vous dites: Je n'achète qu'un billet.

1. ... 2. ... 3. ... 4. ...

Les pronoms affirmatifs et négatifs

Expressing Negation

A. Après les vacances. On parle d'une personne ou d'une chose? Complétez.

> MODÈLES: ___*Rien n'*___ est facile à la douane (*customs*).
>
> ___*Personne n'*___ est tombé malade (*sick*).

1. _____ est rentré avant dimanche dernier.

2. _____ a coûté plus de soixante-dix euros.

3. _____ va avec la chemise que j'ai achetée à Alger.

4. _____ a aimé le restaurant à Auxerre.

5. _____ a pris le TGV.

6. _____ reste de toutes mes économies (*savings*).

B. Un esprit (*spirit*) de contradiction. Jean-Louis est de mauvaise humeur. Il n'a rien de bon à dire (*to say*). Répondez à sa place (au négatif!).

> MODÈLE: Avez-vous parlé à quelqu'un d'intéressant ce matin? →
> Non, je n'ai parlé à personne d'intéressant.

1. Est-ce qu'il y a quelque chose de bon au cinéma?

_____

2. Êtes-vous allé au cinéma avec quelqu'un d'amusant?

_____

3. Avez-vous mangé quelque chose de délicieux au restaurant?

_____

4. Est-ce que quelqu'un comprend vos problèmes?

_____

C. Voir tout en noir. Écoutez chaque question posée par des amis, et répondez à la forme négative.

> Use **rien, personne,** or
> **jamais** as your answer.

Vous entendez:	Qu'est-ce que tu as fait samedi soir?
Vous dites:	Rien.

Vous entendez:	Vas-tu parfois danser le week-end?
Vous dites:	Non, jamais.

Vous entendez:	Qui t'a invité(e) (*invited you*) à dîner cette semaine?
Vous dites:	Personne.

1. ...   2. ...   3. ...   4. ...   5. ...   6. ...

D. À minuit. Regardez le dessin, et écoutez chaque question. Répondez avec **ne... personne** ou **ne... rien.**

Vous entendez:	Est-ce qu'il y a quelqu'un sur le quai?
Vous dites:	Non, il n'y a personne sur le quai.

1. ...   2. ...   3. ...   4. ...   5. ...

E. Un pessimiste. Donnez les réactions d'une personne pessimiste.

> Use **personne de/d'** + adjective or
> **rien de/d'** + adjective in your answer.

Vous entendez:	Il y a quelque chose d'amusant à faire.
Vous dites:	Non, il n'y a rien d'amusant à faire.

Vous entendez:	Quelqu'un d'intéressant est ici.
Vous dites:	Non, personne d'intéressant n'est ici.

1. ...   2. ...   3. ...   4. ...

Leçon 4: Perspectives

Faire le bilan

A. Associations. À quels autres mots associez-vous les mots suivants?

MODÈLE: le professeur: les étudiants, la salle de classe, les livres

1. l'avion: _____, _____, _____

2. conduire: _____, _____, _____

3. le wagon: _____, _____, _____

4. le passager: _____, _____, _____

B. Votre vie à vous. Répondez aux questions suivantes en faisant des phrases complètes et en employant **depuis, pendant** et **il y a.**

1. Depuis quand est-ce que vous allez à l'université?

   _____

2. Quand est-ce que vous avez commencé à étudier le français?

   _____

3. Vous pratiquez votre français pendant combien de minutes (ou d'heures) chaque jour?

   _____

4. Depuis quand est-ce que vous habitez dans cette ville?

   _____

5. Pendant combien de temps avez-vous fait vos devoirs hier?

   _____

C. Questionnaire. Complétez chaque phrase avec **quelque chose de** ou **quelqu'un de** + adjectif masculin singulier.

MODÈLE: Je voudrais manger quelque chose de délicieux.

1. Je voudrais épouser (*to marry*) _____

2. Je voudrais boire _____

3. Je voudrais faire _____

4. Je voudrais parler avec _____

5. Je voudrais danser avec _____

6. Je voudrais voir _____

7. Je voudrais apprendre _____

8. Je voudrais devenir _____

D. Votre vie à vous. Donnez votre réponse, en utilisant les nouvelles expressions du chapitre.

1. Avez-vous déjà piloté un avion? _____

   _____

2. Prenez-vous toujours un avion pour venir en cours? _____

   _____

3. Qui de votre famille n'a jamais été dans une voiture? _____

   _____

4. Habitez-vous encore chez vos parents? _____

   _____

5. Est-ce qu'il y a quelque chose d'intéressant dans cet exercice? _____

   _____

 Prononciation

Révision d'orthographe. (*Spelling review.*) Répétez les lettres de l'alphabet et les mots correspondants.

a	abricot	**h**	haricot	**o**	omelette	**u**	ustensile
b	baguette	**i**	italien	**p**	pain	**v**	viande
c	carotte	**j**	jambon	**q**	quiche	**w**	whisky
d	dessert	**k**	kaki	**r**	raisin	**x**	xérès
e	escargot	**l**	lait	**s**	salade	**y**	yaourt
f	fondue	**m**	marron	**t**	tarte	**z**	zeste
g	gâteau	**n**	noisette				

Les accents. Épelez (*Spell*) et prononcez les mots suivants. Attention aux accents.

Vous entendez:	hôtel
Vous dites:	H-O accent circonflexe-T-E-L, hôtel

Vous entendez:	étagère
Vous dites:	E accent aigu-T-A-G-E accent grave-R-E, étagère

1. voilà
2. théâtre
3. où
4. français
5. Noël

À l'écoute!

Un service de la SNCF. Vous allez entendre une publicité pour la SNCF. Écoutez attentivement, puis indiquez ce qui correspond au concept auto/train.

À comprendre: en forme (*in good shape*)

Avec le concept auto/train...

1. on arrive _____.
   a. fatigué   b. en forme

2. on conduit _____.
   a. trop longtemps   b. peu

3. on est _____.
   a. en sécurité   b. en danger

4. on arrive _____.
   a. à l'heure   b. en retard

5. les vacances commencent _____.
   a. bien   b. mal

 # Par écrit

Function: Persuading

Audience: Students, staff, and faculty of your college or university

Goal: Write an article for the campus newspaper on the problems of transportation at your college or university. Use the following questions as a guide.

1. Quels sont les problèmes de transport sur le campus? Est-ce qu'il est difficile de garer (*park*) la voiture? Est-ce qu'il y a trop de voitures, assez de transports en commun (*public transportation*)? Est-il facile de sortir le soir sans voiture? Peut-on se déplacer à pied sans ennuis?
2. Quel moyen de transport préfèrent les étudiants, en général? Êtes-vous d'accord avec ces étudiants? Pourquoi ou pourquoi pas?
3. Proposez quelques réformes pour améliorer les problèmes de transport sur le campus.

Steps

1. Jot down some answers to the preceding questions. Make educated guesses and give your own opinions. **Mots utiles:** les parkings (*parking lots*); les transports en commun; les parcmètres (*m., parking meters*); les navettes (*f., shuttles*)
2. Start to reorganize your thoughts. Write a brief introduction, using the answer to the first question under number 1 as your topic sentence.
3. Answer the set of questions under number 2 by presenting any evidence you have about the kinds of transportation preferred by students at your college.
4. Suggest some solutions to the problems. Use some of the following expressions: **Il faut** + infinitive; **On doit; On dit que; Il est certain que; Il est probable que** (*It's likely that*); **J'espère que** (*I hope that*); **ne... plus; ne... jamais; Personne... ne; Rien... ne.**

(continued)

5. Have a classmate read your first draft to see if what you've written is clear.
6. Make any necessary changes suggested by your classmate and check the draft for spelling, punctuation, and grammar errors. Pay attention to the use of the negative expressions and the past tense with **être.**

Journal intime

Décrivez un voyage que vous avez fait.

- Où êtes-vous allé(e)?
- Avec qui?
- À quel moment?
- Pour quelles raisons?
- Qu'est-ce que vous avez fait de mémorable?
- Qu'avez-vous appris?
- Mentionnez aussi deux ou trois endroits que vous avez envie de visiter et expliquez pourquoi.

MODÈLE: L'année dernière, j'ai visité la Polynésie française avec ma famille. Nous sommes partis en février…

CHAPITRE 10

Comment communiquez-vous?

Leçon 1: Paroles

 ## Les nouvelles technologies

A. Les nouvelles technologies. Identifiez les dessins suivants, puis répondez à la question.

MODÈLE: un appareil photo numérique

 1. _____

 2. _____

ou _____

 3. _____

 4. _____

(continued)

Votre vie à vous. Quelles formes de communication utilisez-vous le plus? Concentrez-vous sur deux ou trois de ces formes de communication, et indiquez pourquoi vous les utilisez et ce que vous en pensez (*what you think of them*).

MODÈLE: J'utilise souvent le Web pour faire des recherches (*research*) pour mes devoirs.

_____

_____

_____

_____

B. Internet. Vous utilisez beaucoup Internet. Indiquez vos préférences en répondant aux questions. Vous n'entendrez pas de réponses suggérées.

À comprendre: achat (*purchase*), envoyer (*to send*), lire (*to read*), recevoir (*to receive*)

Vous entendez: Préférez-vous consulter la météo ou réserver une chambre d'hôtel?
Vous dites: Je préfère consulter la météo.

1. …   2. …   3. …   4. …   5. …

Les médias et la communication

A. Communications. Associez chaque mot avec sa définition.

1. _____ L'endroit où on achète des timbres.

2. _____ L'endroit où on trouve des magazines.

3. _____ On cherche un numéro de téléphone dans ce livre.

4. _____ L'action qu'on fait pour téléphoner.

5. _____ On en a au moins cinq (*People have at least five of them*) en France, plus si on a le câble.

6. _____ C'est dans cet objet qu'on poste les lettres.

7. _____ On regarde cette partie du journal si on cherche du travail.

a. les petites annonces
b. l'annuaire
c. composer le numéro
d. la boîte aux lettres
e. le kiosque à journaux
f. les chaînes
g. la poste

B. La communication. Écoutez la description des activités. Pour chaque activité, indiquez le dessin correspondant, et répondez à la question.

> Before you start, review the vocabulary you need to name the items in the sketches.

Vous entendez: Je veux acheter un *Paris-Match*. Où est-ce que je vais?

Vous choisissez: a.   (b.)

Vous dites: Tu vas au kiosque.

1. a.   b.   2. a.   b.

3. a.   b.   4. a.   b.

5. a.   b.   6. a.   b.

C. Votre vie à vous. Utilisez le vocabulaire des nouvelles technologies, des médias et de la communication pour répondre aux questions suivantes.

1. D'où avez-vous reçu une carte postale? Quand? De qui?

_____

_____

2. Quelle émission de télé-réalité regardez-vous régulièrement? Pourquoi?

_____

_____

(continued)

3. Quelle partie du journal aimez-vous le mieux? La une (*front page*)? Les bandes dessinées (*comics*)? L'opinion? Les petites annonces? Pourquoi?

_____

_____

4. Quand vous téléphonez d'une cabine téléphonique, déposez-vous de la monnaie dans le téléphone ou avez-vous une télécarte?

_____

_____

Quelques verbes de communication

A. Ah! Les verbes! Conjuguez les verbes suivants.

	DIRE	LIRE	ÉCRIRE	METTRE	DÉCRIRE
nous					
tu					
on					
vous					
mes copains					
je/j'					

B. Correspondances. Complétez chaque phrase avec la forme appropriée d'un des verbes indiqués, puis répondez à la question. Utilisez **écrire, décrire** ou **mettre**.

En France, c'est une tradition d'_____¹ à tous ses amis au début du mois de

janvier pour leur souhaiter (*to wish them*) une bonne année. On _____² ses

activités de l'année et on envoie ses meilleurs vœux (*best wishes*). Il y a des personnes qui

_____³ tout en détail, et d'autres qui signent des cartes et

_____⁴ ces cartes à la poste.

Aux États-Unis et au Canada, nous avons une tradition semblable (*similar*), mais nous

_____⁵ à Noël. Au lieu d'envoyer (*Instead of sending*) une carte, certaines

personnes _____⁶ une lettre photocopiée dans une enveloppe et l'envoient

(*send it*) à tous leurs amis.

Votre vie à vous. Que pensez-vous des lettres photocopiées? Commentez. _____

_____

C. L'art de communiquer. Écoutez les questions suivantes, et donnez une réponse logique. Faites attention aux mots de vocabulaire sur le dessin.

Vous entendez: Le matin, qu'est-ce que le vendeur dit à son client?
Vous dites: Il dit bonjour.

1. ...   2. ...   3. ...   4. ...   5. ...

D. Votre vie à vous. Répondez en phrases complètes.

1. Qu'avez-vous lu depuis hier? Un SMS? Un journal? Des petites annonces? Un roman? Un magazine? Pourquoi? Pendant combien de temps avez-vous lu? _____

_____

_____

2. Qu'avez-vous écrit depuis hier? Un mél? Une lettre? Une carte postale? Un fax? Un texto? À qui l'avez-vous écrit(e)? Pourquoi? _____

_____

_____

3. Avez-vous dit quelque chose d'impoli depuis la semaine dernière? À qui? Pourquoi? _____

_____

_____

4. Qu'est-ce que vous avez mis comme vêtements samedi dernier? _____

_____

_____

Leçon 2: Structures

L'imparfait

Describing the Past

A. Ah! Les verbes! Conjuguez les verbes suivants à l'imparfait.

	ÊTRE	ÉTUDIER	LIRE	METTRE
je/j'				
vous				
tu				
ils				

B. Qu'est-ce qu' on faisait? Le professeur est arrivé cinq minutes en retard. Que faisaient les étudiants quand il est entré dans la salle de classe?

> MODÈLE: (regarder la carte) → Paul et Paule *regardaient la carte.*

1.   (finir son travail) Françoise _____
2.   (dormir) François _____
3.   (écrire au tableau) Pierre et Annick _____
4.   (lire le journal) Michel et Déo _____
5.   (sortir) Patrice _____
6.   (penser partir) Nous _____
7.   (prendre sa place) Abena _____
8.   (mettre ses affaires [*things*] sous sa chaise) Morowa _____

C. «Quand j'avais ton âge... » Complétez les phrases du grand-père.

> MODÈLE: Quand j'avais ton âge, je ___*réussissais*___ (réussir) à mes examens.

Quand j'avais ton âge,

1. mon père _____ (travailler) douze heures par jour.

2. ma mère _____ (commencer) à faire le ménage à sept heures du matin.

3. nous _____ (ne pas avoir) beaucoup d'argent…

4. mais nous _____ (être) heureux.

5. on _____ (aller) à l'école à pied.

D. Créez une atmosphère. Vous êtes romancier/romancière (*novelist*), et vous commencez un nouveau livre. Vous avez déjà composé le texte suivant. Mettez les verbes à l'imparfait pour décrire le début de l'histoire au passé.

Il _____[1] huit heures du matin. De ma

fenêtre, je/j'_____[2] voir (*see*) le kiosque de

la rue de la République. Les rues _____[3] pleines

de gens* qui _____[4] au travail. Un groupe

d'hommes _____[5] l'autobus.

aller
attendre
être (2)
pouvoir

Un autre groupe _____[6] dans la

station de métro. Près d'une cabine téléphonique, un homme

_____[7] le journal et une jeune femme

_____[8] des enveloppes à la boîte aux lettres.

descendre
lire
mettre

À la terrasse du café, les serveurs _____[9]

du café et des croissants. Il _____[10]

chaud. Je/J'_____[11] content(e).

être
faire
servir

Mais vous n'êtes toujours pas satisfait(e). Essayez encore une fois. Créez une atmosphère sombre et mystérieuse. Commencez par: «Il était onze heures du soir… » Adaptez l'histoire à la nouvelle heure. Utilisez une autre feuille.

E. L'enfance de ma grand-mère. Écoutez Mme Chabot, et indiquez sur la liste qui suit (*that follows*) les activités qu'elle mentionne.

À comprendre: je leur racontais (*I used to tell them*), je m'occupais de (*I used to take care of*)

> Before you start, review the
> **À comprendre** vocabulary.
> Then turn to the next page
> and listen to the passage.

---

*Les gens (*people*) refers to an indeterminate number of people (**Ces gens-là sont très polis**). If the number of people can be counted, **les personnes** is used (**Il y avait dix personnes dans la salle**). One person is always **une personne.**

Ma grand-mère…

_____ parlait avec des amis   _____ s'occupait de ses frères et sœurs

_____ allait à l'école   _____ jouait dans la rue

_____ n'avait pas beaucoup d'argent _____ plantait des fleurs dans le jardin

_____ aidait ses parents   _____ lisait le soir

_____ habitait à la campagne   _____ écoutait la radio

_____ faisait le ménage

F. Mon enfance. Regardez un moment les dessins suivants. Vous êtes un musicien célèbre. Vous répondez aux questions d'un journaliste. Basez vos réponses sur les dessins.

Vous voyez (*see*):

Vous entendez: En été, vous alliez à la montagne ou à la plage?
Vous dites: En été, j'allais à la plage.

1.

2.

3.

4.

5.

G. Quand vous aviez treize ans... Écoutez la question et la réponse d'une étudiante. Ensuite, répondez vous-même.

> Vous entendez: Aviez-vous beaucoup d'amis? —Non, je n'avais pas beaucoup d'amis, mais mes amis étaient très sympa. —Et vous?
>
> Vous dites: Moi, oui, j'avais beaucoup d'amis.

1. ... 2. ... 3. ... 4. ...

H. Et encore. Donnez plus de détails sur votre vie quand vous aviez treize ans. Décrivez ce que vous faisiez à l'école, quelles étaient vos matières préférées à l'école, ce que vous faisiez après l'école, qui étaient vos amis, combien de devoirs vous aviez, si vous étiez membre d'un club, ce que vous faisiez le week-end, et cetera.

Quand j'avais treize ans, j'allais à l'école à _____ heures du matin...

_____

_____

_____

_____

_____

_____

Les pronoms d'objet direct

Speaking Succinctly

A. J'ai entendu... Pendant une soirée élégante, vous entendez ces bribes (*bits*) de conversation. De quoi parle-t-on? Choisissez deux possibilités pour chaque pronom.

Possibilités:

ce nouveau film	le ménage
cet exercice	mon livre de chimie
Guy	ses amis
la nouvelle étudiante	ses parents
la pièce de théâtre (*play*)	ton short
Laurent	ton pyjama

MODÈLE: On essaie de **le** comprendre, mais ce n'est pas facile.

_____*Laurent*_____ ou _____*mon livre de chimie*_____

1. Paul ne **les** écoute jamais.

_____ ou _____

2. Nous ne voulons pas **le** faire ce soir.

_____ ou _____

3. Je **l'**ai mis dans ta commode.

_____ ou _____

(continued)

4. Tout le monde l'adore, mais moi, je ne l'aime pas beaucoup.

_____ ou _____

5. Mes amis **la** trouvent assez intéressante.

_____ ou _____

B. Beaucoup d'anniversaires! Distribuez ces cadeaux à qui vous voulez. (Attention à la préposition!)

le monsieur

la dame

les enfants

l'étudiant

Wolfgang

MODÈLE: Ces shorts Adidas™? →
Je les donne aux enfants.

1. Ces rouges (*m.*) à lèvres (*lipsticks*)? _____

2. Cet argent? _____

3. Ces bonbons (*m.*)? _____

4. Cette cravate? _____

5. Ces anciens livres de classe? _____

6. Ce parfum? _____

7. Ces notes de cours? _____

8. Cette vieille chaussure? _____

C. Conversations. Remplacez chaque blanc avec un des pronoms entre parenthèses. Soyez logique.

Une question de goût

FLORETTE: Pourquoi veux-tu sortir avec André?

PÉNÉLOPE: Parce que je _____¹ (la, le) trouve sympathique. Mais aussi parce qu'il

_____² (m', t') écoute et qu'il _____³ (me, te) comprend.

FLORETTE: Et toi, tu _____⁴ (le, me) comprends? Moi, je _____⁵ (le, vous) trouve souvent bizarre.

PÉNÉLOPE: C'est vrai. Il _____⁶ (la, me) surprend (*surprises*) parfois, mais je _____⁷ (la, le) trouve charmant quand même (*anyway*).

FLORETTE: Je _____⁸ (me, te) souhaite bonne chance, Pénélope.

Maman est curieuse

MAMAN: Avez-vous des nouvelles de tante Mariette?

LES JUMEAUX (*twins*): Elle _____⁹ (nous, t') a appelés de Londres la semaine passée.

MAMAN: Est-ce qu'elle _____¹⁰ (l', vous) a invités à venir à Londres cet été?

LES JUMEAUX: Non, mais nous _____¹¹ (l', les) avons vue (*saw*) à Noël et nous espérons _____¹² (la, le) revoir au printemps.

D. Personnes et objets. Écoutez les phrases, et choisissez la lettre qui correspond à l'objet ou à la personne.

Vous entendez: Je les écoute tous les jours.

Vous choisissez: ⓐ. les informations   b. ma mère

1. a. ma voiture   b. mes devoirs

2. a. les cartes postales   b. la dissertation de sciences po (*essay for political science*)

3. a. la télé   b. le portable

4. a. les timbres   b. le journal

5. a. mon piano   b. mes petits chats

6. a. notre voisine   b. notre voisin

E. Ma patronne. Éric parle du travail qu'il est obligé de faire au bureau. Complétez les phrases d'Éric, selon le modèle.

Vous entendez: Elle me dit d'écrire ces lettres…
Vous dites: …et je les écris.

1. …   2. …   3. …   4. …

F. Votre vie à vous. Répondez aux questions suivantes en phrases complètes. Utilisez un pronom d'objet direct dans votre réponse.

1. Consultez-vous souvent l'annuaire? Pourquoi (pas)?

_____

_____

2. Lisez-vous les petites annonces sur Internet de temps en temps? Qu'est-ce que vous y cherchez?

_____

_____

(*continued*)

3. Est-ce que vos parents lisaient quelquefois vos courriels quand vous étiez adolescent(e)? Quelle était votre réaction?

_____

_____

Le blog de Juliette

Ordinateur, mon amour!

A. Juliette et la technologie. Complétez les phrases suivantes avec le terme approprié.

1. C'est une sorte de journal intime en ligne: c'est un _____.

2. Avec ce type de message, qu'on écrit sur son ordinateur, on communique presque (*almost*) en temps réel. C'est un _____.

3. Avec cette machine, Juliette peut regarder ses films préférés. C'est un

   _____.

4. Avec son téléphone portable, Juliette envoie des messages écrits. Ce sont des

   _____.

5. Pour son ordinateur, elle a choisi une connexion très rapide. C'est une connection

   _____.

B. Les problèmes techniques de Juliette. Mettez les verbes entre parenthèses à l'imparfait.

1. Il y a quelques années, j'(avoir) _____ un modem dans mon ordinateur.

2. Généralement, je (commencer) _____ la journée avec des problèmes techniques.

3. Je ne (pouvoir) _____ pas lire mes courriels: ils (être) _____ bloqués.

4. Je (lire) _____ le manuel technique, mais je ne (comprendre) _____ rien!

5. Je (téléphoner) _____ constamment à Wanadoo (*French Internet service provider*) pour avoir de l'aide. J'(attendre) _____ parfois une heure avant de pouvoir avoir une connexion Internet.

C. Les amis du blog et leurs gadgets technologiques. Remplacez les groupes de mots en italique par le pronom d'objet direct qui convient.

1. Alexis collectionne *les gadgets technologiques*.

_____

2. Trésor n'a pas la permission d'utiliser *l'ordinateur d'Alexis.*

   _____

3. Charlotte a oublié *son appareil photo numérique* dans le train.

   _____

4. Mamadou, est-ce que tu vas acheter *le nouveau caméscope de Sony*?

   _____

5. Poema, tu vas regarder *l'émission de France 2 sur la Polynésie française*?

   _____

D. **Les blogueurs communiquent.** Complétez les phrases suivantes avec le présent des verbes entre parenthèses.

   1. Mamadou, est-ce que tu (lire)_____ le journal tous les jours (*every day*)?

   2. Poema (dire) _____ que sa chaîne préférée est Arte.

   3. Trésor et Alexis (mettre) _____ souvent des objets à vendre sur eBay.

   4. Avec une ligne fixe et trois portables pour toute la famille, Charlotte et son mari (lire)

      _____ attentivement leur facture (*bill*) de téléphone.

   5. Mamadou et toi, vous (dire) _____ que la société de l'information est une réalité

      en Afrique.

E. **Vous répondez à Juliette.** Expliquez quels sont vos moyens de transport habituels en complétant les phrases de ce courriel. N'oubliez pas d'indiquer votre adresse électronique.

DE: _____

À: Juliette@wanadoo.fr

Je surfe sur le Web **nuit et jour / toute la journée / quelques heures par jour.** Mon fournisseur

d'accès (*Internet service provider*) est **Google / AOL / Yahoo /_____. J'ai une /**

Je n'ai pas de / Je vais avoir une connexion ADSL et **j'ai fait / je vais faire / je ne vais pas**

faire une installation Wi-Fi.

Mon principal moteur de recherche (*search engine*) est **Google / MSN / Yahoo.** Je surfe

essentiellement sur **eBay / des sites de rencontres / des sites d'achat en ligne /_____.**

J'utilise toujours / Je n'utilise pas / Je n'utilise jamais le Web pour mes cours. Les recherches

sont **faciles / riches / exaspérantes.**

Je crois que **j'ai un talent / je n'ai pas de talent** technologique. En cas de problème, **je trouve**

toujours une / je ne trouve jamais de solution!

J'ai déjà / Je n'ai pas encore mon propre (*my own*) blog.

À bientôt!

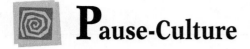

Pause-Culture

A. La France des nouvelles technologies. Quels autres termes associez-vous aux cinq termes suivants? Utilisez la liste ci-dessous.

Vocabulaire: appareil photo numérique, boîte vocale, câble, caméscope, courriel, imprimante photo, iPod®, lecteur de DVD, ordinateur, SMS, texto

1. télévision numérique, _____

2. blog, _____

3. photo numérique, _____

4. téléphone portable, _____

5. baladeur, _____

B. Le téléphone portable. Relisez le **Reportage** dans votre manuel, puis complétez les phrases en choisissant un des termes proposés.

1. Avec un téléphone portable, on envoie des _____.
   a. SFR   b. SMS

2. Chaque année, les opérateurs lancent des promotions _____.
   a. pour les étudiants   b. pour les enfants

3. La carte téléphonique à 35 euros donne droit à un nombre de communications _____.
   a. limité   b. illimité

4. Pour appeler la police à Paris, on compose le _____.
   a. dix-sept   b. dix-huit

5. Pour les parents, le téléphone portable, c'est généralement _____.
   a. une sécurité   b. un problème

Leçon 3: Structures

L'accord du participe passé

Talking About the Past

A. Georges a fait quoi? Votre ami Georges pense que tout lui appartient (*belongs to him*). Imaginez une réponse et utilisez un pronom d'objet direct. Attention aux participes passés.

Suggestions: boire, écouter, lire, louer, porter, regarder, vendre

MODÈLE: Qu'est-ce que Georges a fait de *notre voiture*? → Il l'a vendue.

1. Qu'est-ce qu'il a fait des *vins français* de son père? _____

_____

2. Qu'est-ce qu'il a fait des *lettres de Madeleine*? _____

_____

3. Qu'est-ce qu'il a fait de *la chambre de son ami*? _____

_____

4. Qu'est-ce qu'il a fait des *chaussures de son camarade de chambre*? _____

_____

5. Qu'est-ce qu'il a fait des *CD de sa voisine*? _____

_____

6. Qu'est-ce qu'il a fait de *nos photos*? _____

_____

B. **Coup de téléphone.** Écoutez la conversation d'Odile en regardant le texte suivant. Ensuite, écoutez-la encore une fois en écrivant les mots qui manquent.

Allô, Brigitte? Oui, c'est moi… Oui, oui, ça va… mais cet après-midi _____[1] mes

clés pendant une heure… Oui, je _____ finalement _____[2]

—c'est incroyable—derrière le sofa et à côté d'une pile de magazines. C'est que ce matin, mes clés

_____[3] près du téléphone. Je _____[4] sur ma

table de nuit hier soir, j'en suis certaine. Mais, vers onze heures, Gérard _____[5]

pour nous inviter à déjeuner. Comme Monique _____,[6] je

_____.[7]

Elles _____[8] tomber quand les deux chiens des voisins _____[9]

dans l'appartement. Tu ne comprends toujours pas?… eh bien… tu as encore un moment? Je peux

t'expliquer le reste…

Les réponses se trouvent dans l'appendice.

C. **Richard est trop curieux.** Écoutez les questions et répondez, en reprenant chaque fois sa deuxième question.

À comprendre: frigo (*refrigerator*)

Vous entendez: C'est la motocyclette de Jean-Pierre? Il ne l'a pas prise?
Vous dites: Non, il ne l'a pas prise.

1. Oui,…   2. Oui,…   3. Oui,…   4. Oui,…   5. Non,…

D. **Votre vie à vous.** Parlez de votre famille pendant votre enfance en répondant aux questions suivantes. Utilisez un pronom d'objet direct dans votre réponse et n'oubliez pas l'accord du participe passé.

1. Qu'est-ce que vous avez appelé votre grand-mère quand vous étiez enfant?

_____

2. Avez-vous adoré votre grand-père?

_____

3. Est-ce que vos parents vous ont compris quand vous étiez petit(e)?

_____

4. Avez-vous connu (*Did you meet*) vos arrière-grands-parents (*great grandparents*)?

_____

Les verbes *voir* et *croire*

Expressing Observations and Beliefs

A. Ah! Les verbes! Écrivez la forme correcte de chaque verbe.

	VOIR (*Présent*)	CROIRE (*Présent*)	REVOIR (*Passé composé*)	RECEVOIR (*Passé composé*)
tu				
mes amis				
tout le monde				
Paul et moi				
ton frère et toi				
je/j'				

B. Question d'identité. Conjuguez **croire** et **voir** au présent dans les phrases suivantes.

—Je _____¹ que j'ai oublié mon passeport dans la chambre. Est-ce que tu

_____² mon sac?

—Non. As-tu ta carte d'identité?

—Je ne _____³ pas. (*Elle cherche.*) Non, je ne la _____⁴ pas dans

mon sac. Tu _____⁵ qu'on doit retourner à l'hôtel?

—Non. Quand on te _____⁶ et qu'on entend ton accent, on comprend tout de

suite que tu es américaine.

C. Une rencontre fantastique. Écoutez l'histoire en regardant le dessin.

À comprendre: corps (*body*), étoiles (*stars*), jumelles (*binoculars*), s'approcher (*coming close*), yeux (*eyes*)

Un soir, dans son chalet de montagne, Jean-Paul a une expérience terrifiante.

Maintenant, écoutez les questions. Choisissez la réponse correcte dans l'histoire de Jean-Paul.

1. a. Les étoiles et les planètes.

   b. Des jumelles.

   c. Des extraterrestres.

2. a. Un avion.

   b. Des fenêtres.

   c. Deux créatures.

3. a. Oui, il en croit ses yeux.

   b. Non, il n'en croit pas ses yeux.

   c. Ce sont des voisins qui descendent.

4. a. Les extraterrestres.

   b. Les voisins.

   c. Les étoiles.

5. a. Oui, toujours.

   b. Non, généralement pas.

   c. Ses parents ont raconté certaines histoires.

6. a. Non, probablement pas.

   b. Oui, on va croire son histoire.

   c. Oui, cela (*that*) arrive souvent.

D. Mots croisés. Complétez les mots croisés avec les termes suivants.

Vocabulaire: BIEN, C'EST-À-DIRE QUE, CROYONS AU, CROIENT EN, EUH, REVOIR, VOYONS

HORIZONTALEMENT

4. Beaucoup de religions _____ Dieu (*God*).

5. Eh _____, qu'est-ce que tu veux faire maintenant?

6. Tu es très jolie; _____ je pense que tu ressembles à Marilyn Monroe.

VERTICALEMENT

1. _____, mon ami. C'est impossible!

2. Nous _____ père Noël, n'est-ce pas?

3. Au _____.

7. _____, je ne sais pas.

Leçon 4: Perspectives

◎ Faire le bilan

A. Un récit. La mère de Monique lui raconte la période de l'après-guerre (*postwar period*) à Clermont-Ferrand (Auvergne). Choisissez un des verbes de la liste à droite pour compléter chaque phrase à l'imparfait.

J'_____¹ encore très jeune; j'_____²
seulement sept ans, mais mes souvenirs de cette époque-là sont encore
très vifs (*vivid*). Mon père n'_____³ pas à la maison;
il _____⁴ dans l'armée. Il nous _____⁵
beaucoup. J'_____⁶ ses lettres avec impatience.
Heureusement, après la Libération, il rentrerait (*would come back*) chez nous.

attendre
avoir
écrire
être (2)
habiter

La vie _____⁷ difficile. Il n'y _____⁸
pas toujours assez à manger. Nous _____⁹ certaines
choses au marché noir à des prix exorbitants. Heureusement les
fermiers (*farmers*) _____¹⁰ peu à peu à vendre leurs
produits au marché de la ville. Aux repas, nous _____¹¹
de nouveau (*once again*) du beurre, de la viande et du poisson.

acheter
avoir
commencer
être
manger

Les habitants des villes _____¹² de nouveau dans
les usines (*factories*) qui _____¹³ des choses ordinaires—
choses qui ne/n'_____¹⁴ pas de rapport avec (*had no
relation to*) la guerre: vêtements, meubles, pneus (*tires*) de voitures privées.
Ils _____¹⁵ des salaires corrects (*decent*). Le week-end,
nous _____¹⁶ sortir à la campagne en toute liberté.
Nous _____¹⁷ des pique-niques et nous
_____¹⁸ avec nos amis.

avoir
fabriquer (*to make*)
faire
gagner
jouer
pouvoir
travailler

B. Dialogues. Refaites les dialogues en remplaçant (*replacing*) les mots en italique par un pronom complément d'objet direct.

1. —Où est le journal? Tu as lu *le journal* ce matin?
   —Non, je n'ai pas lu *le journal* aujourd'hui. J'ai regardé les nouvelles à la télé. Et toi?
   —Non, je ne regarde jamais *les nouvelles.*

   _____

   _____

   _____

   _____

2. —Quand tu étais à Montréal, écoutais-tu la radio?
   —Oui, j'écoutais souvent *la radio.*
   —Tu comprenais l'accent québécois?
   —Oui, je comprenais *l'accent québécois* assez bien.

   _____

   _____

   _____

   _____

3. —Où as-tu rencontré Jacques et Marie?
   —J'ai rencontré *Jacques et Marie* en France.
   —Tu as déjà visité *la France*?
   —Oui, j'ai visité *la France* il y a deux ans.

   _____

   _____

   _____

   _____

C. Votre vie à vous. Utilisez le passé composé des verbes donnés pour décrire certaines de vos activités d'hier.

1. dire _____

2. lire _____

3. écrire _____

4. mettre _____

5. voir _____

Maintenant, utilisez le présent du verbe **croire** (à l'affirmatif) pour donner votre opinion sur le gouvernement de votre pays.

6. _____

   _____

   _____

Prononciation

Les voyelles orales. Répétez les phrases suivantes. Faites attention aux voyelles soulignées (*underlined*).

1. C'est un ami de Madame.
2. J'aime cette fenêtre.
3. Écoutez, répétez.
4. Yves dîne ici.
5. C'est un objet normal.
6. Voilà beaucoup d'hôtels.
7. C'est une ouverture au tourisme.
8. Cette musique est utile.
9. Ce chanteur ne mange pas de bœuf.
10. Eugénie étudie le neutron.

Répétez les phrases suivantes. Faites attention aux voyelles soulignées.

1. On arrive à Madagascar le vingt-deux novembre? À quelle heure?
2. Vous avez quelque chose de formidable: un safari-photo de quatre jours.
3. Dites-moi encore. Où retrouvons-nous le bateau?

Souvenirs. Écoutez Dominique qui raconte des souvenirs de son enfance. Ensuite, écoutez une deuxième fois, et complétez le passage par écrit. Portez une attention particulière (*Pay special attention*) aux voyelles orales.

Les souvenirs les plus agréables _____[1] correspondent sans

aucun doute (*without a doubt*) à _____[2] en Bretagne

_____[3] Alors que _____[4]

toute l'année, _____[5] à la mer au bord

d'_____[6] de quatre kilomètres. _____[7]

vraiment le rêve! _____[8] mes journées sur la plage à

_____,[9] à pêcher (*fishing*), à me baigner (*swimming*), à faire

des châteaux de sable (*sand*), et cetera. Ces vacances _____[10]

tellement _____[11] du reste de l'année que

_____[12] je ne vais _____.[13]

Les réponses se trouvent dans l'appendice.

 À l'écoute!

La technologie. Marie-Édith a passé un an dans une université américaine. Elle raconte comment elle est restée en contact avec ses amis de France pendant cette année. Écoutez-la, puis complétez les phrases suivantes à l'aide des termes appropriés.

À comprendre: en direct (*real-time, live*), faire partie de (*to be part of*), je leur ai parlé (*I talked to them*), manquer à (*to be missed* [*by someone*]), permettre (*to permit*)

> Turn to the next page, and
> listen to the passage.

1. Quand Marie-Édith était aux États-Unis, le téléphone _____.
   a. coûtait trop cher
   b. était pratique pour rester en contact avec la France

2. Un jour, à la télé, elle a vu une publicité pour _____.
   a. les portables
   b. Internet

3. Ses copains de France avaient accès à des ordinateurs _____.
   a. à la fac
   b. chez eux

4. Maintenant, Marie-Édith utilise l'ordinateur pour _____.
   a. faire du traitement de texte
   b. parler avec ses copains américains

Par écrit

Function: Writing letters

Audience: Someone you do not know

Goal: Write a letter to apply for a job.

The situation is the following: The owner of a French restaurant, Madame Depuy, has advertised in your campus newspaper. She would like to hire an American student waiter (waitress) because many of her clients are English-speaking tourists. She is looking for someone with at least a few months of experience who would benefit from working in France. Apply for the job. Say why you are interested, why you are qualified, and when you are available (**du 6 juin au 15 septembre,** for example). Mention your long-term goals (**le but à long terme**). Ask for more information. A useful opening line: **En réponse à l'annonce publiée dans le (*nom du journal*), je désire poser ma candidature pour l'emploi de serveur (serveuse).**

Steps

1. Use the letter and suggestions on the following page as guidelines. In French, a business letter begins with **Monsieur, Madame,** or **Mademoiselle.** If you do not know the gender of the recipient (**le destinataire**), use **Monsieur, Madame** together. Note the conventional closing sentence for the final paragraph of the letter; this sentence is loosely the equivalent of *Please accept my best wishes.*
2. Write a rough draft. It should contain all the information requested under **Goal.**
3. Divide the letter into several paragraphs. Close with a strong statement about why you are qualified for this position.
4. Reread your draft, checking for organization and details. Make sure that you included your address and the date. The following example is on a different topic, but it shows you the proper format to use and a conventional closing.

New York, le 8 mai 2007
votre nom
votre adresse

nom du destinataire
adresse du destinataire

Monsieur, Madame,

J'ai l'intention de passer six mois en France pour perfectionner
mon français. Pourriez-vous m'envoyer des renseignements sur
vos cours de langues pour étudiants étrangers?

Je suis étudiant(e) en sciences économiques à Columbia
University; j'étudie le français depuis huit mois.

Je voudrais donc recevoir tous les renseignements nécessaires
sur votre programme: description des cours, conditions d'admission,
frais° d'inscription, possibilités de logement, et cetera.

Veuillez agréer, Monsieur, Madame, l'expression de mes sentiments les meilleurs.

votre signature

°*fees*

5. Have a classmate read your letter to see if what you have written is clear and interesting.
   Make any necessary changes.
6. Reread the letter for spelling, punctuation, and grammar errors. Focus especially on your use
   of direct object pronouns and the imperfect tense.

Journal intime

Première partie: Décrivez comment vous passiez l'été quand vous étiez à l'école primaire. Donnez
autant de (*as many*) détails que possible.

* Alliez-vous quelquefois en colonie de vacances (*summer camp*), ou restiez-vous à la maison?
* Que faisiez-vous le matin, l'après-midi, le soir?

Note: On utilise l'imparfait pour parler des actions habituelles au passé, et le passé composé pour
indiquer qu'une action a eu lieu une seule (*single*) fois.

MODÈLE: Quand j'étais à l'école primaire, pendant l'été j'allais souvent chez ma tante, à la mer.
Le matin on faisait des promenades et on bronzait sur la plage…

Deuxième partie: Maintenant décrivez (au passé composé) un voyage que vous avez fait l'été passé.

Vivre en ville

Leçon 1: Paroles

Une petite ville

A. **En ville.** Regardez bien le plan de la ville. Puis complétez le paragraphe en utilisant les expressions de la liste suivante.

Vocabulaire: à droite, à gauche, au coin, en face, jusqu'à, traverse

L'église Saint-Jean est _____¹ de la rue. Si on descend le boulevard du 6 juin en

direction de la piscine, la mairie se trouve _____² On _____³ la rue

Froide, et on passe devant un restaurant et des magasins. _____⁴ du restaurant, il

y a un parc. On prend la première rue _____⁵ pour aller _____⁶

la piscine.

B. **Les endroits importants**. Où doit-on aller?

1. En France, si on n'a que des dollars, on cherche tout de suite un bureau de change (*money
   exchange office*) ou une _____.

2. Quand on n'habite pas près de la mer ou d'un lac et qu'on a envie de nager, on doit aller à la

   _____.

3. Pour obtenir un passeport et pour régler (*take care of*) toutes sortes d'affaires en France, on est obligé d'aller à la _____.

4. Quand on a besoin de médicaments, on cherche une croix (*cross*) verte. On achète de l'aspirine dans une _____.

5. Les touristes qui ont des difficultés à trouver une chambre pour la nuit vont au

   _____.

6. En cas d'urgence ou simplement pour demander des informations, on cherche un **agent de police** au _____.

7. Si on est blessé (*injured*) dans un accident de voiture, on va à l'_____.

8. Quand le bureau de poste est trop loin, on peut acheter des timbres au _____.

9. Si tu veux acheter un livre, tu vas à la _____.

C. Dans une petite ville. Écoutez les descriptions, et donnez le nom de l'endroit.

Vous entendez:	C'est l'endroit où on va pour prendre le train.
Vous dites:	C'est la gare.

1. … 2. … 3. … 4. … 5. … 6. …

D. Le bon chemin. Vous vous promenez dans cette petite ville. Écoutez les instructions. Tracez la route sur la carte, et indiquez où vous arrivez.

Vous entendez:	Vous êtes au bureau de poste, rue Soufflot. Tournez à gauche, puis tournez à droite dans la rue St-Jacques. Continuez tout droit. Regardez le bâtiment à votre droite. Où êtes-vous?
Vous cochez:	✓ à la piscine _____ au commissariat

1. _____ à la gare   _____ au parc

2. _____ au jardin public   _____ à l'hôtel

3. _____ à la banque   _____ à l'hôtel

4. _____ à l'église   _____ à la mairie

Les arrondissements de Paris

A. Invitations. Vous distribuez des invitations pour une fête dans le quartier aux personnes de votre immeuble. Il n'y a que le nom de famille sur les enveloppes. Regardez le dessin et décidez où vous allez laisser chaque invitation.

MODÈLE: Les Morin _habitent au sixième étage._

1. M. Beaulieu _____

2. Mlle Dupont _____

3. Les Camus _____

4. Mme Aubain _____

5. Mme Robin _____

6. Mlle Yvetôt _____

B. Au centre de Paris. Regardez le plan et la légende. Maintenant, écoutez les questions et répondez, selon le modèle. Cet endroit est-il **dans l'île de la Cité, sur la Rive gauche** ou **sur la Rive droite**? Qu'est-ce que c'est?

| Vous entendez: | Où se trouve la Sainte-Chapelle? Qu'est-ce que c'est? |
| Vous dites: | Dans l'île de la Cité. C'est une église. |

1. ...   2. ...   3. ...   4. ...   5. ...   6. ...   7. ...

C. Et vous? Quelle est l'attitude des étudiants envers (*toward*) les villes? Écoutez la question et les réponses de deux camarades, puis répondez vous-même. Vous n'entendrez pas de réponses suggérées.

| Vous entendez: | Préférez-vous habiter en ville, en banlieue ou à la campagne? Pourquoi? —Moi, je préfère la ville. J'adore sortir le soir! —Moi, j'aime la banlieue. C'est plus tranquille. —Et vous? |
| Vous dites: | Moi aussi, j'aime la ville, parce que j'adore les boîtes. |

1. ...   2. ...   3. ...   4. ...

Leçon 2: Structures

L e passé composé et l'imparfait

Describing Past Events

A. **Votre vie à vous.** Racontez en cinq phrases, quelques-unes (*several*) de vos activités d'hier. Utilisez le passé composé et les mots **après, d'abord, enfin, ensuite** et **puis.**

Activités possibles: acheter, aller, appeler, dire, écouter, écrire, jouer, lire, mettre, payer, poster, prendre, rendre, rentrer, traverser, voir

1. _____

2. _____

3. _____

4. _____

5. _____

B. **Boucle d'or et les trois ours. (*Goldilocks and the Three Bears.*)** Complétez l'histoire en mettant les verbes au passé composé ou à l'imparfait.

Il était une fois (*Once upon a time, there were*) trois ours qui _____[1] (habiter) une

petite maison dans la forêt. Un jour, la maman ours _____[2] (préparer) de la

soupe, mais parce qu'elle _____[3] (être) trop chaude, les ours

_____[4] (décider) d'aller faire une promenade.

Pendant leur absence, une jeune fille, qui s'_____[5] (s'appeler) Boucle d'or et qui

_____[6] (faire) aussi une promenade, _____[7] (voir) la maison et

_____[8] (entrer).

Elle _____[9] (être) fatiguée et elle _____[10] (essayer) les chaises

des trois ours. Comme elle _____[11] (avoir) très faim, elle _____[12]

(goûter) la soupe du papa ours, mais elle était trop chaude. La soupe de la maman ours

_____[13] (être) trop froide, mais la soupe du bébé ourson (*bear cub*) était parfaite, et

Boucle d'or _____[14] (dévorer) tout ce qu'il y avait dans le bol.

(*continued*)

Parce qu'elle _____ [15] (avoir) sommeil, Boucle d'or _____ [16] (monter) au premier étage. Elle _____ [17] (essayer) le lit du papa ours, qui était trop dur (*hard*). Le lit de la maman ours _____ [18] (être) trop mou (*soft*). Mais le lit du bébé ourson était parfait, et elle _____ [19] (fermer [*to shut*]) les yeux tout de suite.

Pendant qu'elle _____ [20] (dormir), les ours _____ [21] (rentrer). Le papa ours _____ [22] (voir) que quelqu'un s'était assis (*had sat*) sur sa chaise. Le bébé ourson _____ [23] (dire) que quelqu'un avait mangé toute sa soupe. Les ours _____ [24] (monter) au premier étage où Boucle d'or _____ [25] (dormir). Ils _____ [26] (voir) Boucle d'or et _____ [27] (crier). Boucle d'or s'est échappée (*escaped*) très vite dans la forêt.

C. Le premier jour de mes vacances. Écoutez l'histoire suivante. Pensez à la mettre au passé.

Vendredi, je *quitte* le travail à midi, parce que j'*ai* des courses à faire. Je *descends* dans les rues de la ville. Il *fait* beau et chaud. Les magasins *sont* pleins de jolies choses. Les autres clients *ont* aussi l'air heureux.

J'*achète* des cartes routières (*road maps*) et un chapeau très drôle. J'*oublie* de faire mes autres courses. Avant de rentrer faire mes valises, je *prends* une limonade dans un café très sympa.

Maintenant, écoutez les phrases de l'histoire, et mettez les verbes au passé composé *ou* à l'imparfait, selon le cas.

Vous entendez: Vendredi, je quitte le travail à midi…
Vous dites: Vendredi, j'ai quitté le travail à midi…

1. …   2. …   3. …   4. …   5. …   6. …   7. …   8. …

D. Une traversée mouvementée. (*An eventful crossing.*) Hier, M. Laroche avait rendez-vous en ville avec un ami. Écoutez son histoire, et mettez les dessins dans l'ordre correct (de 1 à 5).

À comprendre: circulation (*traffic*)

a. _____

une marchande de fleurs

renverser
(knock down)

b. _____
rentrer dans
(collide with)

c. _____

rencontrer
(meet up with)

d. _____ arriver e. _____ mettre les pieds (step into)

Répondez aux questions suivantes, selon l'histoire.

Vous entendez: M. Laroche a dû traverser le boulevard. Qu'est-ce qu'il a fait d'abord?
Vous dites: Il a mis les pieds dans la rue.

1. ...   2. ...   3. ...   4. ...   5. ...   6. ...

E. La liberté. Utilisez les éléments donnés pour raconter une petite histoire. Mettez les verbes au passé composé, à l'imparfait ou à l'infinitif.

MODÈLE: hier soir / je / regarder / bon film / quand / je / entendre / téléphone →
Hier soir, je regardais un bon film quand j'ai entendu le téléphone.

1. ce / être / mon amie / Céline

_____

_____

2. elle / me / demander de / la / aider / avec nos devoirs

_____

_____

3. je / lui (*to her*) / répondre que / nous / ne pas avoir / devoirs

_____

_____

4. toute contente / elle / me / inviter à / aller avec elle / cinéma

_____

_____

Les pronoms d'objet indirect

Speaking Succinctly

A. Test de logique. De quoi est-ce qu'on parle?

1. _____ le russe
2. _____ la voiture
3. _____ son devoir
4. _____ à sa tante en France
5. _____ sa lettre
6. _____ à son père
7. _____ le journal intime de sa sœur
8. _____ à son petit frère
9. _____ à son ennemi
10. _____ à son meilleur ami

a. Marc ne le parle pas.
b. Marc lui prête de l'argent.
c. Marc lui emprunte de l'argent.
d. Marc l'emprunte à son père.
e. Marc ne le prête pas.
f. Marc lui envoie une lettre.
g. Marc l'envoie par courrier.
h. Marc lui lit des histoires le soir.
i. Marc ne lui parle pas.
j. Marc le lit tous les soirs!

B. Cadeaux! Jouez le rôle d'un philanthrope anonyme et distribuez vos cadeaux. Utilisez un pronom d'objet indirect.

Suggestions: des CD français, des skis, la clé de ma voiture, mon numéro de téléphone, une télévision, un livre de cuisine diététique, un roman d'aventures, un voyage en Sibérie, une douzaine d'huîtres, une nouvelle robe, une semaine de vacances, 50 millions de dollars

    MODÈLE: À votre professeur de français? → Je lui donne 50 millions de dollars.

1. Aux enfants d'un champion de ski? _____

_____

2. À votre copain/copine? _____

_____

3. À votre grand-mère? _____

_____

4. Au recteur (*president*) de l'université? _____

_____

5. À une très bonne amie? _____

_____

6. À vos camarades de classe? _____

_____

7. À un ami sportif? _____

_____

8. Aux gens qui préparent les repas au restaurant universitaire? _____

_____

C. Interview. Vous allez interviewer les gens suivants. Qu'est-ce que vous allez leur **demander / dire / confesser / expliquer**? Utilisez un pronom complément d'objet indirect.

MODÈLE: à Keanu Reeves →
Je vais lui demander s'il veut danser.
ou Je vais lui demander son âge.

1. à Angelina Jolie et à Kate Moss _____

2. au président des États-Unis _____

3. à votre prof de français _____

4. à votre équipe sportive favorite _____

5. à un lauréat du prix Nobel de physique _____

D. Que faire pour papa à Noël? Papa est assez critique, alors sa famille évite (*avoids*) certaines choses. Mettez les phrases suivantes au négatif pour dire ce qu'on ne lui donne pas.

1. L'année dernière, Marguerite lui a donné du vin blanc.

_____

2. Michel lui a acheté un CD de musique folk.

_____

3. Cette année, je vais lui donner une chemise en polyester.

_____

4. Maman va lui faire un rôti de porc pour le dîner.

_____

E. À qui est-ce qu'il donne… ? Marc quitte son travail. Avant de partir, il donne ou prête certains articles à ses collègues. Écoutez la description, et indiquez l'objet que chaque personne reçoit (*receives*).

Marc

Bernard Alice Richard Mireille

1. _a_ 2. ___ 3. ___ 4. ___

Maintenant, répondez aux questions posées, selon les réponses que vous avez données.

1. … 2. … 3. … 4. …

F. Ordinateur à vendre. Écoutez l'histoire de Sonya et son ordinateur. Répondez selon le modèle.

Vous entendez: Sonya a mis une petite annonce dans le journal. —Où est-ce qu'elle a mis la petite annonce?
Vous dites: Elle l'a mise dans le journal.

1. … 2. … 3. … 4. … 5. …

G. Votre vie à vous. Répondez aux questions avec un pronom d'objet direct ou indirect, selon le cas.

1. Aimez-vous *vos cours* ce semestre?

   _____

2. Téléphonez-vous souvent *à vos parents*?

   _____

3. Avez-vous déjà écrit une lettre ou un mél *à votre sénateur*?

   _____

4. Voulez-vous voir *votre professeur* hors de (*outside of*) la classe?

   _____

5. Qu'avez-vous prêté *à votre ami(e)* récemment?

   _____

Le blog de Juliette

«Ajoutez deux lettres à Paris: c'est le Paradis.»

(Jules Renard)

A. Juliette à Paris. Récrivez les phrases en remplaçant les expressions en italique par le pronom d'objet indirect qui convient.

1. Juliette aime montrer son Paris secret *à ses parents*.

    _____

2. Juliette téléphone *à un employé de la grande poste du Louvre* pour connaître les horaires d'ouverture le week-end.

    _____

3. Juliette a prêté son plan de Paris *à Léa et Hassan*, et ils l'ont perdu.

    _____

4. Juliette a téléphoné *à l'Ambassadeur de France* pour savoir comment trouver un stage (*internship*) à Londres.

    _____

5. Juliette dit *à tous ses amis* d'éviter (*avoid*) la banlieue parce qu'elle préfère Paris.

    _____

B. Juliette en ville. Mettez le verbe entre parenthèses au passé composé ou à l'imparfait.

1. Autrefois, Juliette (habiter) _____ le 20e arrondissement.

2. Elle (visiter) _____ souvent Paris à vélo le week-end.

3. Le week-end passé, Juliette et moi, nous (partir) _____ à Bruxelles.

4. Quand Juliette était enfant, elle (avoir peur) _____ des voitures.

5. Juliette (être) _____ dans le métro quand son portable

    (sonner) _____.

C. On aime les grandes villes! Complétez ces phrases avec les termes suivants: **l'arrondissement, la banlieue, le centre-ville, le plan, la Rive droite.**

1. C'est l'endroit le plus animé d'une ville: c'est _____.

2. On appelle ses habitants des «banlieusards»: c'est _____.

3. Elle est à l'opposé de la Rive gauche: c'est _____.

4. Le cinquième, c'est _____ préféré de Juliette.

5. Mamadou l'utilise pour ne pas se perdre (*get lost*) à Paris. C'est _____.

D. **Poema parisienne.** Poema raconte son arrivée à Paris. Complétez sa narration à l'aide des expressions temporelles qui conviennent: **au moment où, d'abord, pendant que, puis, soudain.**

1. _____ je vivais à Papeete, je ne rêvais que d'une chose: vivre un jour à Paris.

2. Mais les rêves ne correspondent pas toujours à la réalité… _____, quand je suis arrivée dans la capitale française, j'ai eu des difficultés d'adaptation.

3. Et _____, j'avais toujours froid! Et j'étais très isolée: pas d'amis, pas de famille.

4. Mais juste _____ je pensais retourner en Polynésie, j'ai rencontré un groupe d'étudiants vraiment sympathiques.

5. _____, ma vie a changé et Paris est redevenue une ville magique.

E. **Vous répondez à Juliette.** Présentez-lui votre ville en complétant les phrases de ce courriel. N'oubliez pas d'indiquer votre adresse électronique.

DE: _____
À: Juliette@wanadoo.fr

Bonjour Juliette,

Moi, j'habite la ville de/d' _____. C'est une _____ ville.

J'habite près de/d' _____, mais loin de/d' _____. Dans mon quartier,

il y a un(e) _____, un(e) _____, et des _____.

La vie culturelle y (*there*) est intéressante. Nous avons un(e) _____ et plusieurs

_____. Pour les sportifs, pas de problème: dans tous les quartiers de la ville, on

trouve des _____ et des _____. Et pour les passionnés de la nature,

il y a des parcs et des jardins, par exemple, le _____. Mais moi, dans ma ville, j'aime

surtout _____.

Pourtant, un jour, moi aussi, je veux vivre à Paris. Comme toi (*Like you*)!

Bisous!

Pause-Culture

A. **Les villes francophones.** Mettez les verbes entre parenthèses au passé composé ou à l'imparfait.

1. Alexis: «Je/J' (aller) _____ au lycée à Québec. Je/J' (arriver)

_____ en France en 2006.»

2. Charlotte: «Un jour, je/j' (aller) _____ à Genève pour un concert. J'y

   (rencontrer) _____ mon futur mari!»

3. Poema: «Autrefois, ma famille (habiter) _____ au centre de Papeete. Puis mes

   parents (acheter) _____ une villa au bord de la plage.»

4. Mamadou: «Quand j'(être) _____ petit, j'habitais dans un village au Sénégal.

   Mais plus tard, je/j' (faire) _____ mes études à Dakar.»

5. Juliette: «Je suis allée en vacances à Fort-de-France. Comme il faisait beau et que les gens

   (être) _____ adorables, je/j' (décider) _____ de rester!»

B. Les voitures ou les vaches (*cows*)? Relisez le **Reportage** dans votre manuel, puis dites si les informations données sont vraies (**V**) ou fausses (**F**).

1. V   F   Pérouges est un petit village près de Paris.

2. V   F   À Paris, tout est cher.

3. V   F   Près de sept millions de Français veulent vivre à la campagne.

4. V   F   Le TGV et Internet donnent aux gens la liberté de vivre et de travailler à la campagne.

5. V   F   Certains Français partagent leur vie entre le centre-ville et la campagne ou la montagne.

Leçon 3: Structures

*S*avoir et *connaître*

Saying What and Whom You Know

A. Les experts sur Paris. Utilisez le verbe **savoir** ou **connaître**.

1. Jean _____ où acheter une télécarte.

2. Nous _____ les rues du Quartier latin.

3. Mon père _____ un bon restaurant pas cher.

4. _____ -vous où se trouve la Sorbonne?

5. Est-ce que tu _____ les jardins du Luxembourg?

6. Vous _____ une dame qui habite à côté de moi?

7. Nous ne _____ pas son numéro de téléphone.

8. Nous ne _____ personne dans cet arrondissement.

9. _____-tu où est la gare?

B. Questionnaire. Savez-vous ou connaissez-vous?

MODÈLES: votre adresse → Oui, je la sais.

Frank Abbot → Non, je ne le connais pas.

1. votre nom _____

2. jouer au tennis _____

3. Suzanne Riesel _____

4. les pièces de Shakespeare _____

5. la date d'aujourd'hui _____

6. quelle autoroute il faut utiliser pour aller dans le sud _____

7. la ville de Venise _____

8. la théorie de la relativité _____

9. compter (*to count*) en espagnol _____

10. les plages de la Côte d'Azur _____

C. Confusion. Vous rentrez chez vous après une longue absence et un vol transatlantique. Vous êtes un peu désorienté(e). Écoutez les remarques de vos amis, et choisissez **a** ou **b**.

Vous entendez: Quel est le numéro de ton portable?

Vous choisissez: ⓐ Je ne sais pas. b. Je ne connais pas.

1. a. Je ne le sais pas. b. Je ne le connais pas.

2. a. Je ne sais pas. b. Je ne connais pas.

3. a. Je ne le sais pas. b. Je ne le connais pas.

4. a. Je ne sais pas. b. Je ne connais pas.

D. Les Jones visitent Paris. Regardez ce couple de touristes américains et répondez aux questions en vous basant sur leur apparence.

Vous entendez: Est-ce que les Jones savent où est le musée d'Orsay?
Vous dites: Non, ils ne savent pas où il est.

1. … 2. … 3. … 4. … 5. …

Les pronoms *y* et *en*

Speaking Succinctly

A. Problèmes de maths. Lisez les trois problèmes suivants, tirés d'un manuel scolaire français. Soulignez le pronom **en** chaque fois qu'il apparaît (*appears*). Ensuite, répondez aux questions.

Addition et soustraction

Quel énoncé[1] ?

$$120 - (35 + 48)$$

Lequel[2] des 3 énoncés ci-dessous correspond à cette écriture ? _____

1. ☐ • En partant à l'école, José a 120 billes[3]. Le matin, il en perd 35; l'après-midi, il en gagne 48.
   Combien de billes lui reste-t-il à la fin de la journée ?

2. ☐ • Céline a 35 bonbons. Elle en achète 120, puis en donne 48 à sa petite sœur.
   Combien lui en reste-t-il ?

3. ☐ • Maman a fait du shopping. Elle a dépensé[4] 48 euros pour une robe et 35 euros pour un chemisier. Avant de partir, elle avait un billet de 100 euros et un billet de 20 euros.
   Combien lui en reste-t-il à la fin de la journée ?

[1]*statement*
[2]*Which one*
[3]*marbles*
[4]*a… spent*

B. Votre vie à vous. Répondez en utilisant le pronom **y**.

MODÈLE: Qu'est-ce que vous mettez dans votre café? →
J'y mets un peu de crème. (Je n'y mets rien.)

1. Avez-vous dîné au restaurant universitaire hier soir?

_____

2. Êtes-vous déjà allé(e) au Canada?

_____

3. Que faites-vous dans votre chambre?

_____

4. Répondez-vous immédiatement aux textos de vos amis?

_____

5. Pensez-vous à l'argent quand vous faites vos projets de vacances?

_____

(continued)

6. Que mettez-vous sur votre bureau?

_____

7. Combien de temps passez-vous chez vos amis chaque semaine?

_____

C. **Conversations.** Complétez avec **y** ou **en**.

Une visite au grand magasin

MARIANE: J'_____¹ suis allée seulement pour faire du lèche-vitrine (*window shopping*), mais j'ai trouvé des parfums extraordinaires dans le rayon (*department*) parfumerie. Il y _____² avait qui étaient sensationnels.

STÉPHANIE: Tu _____³ as acheté?

MARIANE: Non, c'était bien trop cher. Mais j'espère _____⁴ retourner avec mon père: peut-être qu'il va m'_____⁵ acheter. C'est bientôt mon anniversaire.

En route pour la bibliothèque

RAOUL: Tiens, tu veux venir avec moi à la bibliothèque?

PIERRE: Pourquoi est-ce que tu _____⁶ vas? Tu as du travail?

RAOUL: J'_____⁷ ai un peu, mais je veux aussi prendre quelques romans policiers pour les vacances. Mado m'a dit qu'il y _____⁸ a des nouveaux.

PIERRE: J'_____⁹ ai trois ou quatre à la maison. Je te les passe. Comme ça, tu n'auras pas besoin (*will not need*) de les rendre la semaine prochaine. Tu as le temps de venir chez moi?

RAOUL: Oui. Allons-_____¹⁰ tout de suite.

D. **Des touristes extraterrestres.** Imaginez que vous accompagnez des extraterrestres qui visitent une ville française. Répondez à leurs questions.

Verbes suggérés: acheter, écouter, étudier, manger

Vous entendez: Qu'est-ce qu'on fait dans une boulangerie?
Vous dites: Eh bien, on y achète du pain.

1. …   2. …   3. …   4. …   5. …

E. **Carine découvre sa ville.** La semaine dernière, Carine a décidé d'explorer sa ville. Écoutez l'histoire, et cochez (✓) tous les endroits qu'elle a visités.

_____ le musée   _____ le jardin public

_____ la mairie   _____ la piscine

_____ le jardin zoologique   _____ le marché en plein air

_____ le vieux cimetière (*cemetery*)   _____ la banlieue

_____ la pâtisserie   _____ le restaurant

Maintenant, répondez aux questions suivantes en vous basant sur l'histoire. Utilisez le pronom **y** dans vos réponses.

Vous entendez:	La semaine dernière, Carine est-elle allée au vieux cimetière?
Vous dites:	Non, elle n'y est pas allée.

1. … 2. … 3. … 4. … 5. … 6. …

F. **Un marché d'Abidjan.** Paul et Sara sont au marché en plein air. Écoutez leurs remarques, et choisissez la bonne réponse.

Vous entendez:	J'en ai déjà acheté.
Vous choisissez:	ⓐ des bananes b. à la plage

1. a. à ces statuettes   b. de l'argent

2. a. deux masques   b. une carte de la ville

3. a. des sandales   b. du café

4. a. au marché   b. à la marchande de fleurs

5. a. des danses locales   b. à l'arrêt d'autobus

Leçon 4: Perspectives

Faire le bilan

A. **Le voyage mémorable de Sylvie.** Utilisez le passé composé ou l'imparfait.

Quand (je / visiter) _____[1] la France pour la première fois, (je / avoir)

_____[2] 18 ans et (je / être) _____[3] assez naïve. Mais (je / vouloir)

_____[4] tout voir et tout essayer. Un jour, (je / faire) _____[5]

la connaissance d'un jeune homme sur la plage. (Il / me / inviter) _____[6] à aller

assister à une conférence (*lecture*). Après, (nous / aller) _____[7] prendre une

bière. Ensuite (il / suggérer) _____[8] une promenade à motocyclette, mais (il /

dire) _____[9] que (nous / devoir) _____[10] aller chez lui

chercher le siège arrière (*back seat*) de sa moto. (Je / hésiter) _____[11] longtemps à

l'accompagner parce que (je / ne / le / connaître / pas) _____.[12]

Finalement, (je / accepter) _____.[13] (Nous / faire) _____.[14]

Un tour de la ville en moto pendant que Jopie, qui ne (parler) _____[15]

pas un mot d'anglais, (chanter) _____[16]

«My Blue Heaven» très fort (*loudly*). (Ce / être) _____¹⁷ magnifique.

(Il / me / raccompagner [*to take*]) _____¹⁸ chez moi et (me / dire)

_____¹⁹ bonsoir. Le lendemain (*next day*) (il / partir) _____²⁰

en Bretagne pour l'été, et (je / ne / le / revoir / jamais) _____²¹

B. Une soirée agréable. Faites une ou deux phrases pour décrire ce que vous voyez sur chaque dessin. Utilisez le passé composé et l'imparfait.

1. Maryvonne et Jacques _____

_____

_____

_____

2. Il faisait froid et il _____

_____

_____

_____

3. Maryvonne et Jacques _____

_____

_____

_____

4. _____

_____

_____

_____

5. _____

6. Dans le café, les amis _____

_____

_____

_____

_____

_____

_____

C. Votre vie à vous. Écrivez six phrases sur l'année dernière. Comment était votre vie? Qu'est-ce que vous avez fait? Que faisiez-vous souvent?

_____

_____

_____

_____

_____

_____

_____

_____

_____

 # **P**rononciation

Les voyelles nasales. Répétez les sons et les exemples suivants.

1. d**an**s / l**am**pe / t**en**te / ex**em**ple
2. s**on** / c**om**bien / réacti**on** / b**on**b**on**
3. **un** / mat**in** / v**in**gt / s**ym**pathique / bi**en** / tr**ain** / f**aim** / pl**ein**

Répétez les mots suivants. Faites bien le contraste entre les voyelles nasales et les voyelles non nasales.

1. dans / Jean / roman / bande
2. Anne / Jeanne / romane / banane
3. bon / nom / pardon / comptez
4. bonne / nomme / donner / comme
5. italien / saint / train / vin
6. italienne / Seine / traîne / vaine

À l'écoute!

Anvers. Une jeune femme revient de Belgique où elle est allée avec des amis. Elle parle d'une grande ville au nord de Bruxelles: Anvers. Écoutez ses commentaires, puis cochez les choses qu'elle mentionne.

- ❑ le port
- ❑ la cathédrale Notre-Dame
- ❑ le peintre Rubens
- ❑ le musée d'art contemporain
- ❑ la mairie
- ❑ Grot Markt
- ❑ l'église Saint-Jacques
- ❑ le peintre Rembrandt
- ❑ le musée du Diamant
- ❑ la maison des bouchers
- ❑ le musée des Beaux-Arts
- ❑ la gare

 # Par écrit

Function: Narrating in the past

Audience: Instructor or classmates

Goal: Write a three-paragraph story in the past. Choose one of the following genres: **reportage ou fait divers** (*miscellaneous small news item*), **autobiographie,** or **biographie.**

Steps

1. Make an outline of your story. The introduction should describe the main characters, the setting, the time, and the circumstances. In the second paragraph, bring in a complication that changes the state of affairs. In the third paragraph, tell how the situation was resolved. End with a conclusion that summarizes what, if anything, was learned from the experience.
2. Write the rough draft, making sure it contains all the information just mentioned.
3. Take a break, then check your work. Refine the details and descriptions.
4. Have a classmate read your story to see if what you have written is interesting, clear, and organized. Make any necessary changes.
5. Finally, reread the composition for spelling, punctuation, and grammar. Focus especially on your use of the past tenses.

◎ **J**ournal intime

Des moments inoubliables. Racontez un événement émouvant (*moving*), quelque chose qui vous a rendu(e) heureux/heureuse, furieux/furieuse, honteux/honteuse (*ashamed*), et cetera. Utilisez les questions suivantes comme guide:

- Quand cela s'est-il passé?
- Où?
- Pourquoi y étiez-vous?
- Quelle heure était-il?
- Quel temps faisait-il?
- Avec qui étiez-vous?
- Que faisiez-vous?
- Qu'est-ce qui est arrivé?
- Quelles ont été les réactions de tout le monde?
- Comment l'épisode s'est-il terminé?

  MODÈLE: Une fois, il y a trois ans, j'étais chez ma mère en Louisiane.
  On devait donner une fête surprise…

La passion pour les arts

Leçon 1: Paroles

 Le patrimoine historique

A. Quel monument décrit-on? Lisez les quatre descriptions et identifiez les monuments suivants.

On a commencé à construire **l'église de Beauvais** en 1225. Mais après 25 ans de construction, la partie terminée est tombée. On l'a rebâtie, mais il n'y a jamais eu assez d'argent pour terminer l'énorme cathédrale gothique.

Le 17 août 1661 dans son nouveau **château de Vaux-le-Vicomte,** Nicolas Fouquet offre une fête somptueuse à Louis XIV. Dix-neuf jours plus tard, Louis, envieux de la splendeur du château, met Fouquet en prison. Le salon sous le grand dôme central n'a jamais été décoré.

François Ier (roi de France de 1515 à 1547) venait chasser (*to hunt*) dans la forêt de **Chambord.** C'est la forêt qui a donné son nom à ce château connu pour ses 365 cheminées (*chimneys*).

Pendant le Premier Empire (1804–1815), Napoléon donne l'ordre de construire un temple à la gloire de la Grande Armée. Cette église, qui s'appelle **la Madeleine,** ressemble à un temple grec.

1. monument _____

   époque _____

   siècle _____

2. monument _____

   époque _____

   siècle _____

3. monument _____

   époque _____

   siècle _____

4. monument _____

   époque _____

   siècle _____

B. Époques. Écoutez la description, et écrivez le nom de la personne, du bâtiment ou du lieu associé à l'époque.

l'époque romaine
(les arènes de Lutèce)

la Renaissance
(Jacques Cartier)

(Chambord)

le Moyen Âge
(Notre-Dame) (Charlemagne)

l'époque classique
L'État, c'est moi (Louis XIV)
(Versailles)

l'époque moderne
(Charles de Gaulle)
(la tour Eiffel)

Vous entendez: La tour Eiffel a été construite à Paris pour une grande exposition universelle. Cette exposition fêtait le 100ᵉ anniversaire de la Révolution française. De quelle époque date la tour Eiffel?

Vous écrivez:

• l'époque moderne   _la tour Eiffel_   _____

• l'époque classique   _____   _____

• la Renaissance   _____   _____

• le Moyen Âge   _____   _____

• l'époque romaine   _____   _____

Les réponses se trouvent dans l'appendice.

C. L'art de l'histoire. Écoutez les descriptions et associez chacune avec un des noms suivants. Donnez aussi le siècle associé.

Christophe Colomb (v. 1451–1506)   Benjamin Franklin (1706–1790)
Guillaume le Conquérant (1027–1087)   Jeanne d'Arc (v. 1412–1431)
Louis XIV (1638–1715)   François Mitterrand (1916–1996)
Napoléon Bonaparte (1769–1821)   Louis Pasteur (1822–1895)

Vous entendez: C'était un roi très puissant qui a fait construire le palais de Versailles.
                    C'est lui qui disait: «L'État, c'est moi.»
Vous dites: C'est Louis XIV. Il est du 17ᵉ et du 18ᵉ siècles.

1. …   2. …   3. …   4. …   5. …   6. …   7. …

Les œuvres d'art et de littérature

Classifications. Classez les mots suivants: **actrice, cinéaste, compositeur, écrivain, film, œuvre musicale, peintre, pièce de théâtre, poème, poète, roman, sculpteur, sculpture, tableau.**

ARTISTES   ŒUVRES

_____   _____

_____   _____

_____   _____

_____   _____

_____   _____

_____   _____

Les verbes *suivre* et *vivre*

A. Ah! Les verbes! Complétez le tableau.

	POURSUIVRE	VIVRE	SUIVRE *(Passé composé)*
je/j'			
on			
nous			
les poètes			
tu			
vous			

B. **Votre vie à vous.** Répondez aux questions suivantes.

1. Où vivez-vous maintenant?

   _____

2. Quels cours suivez-vous ce semestre/trimestre?

   _____

3. Quelle carrière allez-vous poursuivre? La poursuivez-vous déjà?

   _____

4. Combien de temps avez-vous vécu chez vos parents?

   _____

5. Dans quelle ville viviez-vous quand vous aviez quinze ans?

   _____

6. Quels cours avez-vous suivis pendant votre dernière année au lycée?

   _____

C. **Christine et Alain, des étudiants mariés.** Écoutez la description de leur vie, puis indiquez si les phrases suivantes sont vraies (**V**) ou fausses (**F**).

1. V F Christine et Alain sont étudiants et vivent assez bien.

2. V F Christine aimerait devenir compositrice.

3. V F Alain fait de la musique électronique.

4. V F Le mardi, les jeunes mariés suivent tous les deux un cours d'histoire de l'art.

5. V F Alain compte poursuivre une carrière dans l'enseignement (*teaching*).

Leçon 2: Structures

Les pronoms accentués

Emphasizing and Clarifying

A. **Invitation.** Complétez les phrases suivantes avec des pronoms accentués.

Pronoms accentués: moi, toi, lui, elle, nous, vous, eux, elles

—En août, nous partons en vacances avec Thomas, sa femme Virginie et leurs enfants Ronan

et Danielle. Thomas, _____*lui*_____,[1] aime faire du vélo mais Virginie, _____,[2]

préfère aller à la plage. Les enfants, _____,[3] aiment jouer au tennis et faire du cheval.

Nous aimons partir avec _____[4] parce que ce sont de très bons amis. Danielle et

_____,⁵ nous jouons aux cartes. Et _____,⁶ est-ce que vous voudriez (*would you like*) venir? Tu sais, Thomas et _____,⁷ vous pouvez aller à la pêche ensemble.

—Non, merci, nous ne pouvons pas. Nous devons rester chez _____⁸ en août.

B. Votre vie à vous. Vous parlez de gens que vous connaissez. Répondez brièvement avec un de ces pronoms: **moi, lui, elle, eux, elles.** Utilisez **non plus** si vous êtes d'accord ou **si,** si vous n'êtes pas d'accord.

MODÈLE: Mon père n'aime pas la musique reggae. Et votre père? →
Lui non plus. (Il n'aime pas la musique reggae.)
ou Lui si. (Il aime la musique reggae.)

Ma mère n'aime pas la peinture moderne.

1. Et vous? _____

2. Et votre meilleur ami / meilleure amie? _____

3. Et vos frères et vos sœurs? _____

4. Et votre professeur de français? _____

Ma sœur n'aime pas écrire des poèmes.

5. Et vos parents? _____

6. Et vos meilleures amies? _____

7. Et votre copain/copine? _____

8. Et vous? _____

C. Panne d'électricité. (*Power failure.*) Il y a une panne d'électricité dans la galerie d'art. Ces personnes essaient de se retrouver (*to find each other*) dans l'obscurité. Répondez selon le modèle.

Vous entendez: C'est M. Legrand?
Vous dites: Oui, c'est lui.

1. … 2. … 3. … 4. … 5. …

D. C'est incroyable! Ce que vous entendez vous surprend (*surprises you*). Réagissez en vous basant sur les modèles.

À comprendre: s'installer (*to sit down*)

Vous entendez: Jean parle de vous et de Charles.
Vous dites: Il parle de nous?

Vous entendez: Jean va chez les Legrand.
Vous dites: Il va chez eux?

1. … 2. … 3. … 4. … 5. … 6. …

La place des pronoms personnels

Speaking Succinctly

A. Ordres. Répétez les ordres du prof, selon les modèles.

> Vous entendez: Lisez ce paragraphe!
> Vous dites: Lisez-le!
>
> Vous entendez: Ne parlez pas à vos camarades!
> Vous dites: Ne leur parlez pas!

1. …   2. …   3. …   4. …   5. …   6. …

B. Conseils. Justin est assez timide et très prudent. Julie est très entreprenante. Quels conseils est-ce qu'ils donnent dans les situations suivantes? Utilisez deux pronoms objets pour remplacer les mots soulignés.

> MODÈLE: Les Finkelstein veulent emprunter <u>la BMW</u> <u>à leur voisin</u>. →
>
> > JUSTIN: Ne la lui empruntez pas.
> > JULIE: Empruntez-la-lui.

1. Constantin va emmener <u>sa petite sœur</u> <u>à un concert de rock</u>.

   JUSTIN: _____

   JULIE: _____

2. Marcel et Françoise veulent faire <u>du camping</u> <u>dans les déserts d'Afrique</u>.

   JUSTIN: _____

   JULIE: _____

3. Plusieurs amis veulent apporter <u>de l'alcool</u> <u>à un ami qui est à l'hôpital</u>.

   JUSTIN: _____

   JULIE: _____

4. Raoul veut montrer <u>sa nouvelle sculpture</u> <u>à un groupe d'étudiants d'art</u>.

   JUSTIN: _____

   JULIE: _____

5. Daniela veut enseigner <u>l'alpinisme</u> <u>à son amie</u>.

   JUSTIN: _____

   JULIE: _____

6. Nicole et Patrick veulent écrire <u>des lettres</u> <u>au président de la République</u>.

   JUSTIN: _____

   JULIE: _____

C. Votre vie à vous. Quelle est votre personnalité? Donnez votre réaction à chaque situation. Utilisez des pronoms objets et **y** et **en.**

MODÈLE: Votre camarade de chambre veut montrer <u>vos photos</u> <u>à ses amis</u>.
Vous lui dites: → Ne les leur montre pas. (*ou* Montre-les-leur.)

1. Votre camarade de chambre vous demande s'il / si elle peut prêter <u>la clé de votre chambre</u> <u>à un autre ami</u>.

    Vous lui dites: _____

2. Une camarade veut envoyer <u>un de vos poèmes</u> <u>à sa mère, poète célèbre</u>.

    Vous lui dites: _____

3. Une amie veut montrer <u>à tous les étudiants</u> <u>les questions de l'examen d'histoire</u> qu'elle a trouvées dans le bureau du professeur.

    Vous lui dites: _____

4. Un camarade de classe à l'intention de fumer <u>des cigarettes</u> <u>dans la salle de classe</u>.

    Vous lui dites: _____

5. Une voisine que vous ne connaissez pas bien veut <u>vous</u> donner <u>six petits chats</u>.

    Vous lui dites: _____

D. Confrontations. Avec quelle image va chaque situation? Mettez la lettre correspondante.

À comprendre: cacher (*to hide*), ça suffit (*that's enough*)

a.   b.   c.

d.   e.

1. _____   2. _____   3. _____   4. _____   5. _____

Le blog de Juliette

Pour les amateurs d'art

A. Juliette l'artiste. Complétez ces phrases avec les termes proposés entre parenthèses.

1. Juliette a découvert la _____ très tôt, après avoir vu une exposition des _____ du _____ Kandinsky. (peintre, peinture, tableaux)

2. Comme tous les élèves français, elle a appris des _____ de Ronsard et des autres grands _____ français de la _____. (poèmes, poètes, Renaissance)

3. Juliette a vu quelques _____ classiques à la Comédie-Française, avec une troupe de très bons _____ et _____. (acteurs, actrices, pièces)

4. Juliette a aussi une passion pour la _____ moderne. Elle admire le _____ Rodin et sa célèbre élève, la _____ Camille Claudel. (femme sculpteur, sculpteur, sculpture)

5. Le _____ parisien est très varié. Juliette adore les églises _____, comme la cathédrale de Notre-Dame, et les ruines _____. (gothiques, patrimoine, romaines)

B. Juliette et ses passions. Mettez les verbes entre parenthèses au présent.

1. Elle (vivre) _____ une grande passion pour les arts.

2. Juliette (poursuivre) _____ un rêve: ouvrir une galerie d'art.

3. Juliette et sa sœur (suivre) _____ des cours d'histoire de l'art.

4. Est-ce que Juliette et toi, vous (vivre) _____ près du musée Picasso?

5. Hélas, Juliette et moi, nous (vivre) _____ loin du (*far from*) musée Picasso.

C. Juliette et ses amis du blog. Choisissez les pronoms accentués qui conviennent.

1. Alexis pense que **lui / moi,** il peut aider Juliette dans son projet.

2. Salut, Juliette! Mamadou et **moi / toi,** nous pensons que les artistes africains ont besoin de/d' **toi / eux.**

3. Charlotte, as-tu des musées d'art moderne près de chez **toi / vous**?

4. Les artistes polynésiens **soi-même / eux-mêmes** essaient de pénétrer le marché européen.

5. Bravo Alexis, Poema et Mamadou! C'est **toi / vous** qui donnez des idées à Juliette!

D. Questions sur l'art. Répondez aux questions suivantes en remplaçant les expressions soulignées par des pronoms personnels. Attention à l'accord des participes passés!

1. —Alexis, est-ce que tu as montré <u>le château de Versailles</u> <u>à Trésor</u>?

   —Oui, je _____

2. —Est-ce que le guide vous a expliqué <u>les périodes successives de la construction du musée du Louvre</u>?

   —Oui, il _____

3. —Poema, tu as emmené <u>tes parents</u> <u>à l'exposition du Grand Palais</u>?

   —Oui, je _____

4. —Mamadou, as-tu donné <u>à ton ami Gora</u> <u>l'adresse de la galerie d'art africain à Paris</u>?

   —Oui, je _____

5. —Charlotte, vas-tu parler <u>à Juliette</u> <u>de ta passion pour la musique</u>?

   —Oui, je _____

E. Vous répondez à Juliette. Expliquez-lui quels sont vos artistes préférés en complétant les phrases de ce courriel. N'oubliez pas d'indiquer votre adresse électronique.

DE: _____

À: Juliette@wanadoo.fr

Bonjour, Juliette!

À mon avis, ton idée de galerie virtuelle est _____.

Personnellement, j'ai une vie culturelle _____. Ma forme d'art préférée est

_____. Mais j'aime aussi _____ et j'apprécie

_____. Malheureusement, je n'ai pas toujours le temps de flâner dans les musées,

de visiter des expositions, d'aller à des concerts ou au théâtre. Et puis, c'est cher! Dans le passé,

j'ai suivi des cours de/d' _____. Mais je n'ai pas beaucoup de talent! Pourtant,

je continue à m'intéresser à _____ et rien ne m'empêche

(*prevents me*) d'apprendre à _____.

Je vais finir par être une vraie spécialiste en _____.

Bisous!

Pause-Culture

A. Les artistes francophones. Complétez les phrases par un des termes suivants: **écrivain, musicien, peintre, poète, sculpteur.**

1. Le _____ sénégalais Ousmane Sow présente ses sculptures sur le pont des

   Arts à Paris.

2. Aimé Césaire est un très grand _____ martiniquais. Dans ses poèmes, il

   chante la beauté des Caraïbes.

3. Assia Djebar est la première femme _____ d'origine algérienne élue (*elected*) à

   l'Académie française.

4. Tu connais Corneille? C'est un _____ rwandais très populaire en France. Tout

   le monde adore ses chansons.

5. Le _____ québécois Jean-Paul Riopelle expose ses tableaux dans le monde entier.

B. Paris-Musées. Relisez le **Reportage** dans votre manuel, puis trouvez dans la colonne de droite la fin de chaque phrase.

1. Vers la fin de sa vie, Rodin a passé beaucoup de temps

   à l'hôtel Biron, _____.

2. Dans les allées du musée Rodin, des sculptures sont

   exposées _____.

3. Dans le musée Rodin, il faut absolument voir _____.

4. Au musée du Louvre, on trouve _____.

5. Le musée d'Orsay a une belle collection de _____.

a. *la Joconde*
b. *le Baiser* (*the Kiss*)
c. en plein air
d. tableaux impressionnistes
e. qui s'appelle aujourd'hui le musée Rodin

Leçon 3: Structures

Les verbes suivis de l'infinitif

Expressing Actions

A. **Ah! Les prépositions!** Quels verbes prennent une préposition avant un infinitif? Quels verbes n'en prennent pas? Cochez (✓) les cases correctes.

	+ infinitif	+ **à** + infinitif	+ **de** + infinitif
1. accepter			✓
2. aider			
3. aller			
4. arrêter			
5. chercher			
6. choisir			
7. conseiller			
8. demander			
9. désirer			
10. devoir			
11. enseigner			
12. oublier			
13. permettre			
14. rêver			
15. savoir			
16. vouloir			

B. **Pensées diverses.** Utilisez **à, de, par** ou laissez un blanc.

Les habitudes au téléphone. Marc aime _____¹ téléphoner à ses amis le soir quand ils ne travaillent pas. Mais Marie croit qu'il faut _____² leur téléphoner l'après-midi. Elle refuse _____³ les réveiller ou _____⁴ les empêcher _____⁵ dormir.

Tout le monde aime voyager. Ma mère rêve _____⁶ faire le tour du monde. C'est l'Afrique qu'elle a décidé _____⁷ découvrir en premier, mais elle veut aussi _____⁸ visiter les autres continents. Pour se préparer, elle a déjà commencé _____⁹ suivre des cours du soir pour étudier deux langues étrangères. Elle va _____¹⁰ finir _____¹¹ être polyglotte.

Question de talent. Je ne réussirai jamais (*will never succeed, will never manage*) _____¹² apprendre _____¹³ danser! J'essaie _____¹⁴ suivre un cours de danse chaque été. Voilà ce qui arrive: je vais peut-être deux fois au cours, mais je ne continue pas _____¹⁵ danser régulièrement. «J'oublie» _____¹⁶ y aller!

C. **Votre vie à vous.** Terminez les phrases suivantes en vous basant sur votre propre expérience.

1. Normalement le week-end, je préfère _____

   et je déteste _____

2. En général, le week-end, j'essaie _____

   et j'aime _____

3. Certains dimanches, on m'empêche _____

4. Le week-end passé, j'ai choisi _____

5. Ce week-end, j'espère _____

6. Je vais commencer _____

   et je vais finir _____

D. **Le patrimoine historique et artistique.** Répétez le début de phrase que vous entendez, et complétez la phrase avec l'expression donnée. N'oubliez pas d'ajouter une préposition (**à** ou **de**), si c'est nécessaire.

Vous entendez:	Je commence
Vous voyez:	apprendre l'histoire de France
Vous dites:	Je commence à apprendre l'histoire de France.

1. m'indiquer le chemin pour aller aux arènes de Lutèce
2. visiter le Louvre avec moi demain
3. jouer du violon
4. composer sa symphonie
5. peindre à l'huile
6. étudier à l'école des Beaux-Arts l'année prochaine
7. avoir du succès comme écrivain
8. ne pas être bien payés

Les adverbes

Talking About How Things Are Done

A. Tristement! Rendez cette histoire plus vivante (*more vivid*) en mettant l'adverbe correspondant à la place de l'adjectif proposé. Barrez (*Cross out*) les adjectifs.

Le téléphone a sonné (*rang*) à deux heures du matin. Le détective a essayé _____[1]

(vain) de trouver l'appareil à côté de son lit. Il l'a _____[2] (final) décroché (*picked*

up) et a dit «Allô?» Une voix de femme lui a répondu _____[3] (rapide) avec des

mots qu'il n'a pas compris _____[4] (immédiat). «Répétez plus

_____[5] (lent), s'il vous plaît, madame» lui a-t-il demandé _____[6]

(poli). «Il est mort» a dit _____[7] (doux) la dame. «Qui?» lui a-t-il demandé

_____[8] (calme). «Mon chien. N'êtes-vous pas vétérinaire?»

B. De toute manière. Complétez chaque phrase à l'aide d'un adverbe.

MODÈLE: Il est vrai que je suis américaine. → Je suis vraiment américaine.

1. Elle parle français de manière rapide.

   Elle parle français _____.

2. Il est patient quand il attend.

   Il attend _____.

3. Tu as une attitude sérieuse quand tu étudies.

   Tu étudies _____.

4. Je suis lent quand je conduis.

   Je conduis _____.

5. Nous sommes polis quand nous parlons à nos parents.

   Nous leur parlons _____.

6. Vous êtes actifs en cours de français.

   Vous participez _____.

7. Ils sont honnêtes quand ils jouent.

   Ils jouent _____.

8. Tu es franc avec tes amis.

   Tu leur parles _____.

C. Votre vie à vous. Répondez aux questions suivantes en vous basant sur votre expérience personnelle. Utilisez un des adverbes suggérés ou un autre adverbe de votre choix.

MODÈLE: Combien avez-vous voyagé le semestre dernier? (beaucoup, peu, pas du tout) →
Je n'ai pas du tout voyagé. (J'ai beaucoup voyagé. J'ai peu voyagé.)

1. Comment avez-vous dormi hier soir? (bien, mal, pas assez, trop)

   _____

2. Avez-vous mangé ce matin? (lentement, mal, pas du tout, vite)

   _____

3. Étudiiez-vous beaucoup au lycée? (constamment, peu, rarement, souvent)

   _____

4. Avez-vous travaillé l'été passé? (absolument, beaucoup, pas du tout, peu)

   _____

5. Avez-vous déjà pensé aux cours que vous allez suivre l'année prochaine?
   (beaucoup, pas du tout, peu, trop)

   _____

6. Avez-vous compris le dernier chapitre de français? (bien, heureusement, mal, pas du tout)

   _____

7. Comment parlez-vous français maintenant? (assez bien, couramment, pas couramment)

   _____

D. Une fable traditionnelle. Voici une course à pied (*foot race*) très célèbre. Écoutez la présentation deux fois, et indiquez si les expressions suivantes décrivent le **lièvre** (*hare*) (**L**) ou la **tortue** (**T**). (Nous avons commencé pour vous.)

À comprendre: désespérément (*desperately*), prend la tête (*takes the lead*), rattraper son retard (*to catch up*), vitesse (*speed*)

Nous assistons (*are present*) aujourd'hui à une course tout à fait (*completely*) spéciale. Elle est bien sûr télévisée. Écoutons le speaker...

1. __L__ prend rapidement la tête

2. _____ avance lentement

3. _____ avance à une vitesse incroyable

4. _____ a gagné sans difficulté

5. _____ dort

6. _____ essaie désespérément de rattraper son retard

7. _____ continue imperceptiblement sur la piste

Maintenant, écoutez parler le lièvre, et donnez la réaction de la tortue.

À comprendre: on se dépêche (*we hurry*)

Vous entendez:	Chez nous, on rit (*laugh*) beaucoup.
Vous voyez:	assez
Vous dites:	Chez nous, on rit assez.

1. doucement   4. très peu
2. calmement   5. modestement
3. rarement

E. Comportements (*Behaviors*). Voici des questions sur votre manière de faire certaines choses. Utilisez un adverbe dans chaque réponse. Vous n'entendrez pas de réponses suggérées.

À comprendre: marcher (*to walk*)

Vous entendez:	Comment chantez-vous?
Vous dites:	Je chante très, très mal!

1. ...   2. ...   3. ...   4. ...

Leçon 4: Perspectives

Faire le bilan

A. Il a séché (*cut*) le cours. Marc a séché le cours de philosophie hier matin. Il vous demande de lui prêter votre cahier, vos notes de classe, et cetera. Comme vous êtes une personne généreuse, vous voulez bien l'aider. Suivez le modèle.

MODÈLE: MARC: Tu me prêtes tes notes de classe?
          VOUS: Oui, je te les prête.
         MARC: Alors, prête-les-moi.

1. MARC: Tu me prêtes ton cahier?

    VOUS: _____

    MARC: _____

2. MARC: Tu me donnes ta copie de la bibliographie?

    VOUS: _____

    MARC: _____

3. MARC: Tu prêtes aussi tes notes de classe à mon ami Olivier?

    VOUS: _____

    MARC: _____

(*continued*)

4. MARC: Tu me montres tes devoirs?

   VOUS: _____

   MARC: _____

5. MARC: Tu donnes la copie de l'examen à tes camarades?

   VOUS: _____

   MARC: _____

B. **Votre vie à vous.** Complétez chaque phrase avec le verbe de votre choix à l'infinitif. N'oubliez pas les prépositions nécessaires.

MODÈLE: J'aime *faire la cuisine.*

1. Je veux _____

2. Avant la fin de l'année, je vais essayer _____

   _____

3. Depuis mon arrivée à l'université, je continue _____

   _____

4. Je ne sais pas _____

5. Cet été, je vais commencer _____

6. Je voudrais inviter mes amis _____

7. J'oublie parfois _____

8. Je rêve _____

9. À l'université, je me prépare _____

10. Au lycée (*high school*), j'ai appris _____

Prononciation

Voyelles fermées et voyelles ouvertes. The "closed" French vowels, in words such as **pot, allée,** and **deux,** contrast with the "open" vowels: **homme, belle, heure.** Very generally speaking, closed vowels occur as the final vowels in a syllable, whereas open vowels occur before a consonant + silent **e.** Listen carefully for the difference: **été, tête.**

Répétez les expressions suivantes.

1. chaud / gros / robe / poste
2. parlé / nez / fraise / tête
3. œufs / feu / jeune / œuf

Écoutez le passage suivant. Ensuite, écoutez-le une deuxième fois, et répétez chaque phrase.

Quand il faisait beau, / j'aimais aller à la plage / pour faire du sport / ou pour chercher des coquillages (*seashells*). / Quand il pleuvait, / j'aimais faire une promenade sur la plage / au chaud dans mes bottes et mon pull, / et regarder la tempête!

À l'écoute!

Le musée d'Orsay. Une jeune fille française, Martine, cherche à convaincre (*convince*) Christine, une de ses copines québécoises, de venir la voir en France. Vous entendez une partie de la conversation. Écoutez, puis choisissez la bonne réponse à chacune des questions.

1. À sa création, le musée d'Orsay était _____.
   a. une cathédrale   b. un café-restaurant   c. une gare

2. Aujourd'hui, on y trouve des œuvres _____.
   a. cubistes   b. de la Renaissance   c. impressionnistes

3. La _____ et la sculpture y sont représentées.
   a. peinture   b. musique   c. photographie

4. Au dernier étage du musée, il y a _____.
   a. un théâtre   b. un magnifique tableau de Picasso   c. un café et une terrasse

Par écrit

Function: Describing a cultural activity

Audience: Classmates

Goal: To write an account of a cultural activity you engage in fairly often.

Choose an activity you enjoy as a spectator (attending theater, concerts, films, and so on), viewer, reader, collector, browser, performer, or creator (arts or crafts). Discuss how the activity fits into your everyday life: how often, where, with whom, what you accomplish, why you enjoy it.

Steps

1. Make an outline. For each point, make a list of the vocabulary terms you will use. Arrange the points so that the discussion flows smoothly.
2. Write a rough draft. Have a classmate read the draft and comment on its clarity and organization. Add new details and eliminate irrelevant ones.
3. Make any necessary changes. Finally, reread the composition for spelling, punctuation, and grammar. Focus especially on your use of adverbs and direct and indirect object pronouns.

Journal intime

Expliquez votre opinion sur les arts.

- Quel rôle est-ce qu'ils jouent dans votre vie?
- Qui sont les auteurs, poètes, compositeurs, peintres et cinéastes que vous trouvez intéressants? Pourquoi?

  MODÈLE: Moi, j'écoute des CD tous les jours, même le matin.
                J'aime plusieurs types de musique: le jazz, l'opéra, le folk…

Révisez! Chapitres 9–12

A. Les langues étrangères. Jules et Laurette parlent de leurs études de langues étrangères. Complétez leur conversation avec **pendant, depuis** ou **il y a.**

JULES: _____[1] quand est-ce que tu fais du russe?

LAURETTE: J'ai commencé _____[2] trois ans.

JULES: Et _____[3] ce temps-là tu étudies avec M. Lansky?

LAURETTE: Non, j'ai commencé avec Mlle Makarova. Je suis dans le cours de M. Lansky

_____[4] un an seulement.

JULES: Je connais M. Lansky _____[5] deux ans déjà, et je le trouve vraiment

formidable.

LAURETTE: Oui, il est vraiment bien. Je vais continuer à étudier avec lui _____[6]

deux ans avant d'entrer à l'université.

Une question: Depuis combien d'années est-ce que Laurette étudie le russe? _____[7]

B. En cours de français. Mettez les phrases suivantes au négatif. Utilisez une négation logique: **ne... jamais, ne... pas du tout, ne... pas encore, ne... personne, ne... plus, ne... rien, personne ne...**

MODÈLE: Nous voyons *Pierre* devant la classe. →
Nous *ne* voyons *personne* devant la classe.

1. Seth parle *toujours* en cours de français.

_____

2. Paul pose *encore* des questions.

_____

3. Sylvie a *déjà* fait les devoirs.

_____

4. Aimée répond *parfois* en anglais.

_____

5. Nous allons *souvent* dans des restaurants français.

_____

6. Je comprends *très* bien.

_____

7. Le professeur a *quelque chose* d'intéressant à dire.

_____

8. *Tout le monde* aime le professeur.

_____

C. **Un voyage agréable?** Simone a visité les îles francophones de l'océan Indien. Écoutez son histoire.

Simone raconte son histoire à une amie. Est-ce que ses expériences ont été **agréables (A)** ou **désagréables (D)**? Mettez **A** ou **D**, selon le cas.

1. _____   3. _____   5. _____

2. _____   4. _____   6. _____

Les réponses se trouvent dans l'appendice.

D. **Votre vie à vous.** Répondez aux questions suivantes en employant les pronoms d'objet direct (**le, la, les**).

MODÈLE: Est-ce que vous aimez le français? →
Oui, je l'aime beaucoup. (*Non,* je ne l'aime pas du tout.)

1. Est-ce que vos parents regardent souvent la télévision?

_____

2. Est-ce que vos grands-parents aiment le rock?

_____

3. Est-ce que vous faites souvent la lessive?

_____

4. Est-ce que vous comprenez toujours le professeur?

_____

5. Est-ce que vous aimez faire vos devoirs?

_____

6. Est-ce que vous allez finir cet exercice?

_____

7. Est-ce que vous allez porter votre short demain?

_____

8. Est-ce que vous avez lu le journal ce matin?

_____

E. **Quand l'appétit va, tout va!** Mettez les verbes des phrases suivantes au passé composé ou à l'imparfait. Soyez logique.

Hier soir, je/j'_____[1] (être) fatigué et je/j'_____[2]

(décider) d'aller me coucher (*to go to bed*). Je/J'_____[3] (ne pas pouvoir)

dormir parce que je/j'_____[4] (avoir) faim. Je/J'_____[5]

(aller) à la cuisine et mon frère y _____[6] (être) aussi! Je lui

_____[7] (demander): «Qu'est-ce que tu fais là?» Alors, il

me/m' _____[8] (répondre): «Je ne peux pas dormir parce que j'ai faim!»

Nous _____[9] (préparer) des pâtes, et nous _____[10]

(manger) ensemble!

F.   Un peu de démographie. Voici la liste des douze villes les plus importantes (*largest*) de France. Arrêtez l'enregistrement (*the audio program*) et, sur la carte de France, tracez un cercle autour des villes qui figurent dans la liste qui suit.

Ville	Nombre d'habitants[*]
1. Paris [75]	2 144 700
2. Marseille	808 700
3. Lyon	465 300
4. Toulouse	431 500
5. Nice	347 100
6. Nantes	280 600
7. Strasbourg	272 800
8. Montpellier	244 100
9. Bordeaux	229 900
10. Lille	226 800
11. Rennes	210 200
12. Le Havre	184 000

Recommencez l'enregistrement.

Maintenant, regardez la liste, et indiquez le rang (*rank*) de chaque ville avec un nombre ordinal: **la première, la deuxième, la troisième,** et cetera.

Vous entendez: Bordeaux?
Vous dites: C'est la neuvième ville de France.

1. ...   2. ...   3. ...   4. ...   5. ...   6. ...   7. ...   8. ...

G.   *À* ou *de*? Complétez les phrases suivantes avec la préposition **à** ou **de**. S'il n'est pas nécessaire d'utiliser de préposition, laissez un blanc.

1.   Sophie a accepté _____ faire les courses, mais elle a refusé _____ faire le ménage.

2.   Est-ce que tu sais _____ skier?

3.   Oui, j'ai appris _____ skier quand j'avais sept ans.

(continued)

---

[*]Il s'agit de la population des villes propres, pas des agglomérations (régions urbanisées) entières. Source: **Recensement de la population depuis 2004** (le site Web d'INSEE).

4. André rêve _____ voyager au Canada. Il va _____ faire des économies pour son voyage.

5. Oh, non! J'ai oublié _____ acheter des œufs. Je voulais _____ faire un gâteau. Dommage! (*Too bad!*)

6. Le professeur demande aux étudiants _____ écrire des phrases au tableau.

7. Qui va venir _____ dîner à la maison ce soir?

8. Les étudiants essaient _____ parler français en cours de français.

9. Vous espérez _____ pouvoir visiter Paris bientôt.

10. Marie pense _____ travailler tout l'été, l'année prochaine.

11. Thomas n'a pas faim. Il vient _____ manger!

12. Je vais vous inviter _____ dîner au restaurant ce soir.

H. Votre vie à vous. Répondez aux questions suivantes avec **y, en** ou des pronoms d'objet direct et indirect. N'oubliez pas l'accord du participe passé où il est nécessaire.

MODÈLES: Est-ce que vous écrivez souvent <u>à vos grands-parents?</u> →
Non, je ne leur écris jamais.
(Oui, je leur écris tous les week-ends.)

Est-ce que vous avez préparé <u>la leçon de français</u> hier? →
Oui, je l'ai préparée. (Non, je ne l'ai pas préparée.)

1. Est-ce que vous téléphonez souvent <u>à vos amis?</u>

_____

2. Est-ce que vous pensez aller <u>en Europe</u> l'année prochaine?

_____

3. Est-ce que vous avez acheté <u>vos livres de cours</u> hier?

_____

4. Est-ce que vous donnez <u>des bonbons</u> <u>aux chiens?</u>

_____

5. Est-ce que vous avez déjà offert <u>des fleurs</u> <u>à votre mère?</u>

_____

I. Deux points de vue. Pierre Collet et Myriam Romain répondent à une question sur la vie culturelle française. Dites si les phrases suivantes sont vraies (**V**) ou fausses (**F**), selon la personne mentionnée.

À comprendre: chômage (*unemployment*), consacre (*devotes*), investi (*invested*), plus de (*more*), subventions (*subsidies*), suffisamment (*enough*), tape-à-l'œil (*flashy*)

Voici la question: À votre avis, est-ce que le gouvernement participe suffisamment au développement de la vie culturelle en France?

Selon Pierre Collet:

1. V F Tous les gouvernements français récents ont fait un gros effort en ce qui concerne (*regarding*) le développement culturel du pays.

2. V F Cet effort a surtout commencé après la Première Guerre mondiale.

3. V F Avant la Deuxième Guerre mondiale, le gouvernement devait s'occuper des problèmes sociaux.

4. V F De nos jours, le gouvernement n'aide plus les arts parce que le public est déjà très motivé.

Selon Myriam Romain:

5. V F L'intervention du gouvernement français dans les arts est pleinement suffisante.

6. V F La pyramide du musée du Louvre n'a été bâtie que pour la gloire du ministre de la Culture.

7. V F Ce sont les enfants à l'école, les téléspectateurs et les troupes locales qui ont le plus besoin d'aide.

Les réponses se trouvent dans l'appendice.

CHAPITRE 13

La vie quotidienne

Leçon 1: Paroles

L'amour et le mariage

A. Une histoire d'amour. Écoutez l'histoire de Mireille et de Jacques. Indiquez si les phrases suivantes sont vraies (**V**) ou fausses (**F**).

1. V F   Mireille et Jacques tombent amoureux immédiatement.

2. V F   Ils se marient après trois ans.

3. V F   Ils s'installent dans la maison de la mère de Jacques.

4. V F   Le mariage ne réussit pas.

Maintenant, écoutez les déclarations suivantes sur l'histoire de Mireille et de Jacques. Elles ne sont pas en ordre. Écrivez-les dans la colonne appropriée: **au début** (_in the beginning_), **au milieu** (_in the middle_) ou **vers la fin.**

Vous entendez: Mireille et Jacques tombent follement amoureux.
Vous écrivez:

AU DÉBUT	AU MILIEU	VERS LA FIN
Ils tombent amoureux.	_____	_____
_____	_____	_____
_____	_____	_____
_____	_____	_____
_____	_____	_____

Les réponses se trouvent dans l'appendice.

B. L'amour et le mariage. Choisissez l'expression logique pour compléter les phrases suivantes.

MODÈLE: Le coup de foudre (précède) / suit le voyage de noces.

1. On voit les nouveaux mariés pour la première fois **à la cérémonie / pendant leur voyage de noces.**

2. Les gens qui préfèrent rester célibataires **ne se marient pas / se marient.**

3. En général, les gens qui ne s'entendent pas **se disputent / se marient.**

4. La période où l'on se promet (*when one promises*) de se marier s'appelle **les rendez-vous / les fiançailles.**

5. Pour s'installer (*settle*) dans une nouvelle maison, on a besoin **d'amis / de meubles.**

Le corps humain

A. Aïe (*Ouch*), ça fait mal! À quelles parties du corps est-ce qu'on a mal?

MODÈLE: J'ai un rhume (*cold*). → J'ai mal _____à la gorge._____

1. Henri et Paul écoutent quinze CD de rock. Leurs parents ont mal _____.

2. Je vais chez le dentiste ce matin. J'ai mal _____.

3. Nous portons des cartons très lourds (*heavy*). Nous avons mal _____.

4. Les nouvelles chaussures de Charles sont trop petites. Il a mal _____.

5. Vous apprenez à jouer de la guitare. Vous avez mal _____.

6. Mathilde lit un roman pendant douze heures sans s'arrêter. Elle a mal _____.

7. Il fait très froid et Raymond n'a pas de chapeau. Il a mal _____.

8. Mireille participe à un marathon. Elle a mal _____.

B. Énigme. Écoutez chaque définition, et donnez la partie ou les parties du corps définies.

Vous entendez: Ils servent à (*are used for*) jouer du piano.
Vous dites: Les mains et les doigts.

1. ...   2. ...   3. ...   4. ...   5. ...   6. ...

C. Et maintenant... un moment de détente (*relaxation*)! L'exercice physique nous est bénéfique, même pendant une leçon de français! Restez assis(e) à votre place, et faites les exercices suivants.

À comprendre: baissez (*lower*), bougez (*move*), de bas en haut (*down and up*), détendez (*relax*), étendez (*stretch out*), faites des ronds (*make circles*), fermez (*close*), levez (*lift*), ouvrez (*open*), respirez profondément (*breathe deeply*), sur le côté (*at your sides*)

1. ... 2. ... 3. ... 4. ... 5. ... 6. ... 7. ... 8. ... 9. ... 10. ... 11. ... 12. ...

Les activités de la vie quotidienne

A. Une journée typique. Numérotez les phrases suivantes pour les mettre dans un ordre logique.

_____ a. Elles s'endorment.

_____ b. Laure et Lucette se réveillent.

_____ c. Elles s'en vont.

_____ d. Elles s'habillent.

_____ e. Elles se couchent.

_____ f. Elles se maquillent.

_____ g. Elles se lèvent.

_____ h. Elles rentrent à la maison.

B. Votre vie à vous. Quelle est votre routine? Complétez les phrases avec des informations personnelles.

MODÈLES: Je me réveille à *six heures et demie*.

Je me brosse les cheveux *dans ma chambre*.

1. Je me réveille à _____

2. Je me lève à _____

3. Je me brosse les dents dans _____

4. Je me peigne dans _____

5. Je m'habille dans _____

6. Je m'en vais à _____

7. Je me couche à _____

8. Je m'endors à _____

Leçon 2: Structures

Les verbes pronominaux (première partie)

Expressing Actions

A. Les copines. Zoé et Abena sont étudiantes de première année dans une université américaine. Elles vont partager (*share*) une chambre à la maison française. Complétez leur conversation.

Verbes utiles: s'arrêter, se demander, se dépêcher, se détendre, s'installer

Zoé et Abena _____¹ dans leur nouvelle chambre. Elles ont toutes sortes de

cartons et de valises.

ZOÉ: Je _____² où nous allons mettre toutes nos affaires. Cette chambre

est vraiment trop petite.

ABENA: Nous devons _____.³ Je ne veux pas être en retard au premier

repas.

ZOÉ: Écoute, on a encore trois heures. Voici ce que je propose: nous

_____⁴ de travailler dans deux heures et demie. Ensuite, nous

_____⁵ un peu. Tu es d'accord?

Verbes utiles: s'amuser, se demander, s'entendre, se rappeler, se souvenir

(*Plus tard.*)

ABENA: Je _____⁶ si nous allons aimer vivre ensemble. D'habitude je

_____⁷ bien avec les autres. Mais je _____⁸

d'une fille insupportable (intolérable) avec qui j'ai été obligée de partager une chambre.

Elle n'écoutait que de l'opéra. Je _____⁹ un jour où j'avais tellement

besoin de (*I was so in need of*) silence que j'ai caché (*hid*) sa radio.

ZOÉ: Je suis sûre que nous allons _____¹⁰ ensemble. Mais tiens (*hey*), où

est ma radio?

B. Portrait d'un bon prof. Complétez cette description en remplaçant les expressions entre parentheses par des verbes pronominaux. Barrez les expressions entre parenthèses.

Notre prof (a le nom) _____¹ Mme Lévi. Si Mme Lévi (fait une

erreur) _____,² elle (demande pardon) _____.³

Voilà pourquoi elle (a de bons rapports) _____⁴ bien avec tous ses étudiants.

Et si nous (faisons des erreurs) _____,⁵ elle nous encourage sans se moquer

(*making fun*) de nous. Elle a l'air de (passer des moments agréables) _____⁶

en classe.

En cours elle (n'oublie pas) _____⁷ nos objectifs, et nous travaillons dur.

Nous n'avons pas le temps de (nous reposer) _____,⁸ en général; nous

(allons vite) _____⁹ pour tout finir. Mais nous (passons des moments

agréables) _____¹⁰ aussi.

C. Les distractions des étudiants. Complétez les phrases suivantes en écoutant le passage.

Je _____¹ parfois si les étudiants français ont le temps de

_____² En général, dans l'université même (*itself*), il n'y a pas de salle de

sport ni (*nor*) de théâtre. Pourtant (*Nevertheless*), les étudiants doivent aussi

_____³ On a besoin de _____⁴ quelquefois et de

prendre le temps de vivre.

Le soir, les étudiants _____⁵ souvent dans le quartier universitaire. Ils

_____⁶ à une table dans un café pour prendre un verre et discuter avant de

rentrer travailler. Le dimanche, beaucoup d'étudiants déjeunent, sans _____,⁷

chez leurs parents ou leurs grands-parents. Ils _____⁸ en faisant (*by playing*)

un peu de sport, une promenade ou en allant (*by going*) à une exposition ou au cinéma.

Les réponses se trouvent dans l'appendice.

D. Une vie d'étudiant. Écoutez chacune des situations suivantes, et choisissez l'expression verbale qui la décrit.

Vous entendez: Tu sors le samedi soir avec tes amis: d'abord, au restaurant, ensuite, en boîte.

Vous choisissez: a. Tu t'excuses.   ⓑ Tu t'amuses.

1. a. Je me dépêche.   b. Je m'arrête.

2. a. Je me souviens de toi.   b. Je me demande si c'est vrai.

3. a. Ils se trouvent là-bas maintenant.   b. Ils vont s'installer là-bas plus tard.

4. a. Je me trompe.   b. Je me repose.

5. a. Nous nous entendons bien.   b. Nous nous détendons bien.

Les verbes pronominaux (deuxième partie)

Reporting Everyday Events

A. Deux familles. Décrivez la famille Legault qui fait toujours le contraire de la famille Lapointe.

Verbes utiles: se disputer, s'en aller, s'endormir, s'ennuyer, se fâcher, s'installer, se mettre à (*to begin* [*doing*]), se perdre, se tromper

MODÈLE: Les Lapointe se calment. →
Les Legault se fâchent.

1. Les Lapointe se réveillent.

   _____

2. Les Lapointe quittent leur maison.

   _____ chez eux.

3. Les Lapointe s'amusent.

   _____

4. Les Lapointe s'entendent avec leurs collègues.

   _____ avec leurs collègues.

5. Les Lapointe finissent de travailler.

   _____ travailler.

6. Les Lapointe trouvent leur route.

   _____

7. Les Lapointe arrivent.

   _____

8. Les Lapointe ont raison.

   _____

B. Qu'est-ce qu'on fait? Faites des phrases complètes avec les mots donnés, puis imaginez une explication.

MODÈLE: Geoffroy / se raser / samedi soir →
Geoffroy se rase samedi soir parce qu'il sort avec sa copine.

1. Marcel / se réveiller / tôt _____

   _____

2. tu / se lever / midi _____

   _____

3. M. Dupont / se coucher / cinq heures _____

   _____

4. je / s'habiller / bien / après-midi _____

_____

5. les enfants / s'ennuyer / week-end _____

_____

6. Laure / se regarder / miroir _____

_____

C. Un mariage en danger? Un psychologue pose des questions personnelles à deux personnes mariées qui ne s'entendent pas bien à cause de leur emploi du temps (*schedule*) le matin. Complétez les questions et les réponses en utilisant des verbes pronominaux.

PSYCHOLOGUE: À quelle heure est-ce que vous

_____[1] le matin?

se lever (2)
se réveiller (2)

FEMME: Nous _____[2] à 6 h 10,

mais mon mari ne _____[3]

qu'à 6 h 45. Moi, je _____[4]

à 6 h 15. Je trouve mon mari paresseux.

PSYCHOLOGUE: Et vous _____[5] le soir ou

le matin?

se baigner
se doucher
se lever

HOMME: Nous n'aimons pas les bains. Nous

_____[6] tous les deux le

matin. C'est pourquoi nous

_____[7] l'un après l'autre.

PSYCHOLOGUE: Est-ce que vous _____[8] les

dents en même temps?

se brosser (3)
s'habiller
s'intéresser

HOMME: Non. Je _____[9] les dents

très souvent, mais ma femme le fait le matin et le

soir seulement. Elle ne

_____[10] pas à la santé.

FEMME: Mais lui, il _____[11] les

dents dans la chambre pendant que je

_____![12] C'est très agaçant

(*annoying*)!

PSYCHOLOGUE: Vous êtes tous les deux très critiques, n'est-ce pas?

D. La vie quotidienne. Écoutez les remarques de Thomas, et transformez-les en questions contenant (*containing*) un verbe pronominal. Suivez le modèle.

Expressions utiles: s'amuser, se coucher, s'en aller, s'habiller, se lever, se réveiller

Vous entendez:	Le matin, j'ouvre (*I open*) les yeux difficilement.
Vous dites:	Tu te réveilles difficilement?

1. …   2. …   3. …   4. …   5. …

E. Une journée dans la vie de Jeanne-Marie. Regardez le dessin, et écoutez les questions. Répondez à chaque question en vous basant sur le dessin.

Vous entendez:	À quelle heure est-ce que Jeanne-Marie se réveille?
Vous dites:	Elle se réveille à sept heures.
Vous entendez:	Imaginez: à quelle heure est-ce qu'elle se brosse les dents?
Vous dites:	Elle se brosse les dents à sept heures vingt.

1. …   2. …   3. …   4. …   5. …   6. …

F. Comparez-vous à Philippe. Écoutez la description des habitudes de Philippe, puis donnez votre propre réponse. Vous n'entendrez pas de réponses suggérées.

Vous entendez:	Philippe se réveille à six heures et demie.
	Et vous? À quelle heure est-ce que vous vous réveillez?
Vous dites:	Moi? À sept heures.

1. …   2. …   3. …   4. …   5. …

Le blog d'Hector

Discipline!

A. Hector, le danseur. Posez des questions à Hector, en mettant le verbe entre parenthèses au présent.

1. Hector, tu (avoir mal) _____ aux pieds quand tu danses?

2. Es-tu narcissique? Est-ce que tu (se trouver) _____ beau quand tu

   _____ (se regarder) le matin dans le miroir?

3. Hector, est-ce que tu (se maquiller) _____ avant un spectacle de danse?

4. Est-ce que tu (s'ennuyer) _____ quand tu ne danses pas?

5. Hector, est-ce que tu (se reposer) _____ après un spectacle ou est-ce que tu

   (s'amuser) _____?

B. Le corps d'Hector. Quelles parties du corps Hector mentionne-t-il? Complétez ces phrases.

1. Le dentiste est leur ami. Ce sont mes _____.

2. Elles sont essentielles aux pianistes. Ce sont mes _____.

3. Quand elle fait mal (*hurts*), je mange du miel (*honey*) et je bois du thé chaud. C'est ma

   _____.

4. Elle donne des baisers (*kisses*). C'est ma _____.

5. C'est lui qui articule (*joins together*) ma jambe. On l'appelle le _____.

C. Les amis du blog et l'amour. Complétez les phrases en choisissant dans la liste suivante le mot qui convient: **amoureuse, coup de foudre, mariage, se marier, voyage de noces.**

1. Un jour, Alexis va avoir une _____ et sa petite routine va changer!

2. Trésor veut _____! Il cherche une fiancée!

3. Quand Charlotte a rencontré Arthur, elle a eu le _____.

4. Après son mariage, Mamadou va emmener sa femme en _____ au Sénégal.

5. Pour Poema, le _____ permet à une femme de s'épanouir (*blossom*).

D. Qu'est-ce qu'ils font aujourd'hui? Mettez les verbes pronominaux suivants au présent.

1. Mamadou (s'arrêter) _____ de travailler à cinq heures du matin.

2. Charlotte (se rappeler) _____ qu'elle doit aller chercher sa fille à l'école.

3. Poema (se perdre) _____ dans le métro.

4. Mamadou et Poema (s'amuser) _____ sur Internet.

5. Trésor et Alexis (se reposer) _____.

E. Vous répondez à Hector. Expliquez-lui votre petite routine. Complétez les phrases de ce courriel en choisissant parmi les verbes de cette liste: **s'amuser, se coucher, se détendre, se doucher, s'éclater, s'en aller, s'endormir, s'habiller, s'installer, se lever, se maquiller, se promener, se raser, se reposer, se réveiller.** N'oubliez pas d'indiquer votre adresse électronique. Vous pouvez employer un verbe plus d'une fois.

DE: _____

A: Hector@wanadoo.fr

Bonjour, Hector et bravo pour ton blog!

Elle est intéressante, la vie d'un danseur... Moi, je suis étudiant(e) et voilà ma petite routine: le matin,

dès que (*as soon as*) je _____,[1] je _____[2] et je me lave.

Je _____,[3] puis je _____.[4] Quand je suis habillé(e), je prends mon

petit déjeuner tranquillement. Ensuite, je _____[5] en cours. L'après-midi, je

_____[6] devant mon ordinateur pour étudier.

Quand j'ai des examens, je dîne très tard et je _____[7] vers minuit ou 1 h

du matin. Je suis tellement fatigué(e) que je _____[8] immédiatement.

Le week-end, mes potes (*buddies*) et moi, nous _____[9] et nous faisons du sport.

Généralement, pendant les vacances, je _____[10] voir mes parents.

Voilà! Tu sais tout!

Salut, Hector, et à bientôt!

Pause-Culture

A. La vie quotidienne des étudiants français. Imaginez la vie quotidienne des étudiants français. Choisissez parmi les verbes pronominaux de cette liste: **s'amuser, s'arrêter, se coucher, se dépêcher, se détendre, se doucher, s'en aller, s'endormir, s'ennuyer, s'habiller, se lever, se mettre à, se préparer, se promener, se rencontrer, se reposer, se réveiller.**

1. Le matin, ils _____

2. Entre midi et 14 h, ils _____

3. L'après-midi, ils _____

4. Le soir, ils _____

5. Le week-end, ils _____

B. **Vivre à la Martinique.** Relisez le **Reportage** dans votre manuel, puis dites si les informations suivantes sont vraies (**V**) ou fausses (**F**).

1. V F La Martinique est un département d'outre-mer qui fait partie du territoire français.

2. V F La Martinique se situe dans une région méditerranéenne.

3. V F À la Martinique, on profite du climat tropical.

4. V F À la Martinique, on adore la musique.

5. V F Fort-de-France est l'ancien nom de la Martinique.

Leçon 3: Structures

 # Les verbes pronominaux (troisième partie)

Expressing Reciprocal Actions

A. **Qu'est-ce qui se passe?** Les personnes suivantes se rencontrent pour la première fois. Décrivez leurs réactions. Utilisez des verbes pronominaux et non-pronominaux selon les indices dans les dessins.

Verbes utiles: (s')adorer, (se) détester, (se) disputer, (se) parler, (se) regarder

MODÈLES:

Paul et Marie *se regardent.*   Marie *regarde Paul.* Paul *regarde Marie.*

1. Denise et Pierre _____

   _____

   _____

2. Béatrice _____

   _____ . Yves _____

3. Gérard _____

   _____ . Marthe _____

   _____

4. Marcel et Eugénie _____

   _____

   _____

5. Véronique et Denis _____

   _____

   _____

B. Que font les voisins du quartier? Écoutez chaque question, et répondez en vous basant sur le dessin.

Expressions utiles: se dire bonjour, se disputer, se parler, se regarder, se téléphoner

Vous entendez:	Que font le professeur Renaud et Jean-Louis?
Vous dites:	Ils se parlent.

1. ...   2. ...   3. ...   4. ...

C. Avec enthousiasme. Une vedette (*celebrity*) parle de son prochain (*upcoming*) mariage. Écoutez les questions, et répondez pour la vedette.

> Begin each answer with
> **Ah oui...** or **Ah non...**

Vous entendez:	Votre fiancé et vous, vous vous connaissez bien?
Vous dites:	Ah oui, nous nous connaissons très bien!

1. ...   2. ...   3. ...   4. ...

D. La déprime. (*Depression*.) Maintenant, la vedette parle de sa séparation récente. Donnez les réponses de la vedette.

Verbes utiles: s'admirer, s'aimer, se comprendre, s'écrire, se parler

> Use **ne... plus** in your answers.

Vous entendez:	Alors, parlez-nous de l'admiration que vous avez l'un pour l'autre.
Vous dites:	Nous ne nous admirons plus, vous savez.

1. ...   2. ...   3. ...   4. ...

Les verbes pronominaux (quatrième partie)

Talking About the Past and Giving Commands

A. Des gens contrariés. Yves donne des conseils. Paul contredit (*contradicts*) tout ce qu'il dit. Employez un verbe de la liste pour chaque conseil.

Suggestions: s'amuser, se brosser les dents, se coucher, s'en aller, s'excuser, se marier

MODÈLES: Suzette dit qu'elle veut partir. →
    YVES: Alors va-t'en.
    PAUL: Non, ne t'en va pas.

    Nous disons que nous sommes en retard. →
    YVES: Alors dépêchez-vous.
    PAUL: Non, ne vous dépêchez pas.

1. Claude dit qu'il a sommeil.

    YVES: _____

    PAUL: _____

2. Danielle dit qu'elle n'aime pas la vie de célibataire.

    YVES: _____

    PAUL: _____

3. Richard dit qu'il a un goût (*taste*) horrible dans la bouche.

    YVES: _____

    PAUL: _____

4. Nous annonçons que nous prenons nos vacances demain.

    YVES: _____

    PAUL: _____

5. Les Robin ont été impolis.

    YVES: _____

    PAUL: _____

B. Métro, boulot, dodo. Voici comment un jeune couple passe la journée aujourd'hui. Qu'ont-ils fait hier? (Attention à l'accord du participe passé. Il y a deux verbes à l'imparfait.)

MODÈLE: Francine s'est levée la première...

Francine se lève la première et Julien se réveille une demi-heure plus tard. Ils s'habillent. Ils prennent leur petit déjeuner dans la cuisine. Ensuite Francine part en cours, pendant que Julien lit le journal.

À midi, Francine et Julien se retrouvent (*meet*) au café. Après le déjeuner, ils se promènent pendant un moment, puis ils retournent à leurs activités.

Le soir, Julien se repose après le dîner devant la télévision, mais sa femme étudie. Quand Francine s'endort sur ses livres, Julien la réveille. Ils se couchent vers onze heures.

Ils se disent tous les deux qu'ils n'ont jamais assez d'énergie.

_____

_____

_____

_____

_____

_____

_____

_____

_____

_____

Que doivent faire Francine et Julien pour avoir plus d'énergie? Et vous?

_____

_____

C. Ordres. Vous êtes moniteur ou monitrice dans une colonie de vacances (*summer camp*). Écoutez chaque situation, et donnez des ordres aux jeunes campeurs.

> Vous entendez: Maurice ne s'est pas encore réveillé.
> Vous voyez: maintenant
> Vous dites: Réveille-toi maintenant!

1. plus tôt
2. maintenant
3. tout de suite
4. immédiatement
5. immédiatement

D. Ma journée d'hier. Parlez de ce que vous avez fait hier en répondant aux questions. Vous n'entendrez pas de réponses suggérées.

> Vous entendez: À quelle heure vous êtes-vous réveillé(e)?
> Vous dites: Je me suis réveillé(e) vers six heures et demie.

1. … 2. … 3. … 4. … 5. …

E. Une rencontre. Pensez à votre première rencontre avec un bon ami ou une bonne amie. Écoutez les questions et les réponses, puis donnez votre propre réponse.

> Vous entendez: —Votre ami(e) et vous, où est-ce que vous vous êtes vu(e)s pour la première fois?
> —En cours de biologie.
> —Nous? Chez des amis.
> —Et vous?
> Vous dites: Nous nous sommes vu(e)s pour la première fois à une fête.

1. … 2. … 3. …

Leçon 4: Perspectives

◎ Faire le bilan

A. Conversations. Complétez chaque conversation avec la forme correcte du verbe approprié. Répondez ensuite aux questions personnelles.

1. Le fils du dentiste (se brosser)

   —Combien de fois par jour _____-vous les dents?

   —J'essaie de _____ les dents trois fois par jour, mais il est souvent

   difficile de _____ les dents à midi.

   Où et quand vous brossez-vous les dents? _____

   _____

2. Chez le psychiatre (s'appeler / se tromper / s'installer)

   —Comment _____-vous? Pierre?

   —Non, vous _____. Je _____ Napoléon

   Bonaparte!

   —Eh bien, Napoléon. _____-vous sur le divan et parlez-moi.

   Avez-vous des complexes de supériorité ou d'infériorité? Décrivez-les. _____

   _____

3. Le sommeil (s'endormir / se coucher)

   —_____-tu facilement?

   —Oui, si je ne _____ pas trop tôt, et toi?

   —Je ne _____ jamais avant minuit, et je _____

   toujours facilement.

   Et vous? _____

   _____

B. Un nouvel ami. Vous travaillez pour un journal. On vous donne la description d'un être (*being*) qui vient d'arriver de la planète Mars. Dessinez-le.

Il était assez grand. Sa tête et son corps étaient ronds et séparés par un long cou. Ses trois bras étaient aussi courts que ses huit jambes. Ses mains et ses pieds n'avaient que trois doigts. Sa petite bouche ronde était juste au centre de son visage avec une seule dent pointue (*pointed*). Ses cinq yeux formaient un cercle. Je n'ai pas réussi à voir s'il avait des cheveux parce qu'il portait un chapeau en forme de croissant.

C. Le coup de foudre. Voici l'histoire d'amour de Pierre et de Sophie. Complétez les phrases suivantes avec un verbe pronominal au passé composé.

Pierre et Sophie _____¹ chez

des amis l'année dernière. Le lendemain matin,

ils _____² très tôt. Ils

_____³ longtemps. L'après-midi,

ils _____⁴ dans le parc.

se parler
se promener
se rencontrer
se téléphoner

    D'abord, ils _____⁵ du coin de l'œil,

puis ils _____⁶ par la main. Ils

_____⁷ des mots d'amour et ils

_____⁸ timidement.

se dire
s'embrasser
se prendre
se regarder

    Après, ils (ne... plus) _____.⁹ Ils

_____¹⁰ deux mois plus tard. Ils forment le

couple parfait. Ils _____¹¹ (*présent*) très bien et

depuis qu'ils sont mariés, ils (ne... jamais) _____.¹²

se disputer
s'entendre
se marier
se quitter

D. Votre vie à vous. Complétez chaque phrase en expliquant à quel moment ces événements arrivent et pourquoi.

MODÈLE: Je / se dépêcher → Je me dépêche tout le temps parce que j'ai beaucoup à faire.

1. Mes amis / se détendre _____

_____

2. Mes amis et moi / s'amuser _____

_____

3. Mes parents et moi / s'entendre _____

_____

(continued)

4. Je / s'installer / devant mes livres _____

_____

5. Mon professeur de français / s'excuser _____

_____

 Prononciation

Les voyelles orales. The French vowel sounds [y], [œ], and [ø] have no equivalent sounds in English. Listen carefully to these sounds in French: **une, fleur, peu.**

Répétez les mots suivants.

1. salut / numéro / Luc / lunettes
2. deux / sérieux / adieu
3. heure / œuvre / acteur / meuble

Voyelles finales. Pay attention to the clearly distinct vowel sounds at the end of these words: the [i] sound in **six;** the [e] sound in **été;** and the [ɛ] sound in **lait.**

Répétez les mots suivants.

1. mis / mémé / mais
2. fit / fée / fait
3. Marie / marée / Marais
4. dit / des / dès
5. si / ces / c'est
6. pris / pré / prêt

 À l'écoute!

Le grand jour. Vous entendez une publicité pour un événement destiné à ceux qui veulent se marier. Écoutez l'annonce, puis complétez sa transcription.

Vous _____¹ jour où vous _____?²

Depuis, _____,³ et maintenant, vous voulez vous marier, mais

_____⁴ comment vous allez trouver l'énergie de le faire et de

le faire sans _____⁵ votre fiancé et votre famille. Il est temps

de vous rendre au salon du mariage à Paris. De la robe de mariée aux détails de la réception, des

spécialistes du mariage _____⁶ vous aider à organiser cet

heureux jour. _____:⁷ le salon ferme ses portes le 31 janvier.

Les réponses se trouvent dans l'appendice.

Par écrit

Function: Writing about a memorable event

Audience: Your instructor and/or classmates

Goal: Telling about a memorable day or event from your childhood. (If nothing interesting comes to mind, make something up. This may be a unique opportunity to reinvent the past!)

Steps

1. Take 15 minutes to brainstorm: Jot down everything that comes to mind about the topic. Put your notes aside and take a break.
2. Come back from your break and organize your notes. Discard the ones that seem irrelevant. Choose the most interesting points and organize your essay around them. Add supporting details, and be as specific and descriptive as possible.
3. Write the rough draft. Whenever appropriate, use comparisons and reflexive and pronominal verbs. Put the draft aside for a while, then reread it for continuity and clarity.
4. Have a classmate check your work.
5. Read the composition one last time, checking spelling, punctuation, and grammar. Prepare your final draft.

 # Journal intime

Choisissez un des sujets suivants.

- Racontez comment deux personnes que vous connaissez se sont rencontrées: vos parents, vous et votre meilleur(e) ami(e), par exemple.
- Racontez ce que vous avez fait ce matin, à partir de votre réveil jusqu'à midi. Expliquez en quoi votre matinée a été normale ou anormale.

  MODÈLE: Ma matinée? Très banale. Je me suis levé(e) à 7 h, le chat m'a dit «bonjour» (miaou!), nous sommes allés prendre le petit déjeuner…

Nom _____ Date _____ Cours _____

Sur le marché du travail

CHAPITRE

14

Leçon 1: Paroles

 Au travail

A. Au travail. Complétez chaque phrase en utilisant le vocabulaire du chapitre.

MODÈLE: Un homme qui est responsable des soins (*care*) des dents est ___*un dentiste*___.

1. Un homme qui travaille normalement de 35 à 40 heures par semaine dans une usine (*factory*)

   est _____.

2. Une femme qui travaille dans une école primaire s'appelle _____.

3. Une personne qui travaille avec les comptes financiers d'une entreprise est

   _____.

4. À l'hôpital, une femme qui est responsable des soins de ses patients est _____.

5. Un commerçant qui vous vend de la viande est _____.

6. Une femme qui vous coupe les cheveux et qui vous coiffe s'appelle _____.

7. Un homme qui vous apporte le courrier est _____.

8. Un homme qui assiste et représente ses clients en justice est _____.

B. Votre vie à vous. Connaissez-vous des gens qui ont les professions ou les emplois suivants? Si vous ne connaissez personne, identifiez une personne célèbre ou un personnage de roman, de film ou d'une émission de télévision.

MODÈLE: ingénieur → Ma voisine est ingénieur.*

1. agent de police _____

2. chef d'entreprise _____

3. fonctionnaire _____

(*continued*)

_____
*On n'emploie pas d'article quand on identifie la profession d'une personne: **Il est médecine. Elle est avocate.** Mais on utilise l'article après **C'est: C'est un médecin. C'est une avocate.**

4. plombier _____

5. artiste peintre _____

C. Professions. Écoutez les descriptions suivantes en regardant les images. Donnez le nom de la profession.

À comprendre: champs (*fields*), range (*files*), soigne (*takes care of*), patron(ne) (*boss*), tape (*types*)

| Vous entendez: | Cette personne voyage partout dans le monde pour faire des reportages sur l'actualité (*news*). Elle écrit des histoires et des articles tous les jours. |
| Vous dites: | C'est une journaliste. |

1. …   2. …   3. …   4. …   5. …

À la banque

A. Question d'argent, I. Complétez les phrases de façon logique.

1. Si vous n'aimez pas avoir de l'argent liquide sur vous, mais que vous aimez faire des courses, vous avez probablement un compte-_____.

2. Dans un magasin, le caissier (*cashier*) calcule le _____ parce que le client veut savoir combien il doit payer.

3. Les nouveaux mariés qui veulent un jour acheter une maison doivent avoir un compte _____.

4. Oh zut! Je ne peux pas faire de chèque. J'ai laissé mon _____ à la maison.

B. Question d'argent, II. Écoutez chaque phrase, et choisissez l'expression définie.

1. C'est _____.
   a. un compte d'épargne
   b. un bureau de change

2. Ce sont _____.
   a. vos économies
   b. vos cartes bancaires

3. Ce sont _____.
   a. vos reçus
   b. vos dépenses

4. C'est _____.
   a. un chèque
   b. la monnaie

5. C'est _____.
   a. un bureau de change
   b. un guichet automatique

6. C'est _____.
   a. le cours du jour
   b. le montant

Le budget de Marc Convert

A. **Un budget.** Un ami a des ennuis (*problems*) financiers. Il vous décrit ses difficultés. Écrivez le conseil que vous lui donnez dans chaque cas. Utilisez la liste de vocabulaire ou d'autres termes que vous savez.

Vocabulaire: augmentation de salaire, coût de la vie, dépenser, économiser, élevé(e), emprunter, faire des économies, gagner, société

MODÈLE: AMI: J'achète six CD par mois.
        VOUS: Empruntes-en à la bibliothèque. Tu vas économiser $100 par mois. (Tu dois t'arrêter de dépenser ton argent pour des luxes.)

1. AMI: Je gagne seulement cinq euros à l'heure.

   VOUS: _____

   _____

2. AMI: J'aime le homard et le bœuf.

   VOUS: _____

   _____

3. AMI: Le propriétaire (*landlord*) de mon appartement vient d'augmenter le loyer (*rent*).

   VOUS: _____

   _____

4. AMI: Le prix de l'essence (*gas*) pour ma voiture devient très cher.

   VOUS: _____

   _____

B. **Mon budget.** Vous avez demandé une bourse (*scholarship*) à l'université. Écoutez les réponses de deux autres étudiants avant de répondre vous-même à chaque question. Vous n'entendrez pas de réponses suggérées.

Vous entendez: —Quelles sont vos ressources financières? D'où provient votre argent?
               (*Where does your money come from?*)
               —Eh bien, de mes parents, de petits jobs et d'une bourse.
               —Moi, j'ai un compte d'épargne que mes grands-parents ont ouvert à mon nom.
               —Et vous?

Vous dites: Mon argent vient de petits jobs.

1. …   2. …   3. …   4. …

C. Votre vie à vous. Quelles sont vos circonstances et vos opinions en ce qui concerne l'argent et l'économie? Répondez aux questions suivantes.

1. Avez-vous un emploi? Est-ce que vous travaillez dans une petite ou une grande société (*company*), ou bien (*or*) est-ce que vous travaillez pour l'université?

   _____

   _____

2. Combien est-ce que vous gagnez par mois?

   _____

3. Pensez-vous que le coût de la vie dans votre université est bas (*low*) ou élevé? Expliquez.

   _____

   _____

4. Espérez-vous avoir bientôt une augmentation de salaire? Pourquoi (pas)?

   _____

   _____

5. Faites-vous des économies? Pourquoi (pas)?

   _____

   _____

6. Environ (*Approximately*) combien dépensez-vous par mois?

   _____

7. Connaissez-vous quelqu'un qui est au chômage? Qui?

   _____

8. À votre avis, est-ce que le taux de chômage actuel est trop élevé ou normal?

   _____

Le verbe *ouvrir*

A. Ah! Les verbes! Complétez les tableaux suivants avec les formes convenables.

	DÉCOUVRIR	SOUFFRIR
je		
les scientifiques		
vous		
un patient		

B. Pensées diverses. Complétez les phrases suivantes avec un de ces verbes: **couvrir, fermer, offrir, ouvrir** ou **souffrir**. Attention, vous pouvez utiliser l'infinitif, l'impératif, le présent, le passé composé ou l'imparfait.

1. **En cours.** Le professeur de calcul a dit: «_____[1] votre livre à la page soixante, mais _____[2] les réponses. Si vous ne les finissez pas ce matin, vous allez _____[3] à l'examen.»

2. **Une maladie.** Nous _____[1] de l'aspirine à Marc hier matin parce qu'il _____[2] d'un mal de tête abominable. Il avait si mal qu'il n'est pas arrivé à _____[3] la bouteille. Je lui _____[4] la bouteille, je lui ai donné de l'aspirine, et puis j'_____[5] encore la bouteille. Lui, il s'est endormi.

Leçon 2: Structures

Le futur simple (première et deuxième parties)

Talking About the Future

A. Ah! Les verbes! Complétez ce tableau avec les formes correctes du futur.

	TU	ILS	JE / J'	NOUS
avoir				
pouvoir				
savoir				
aller				

B. Préparatifs pour la visite de Grand-mère. Gérard et sa famille ont tendance à tout remettre (*put off*) à demain. Imaginez les réponses de Gérard quand son amie l'interroge. Utilisez un pronom objet et l'expression de temps entre parenthèses dans chaque réponse.

MODÈLES: Est-ce que ton frère a pris des billets pour le théâtre? (bientôt) →
Pas encore. Il en prendra bientôt.

Avez-vous fait le ménage? (la semaine prochaine) →
Pas encore. Nous le ferons la semaine prochaine.

1. As-tu acheté des piles (*batteries*) pour ton appareil photo numérique? (demain matin) _____

_____

2. Est-ce qu'Évelyne fait un gâteau? (dimanche prochain) _____

_____

3. Est-ce que ton père lui a envoyé un billet de train? (demain) _____

_____

4. Ton frère et toi, vous avez vu votre Tante Louise? (quand grand-mère sera chez nous) _____

_____

5. Est-ce que tes parents ont acheté les provisions? (ce week-end) _____

_____

6. As-tu dit aux amis de ta grand-mère qu'elle arrivera bientôt? (ce soir) _____

_____

C. **Bavardages.** Charles et Louis parlent au téléphone. Complétez leur conversation en utilisant le futur ou le présent. *Rappel:* On utilise le présent dans une proposition subordonnée avec **si.**

CHARLES: Tu ne _____[1] jamais ce que j'ai trouvé au marché   croire

aux puces (*flea market*). C'est une petite merveille.   dire
                                                                                              être
LOUIS: Écoute, Georges est là. Si tu me le _____[2]   montrer
                                                                                              voir
maintenant, je _____[3] obligé de le lui expliquer.

Attendons.

CHARLES: Bon, je te le _____[4] quand je te

_____[5] dans deux jours.

LOUIS: D'accord, à vendredi. Dis, si tu me _____[6] de la   appeler
                                                                                              arriver
gare, je _____[7] te chercher.   téléphoner
                                                                                              venir
CHARLES: Je t'_____[8] dès que (*as soon as*) j'_____[9].

Votre vie à vous.

1. Où est le marché aux puces dans votre ville? _____

2. Irez-vous au marché aux puces ce week-end? Qu'espérez-vous trouver? _____

_____

D. **Votre vie à vous.** Complétez chaque phrase en vous basant sur votre expérience et sur vos opinons personnelles. Attention à l'usage des temps.

MODÈLES: Je travaillerai pendant les grandes vacances si *je peux trouver un emploi.*

Je continuerai mes études dès que *j'aurai mon diplôme.*

1. Je finirai mes études si _____

_____

2. Je passerai toute ma vie dans cette ville si _____

_____

3. Je trouverai un job aussitôt que _____

_____

4. Je commencerai à gagner un bon salaire lorsque _____

_____

5. Je serai heureux/heureuse quand _____

_____

E. **Projets d'été.** Écoutez les propos (*statements*) de certains étudiants au café, et indiquez le temps du verbe utilisé dans chaque phrase: passé (**PA**), présent (**PR**) ou futur (**F**).

1. PA PR F   5. PA PR F

2. PA PR F   6. PA PR F

3. PA PR F   7. PA PR F

4. PA PR F

F. **Rêves d'avenir.** Annie rêve souvent à son avenir. Regardez un moment les dessins suivants. Ensuite, écoutez les questions et répondez-y en vous basant sur les dessins.

Vous entendez: Annie va bientôt commencer ses études universitaires.
                      Quelles sortes d'études est-ce qu'elle fera?
Vous dites: Elle fera des études de médecine.

1. ...   2. ...   3. ...   4. ...

Et vous? Voici quelques questions sur vos projets immédiats et vos projets d'avenir. Écoutez chaque question et la réponse d'un camarade. Ensuite, donnez une réponse personnelle. Vous n'entendrez pas de réponses suggérées.

> Vous entendez: Quand finiras-tu tes études? —Moi, je les finirai dans deux ans. —Et toi?
> Vous dites: Moi, je les finirai dans trois ans et demi.

1. … 2. … 3. … 4. …

Le blog d'Hector

Pas facile, la vie d'artiste!

A. Hector, une star de la danse? Hector sera-t-il un jour célèbre? Faites-le (*Make him*) rêver au futur simple. Écrivez la forme correcte des verbes entre parenthèses.

1. Un jour, je (être) _____ le meilleur danseur du monde.

2. Je (danser) _____ sur la scène (*stage*) de l'Opéra de Paris.

3. Les gens (parler) _____ de moi avec respect.

4. Je (gagner) _____ beaucoup d'argent.

5. Mes amis et ma famille (pouvoir) _____ être fiers de moi.

B. Les finances d'Hector. Complétez ces phrases en utilisant le vocabulaire suivant: **budget, carte de crédit, compte d'épargne, faire des économies, frais.**

1. Hector adore dépenser son argent. Il refuse d'avoir un _____.

2. Hector sort beaucoup. Il a des _____ très importants (*large*).

3. Quand Hector a dépensé tout son argent, il utilise sa _____.

4. Son avenir professionnel n'est pas garanti. Alors, il doit _____.

5. Son directeur de banque lui a proposé d'ouvrir un _____.

C. La profession des blogueurs. Mettez les verbes entre parenthèses au futur simple.

1. En étant (*By being*) journaliste, Mamadou (pratiquer) _____ ses deux passions: le sport et l'écriture.

2. Charlotte (occuper) _____ un poste de fonctionnaire internationale.

3. Poema (faire) _____ un métier lié (*linked*) à la protection de la nature.

4. Alexis (pouvoir) _____ être chef d'entreprise, sociologue ou explorateur!

5. Mamadou (travailler) _____ peut-être un jour pour la télévision.

D. Quels sont leurs métiers? Complétez les phrases suivantes à l'aide des noms de métiers appropriés.

1. Le frère de Mamadou vend des télévisions. Il est _____.

2. La mère d'Alexis travaille dans un salon de coiffure (*hairdressing*). Elle est _____.

3. La sœur de Poema travaille dans une usine (*factory*). Elle est _____.

4. Le grand-père d'Alexis travaille dans les champs (*fields*). Il est _____.

5. Le mari de Charlotte dessine (*designs*) des maisons et d'autres bâtiments. Il est

   _____.

E. Vous répondez à Hector. Choisissez les expressions qui expriment le mieux votre situation personnelle. N'oubliez pas d'indiquer votre adresse électronique.

DE: _____
A: Hector@wanadoo.fr

Salut, Hector,

Dans ma famille, ma mère est _____. La profession de mon père est **différente** /

similaire: il est _____.

Mais personnellement, quand mes études seront finies, je veux être _____,

ou bien _____ ou pourquoi pas _____.

Depuis plusieurs années, en été, pour gagner de l'argent, je suis _____. Est-ce que

je **fais des économies** / **dépense** mon salaire? **Oui / Non!**

À la banque, **j'ai un compte d'épargne** / **une carte de crédit** / **une carte bancaire.** Je suis un(e)

bon(ne) client(e)!

Quand je serai marié(e), je veux acheter une maison. Je ferai **des économies** / **des emprunts** pour

réaliser ce rêve.

Une chose est sûre: je choisirai une profession où on trouve facilement du travail! Comme toi, j'ai

très peur du chômage.

Courage, Hector!

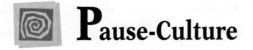 **P**ause-Culture

A. Les Français et le travail. Complétez ces phrases avec les termes appropriés: **chômeurs, CV, demande d'emploi, fonctionnaires, instituteurs.**

1. En France, beaucoup de gens n'ont pas de travail. Ils sont _____.

2. Les Français aiment travailler pour l'État. Ils veulent tous être _____!

3. Ces professionnels de l'éducation s'appellent maintenant «Professeurs des écoles». Avant, on les appelait «_____».

4. En France, on met toujours sa photo sur son _____.

5. La _____ doit être manuscrite (*handwritten*).

B. Stages et petits boulots. Relisez le **Reportage** dans votre manuel, puis indiquez si les phrases suivantes sont vraies (**V**) ou fausses (**F**).

1. V   F   En France, l'accès à l'université est gratuit (*free*).

2. V   F   Pour trouver un petit boulot d'été, il faut commencer à chercher en mars.

3. V   F   Un petit boulot et un stage en entreprise, c'est la même chose.

4. V   F   Pour un étudiant, le stage en entreprise est souvent obligatoire.

5. V   F   Quand un stage dure plus de trois mois, l'étudiant reçoit une indemnité (*compensation*).

Leçon 3: Structures

 Les pronoms relatifs

Linking Ideas

A. Un nouvel appartement. Joëlle et Nathan pensent déménager (changer de résidence). Reliez (*Connect*) les deux phrases avec le pronom relatif **qui.**

MODÈLE: NATHAN: J'ai envie d'aller voir l'appartement. Il est près de chez nous. →
J'ai envie d'aller voir l'appartement qui est près de chez nous.

JOËLLE: D'accord. J'en ai noté l'adresse. Elle était dans le journal ce matin.

_____
1

NATHAN: L'immeuble a une piscine. Elle est ouverte toute l'année.

_____
2

JOËLLE: J'aime ce quartier. Il me rappelle l'Espagne.

_____
3

Reliez les phrases suivantes avec le pronom relatif **que**.

> MODÈLE: JOËLLE: C'est ce quartier. Je l'aime le plus (*the most*). →
> C'est ce quartier que j'aime le plus.

NATHAN: Eh! Nos voisins sont des Allemands. Je les ai rencontrés à la plage.

_____4

JOËLLE: Habitent-ils dans un des studios? Ton amie Christine les a admirés.

_____5

NATHAN: Non, je crois qu'ils ont un trois-pièces. Je ne l'ai jamais vu.

_____6

B. **Votre vie à vous.** Avez-vous besoin des choses indiquées? Faites des phrases en utilisant le pronom **dont**.

> MODÈLES: un nouveau livre de français? → Voilà quelque chose dont j'ai besoin.
>
> un ami méchant? → Voilà quelque chose dont je n'ai pas besoin.

1. un ballon de football? _____

2. un(e) fiancé(e)? _____

3. une femme ou un homme de ménage? _____

4. trois millions de dollars? _____

C. **Promenade dans le Val de Loire.** Utilisez le pronom **que, qu', qui** ou **dont**.

JULIE: Le voyage _____1 nous faisons est vraiment formidable. On peut voir, sans sortir

de l'autobus, tous les châteaux _____2 sont décrits dans le guide.

RAOUL: Mais il faut marcher pendant les vacances. C'est le genre d'exercice _____3 on a

besoin si l'on ne veut pas grossir (*to gain weight*).

JULIE: Je ne peux pas refuser toutes ces pâtisseries _____4 l'on me propose, surtout les

éclairs, _____5 sont si bons.

RAOUL: Tu vois ce monsieur devant nous _____6 prend des photos?

JULIE: Lequel? (*Which one?*)

RAOUL: Ce monsieur-là _____7 le manteau est tombé par terre. Je pense que c'est un espion

(*spy*). Tu vois l'immeuble _____8 il a pris une photo? Ce n'est pas un château. Et

les choses _____9 il parle sont un peu bizarres.

JULIE: D'accord, mais je te trouve aussi un peu bizarre quelquefois et je sais que tu n'es pas

un espion.

Pourquoi Raoul est-il soupçonneux (*suspicious*)? _____

_____

D. Votre vie à vous. Finissez les phrases suivantes en vous basant sur votre expérience personnelle.

MODÈLES: Le samedi soir est un soir où ___*je travaille très peu.*___

Le samedi soir est un soir qui ___*n'est pas assez long.*___

Le samedi soir est un soir que ___*j'aime beaucoup.*___

1. J'achète souvent des livres dont _____

2. Midi est le moment où _____

3. J'habite une résidence (une maison, un appartement) qui _____

4. L'argent est une chose que (qu') _____

5. Le printemps est une saison où _____

6. Mes professeurs sont en général des gens que (qu') _____

7. J'ai un ami (une amie) dont _____

8. Je suis une personne qui _____

E. Interview d'un chef d'entreprise. Écoutons une interview de la bijoutière (*jewelry designer*) Geneviève Blanchard. Les bijoux qu'elle crée se vendent partout dans le monde, et surtout au Japon.

À comprendre: des tas (*lots*), inutiles (*useless*), je dessine (*I design*), les trois quarts (*three quarters*), on peut réaliser (*one can make*)

Indiquez si les déclarations sont vraies (**V**) ou fausses (**F**) en vous basant sur la conversation.

1. V F Geneviève est une personne qui a beaucoup aimé ses études.

2. V F Pendant sa jeunesse, c'était surtout la création de bijoux qui intéressait Geneviève.

3. V F Les bijoux que Geneviève fabrique sont en pierres (*stones*) précieuses.

4. V F Cette entreprise fait des milliers de bijoux dont les trois-quarts partent en Amérique du Nord.

5. V F Les bijoux que Geneviève dessine pour les magazines sont trop difficiles à faire soi-même (*oneself*).

6. V F Geneviève est très fière de son entreprise.

F. **Au poste de police.** Des gens arrivent pour retrouver leurs affaires (*belongings*) ou pour poser des questions. Écoutez les conversations suivantes en regardant les dessins. Répondez en suivant le modèle.

À comprendre: le portefeuille (*wallet*), une contravention (*ticket*)

Vous entendez:	—Je cherche mon carnet de chèques. Il est de la Banque nationale de Paris.
	—Est-ce que c'est le carnet que vous cherchez?
Vous dites:	Non, ce n'est pas le carnet que je cherche.

1.

2.

3.

4.

G. **Personnes et choses importantes.** Écoutez les propos de Daniel. Ensuite, complétez chaque phrase par écrit avec un détail qu'il vous a raconté.

1. Arthur, c'est une personne que _____

   _____

2. Caroline, c'est une amie qui _____

   _____

3. «Les Temps modernes», c'est un film dont _____

   _____

4. La Lune bleue, c'est un café où _____

   _____

Des réponses possibles se trouvent dans l'appendice.

La comparaison de l'adjectif qualificatif

Making Comparisons

A. Les gens que vous connaissez. Faites des comparaisons en choisissant un adjectif de la liste.

MODÈLE: Mes grands-parents sont *aussi conservateurs que mes parents.*

+ bavard	+ intelligent
= conservateur	− occupé (*busy*)
− ennuyeux	− riche
+ heureux	= vieux

1. Mon professeur de français est _____

2. Mes grands-parents sont _____

3. Les étudiants dans ce cours sont _____

4. Les femmes sont _____

5. Les politiciens sont _____

6. Les enfants sont _____

7. Je suis _____

B. Le bon vieux temps. M. Martin est très négatif; il critique tout ce qui est moderne. Donnez son opinion sur les sujets suivants en complétant les phrases, selon le modèle.

MODÈLE: les jeunes d'aujourd'hui / travailleur / en 1955 →
Les jeunes d'aujourd'hui sont moins travailleurs qu'en 1955.

1. les jeunes d'aujourd'hui / paresseux / pendant ma jeunesse

_____

2. les gens maintenant / égoïste / autrefois

_____

3. les écoles modernes / bon / autrefois

_____

4. les gens d'aujourd'hui / malheureux / autrefois

_____

5. le gouvernement actuel / mauvais / pendant les années cinquante

_____

6. en général, la vie moderne / ne... pas / bon / autrefois

_____

C. Votre vie à vous. Faites des comparaisons en vous basant sur vos opinions personnelles.

    MODÈLE: mes parents / mes grands-parents / conservateur →
               Mes parents sont aussi conservateurs que mes grands-parents. (Mes parents sont plus
               conservateurs… , Mes parents sont moins conservateurs…)

1. les films de Steven Spielberg / les films de Woody Allen / amusant

    _____

2. le Whopper / le Big Mac / délicieux

    _____

3. l'eau minérale / le coca-cola / bon

    _____

4. les émissions de télé-réalité / les documentaires / intéressant

    _____

5. une formation (*education*) à Princeton / une formation à Stanford / prestigieux

    _____

6. les femmes / les hommes / intelligent

    _____

D. Votre vie à vous. Faites des phrases complètes en vous basant sur vos opinions personnelles. Mentionnez des personnes réelles ou imaginaires. Attention à la forme de l'adjectif.

    MODÈLE: personne / important / université →
               Le professeur de français est la personne la plus importante de l'université.
               (Je suis la personne la moins importante de l'université.)

1. femme / talentueux / cinéma américain _____

    _____

2. politicien / honnête / gouvernement actuel _____

    _____

3. chanteuse / bon / États-Unis _____

    _____

4. professeur / bon / faculté des lettres _____

    _____

5. personnes / respecté / États-Unis _____

    _____

6. femme / dynamique / ma famille _____

    _____

7. acteur / mauvais / cinéma américain _____

    _____

E. François fait toujours des comparaisons. Écoutez ses propos et donnez la conclusion logique, selon le modèle.

Vous entendez: Hélène est plus sportive que moi.
Vous dites: C'est vrai, tu es moins sportif qu'elle.

1. … 2. … 3. … 4. … 5. …

F. Personnages extraordinaires. Écoutez les descriptions et dites si vous êtes d'accord. Utilisez un superlatif en suivant le modèle.

Vous entendez: Cyrano a un grand nez.
Vous voyez: littérature
Vous dites: C'est vrai, il a le plus grand nez de la littérature.

1. famille royale brittanique

2. cinéma

3. Hollywood

4. univers

5. France

Leçon 4: Perspectives

Faire le bilan

A. À la banque. Complétez les phrases suivantes en mettant les verbes au futur.

MODÈLE: Moi, j'ouvrirai un compte d'épargne le treize septembre. →
Marie, elle, en ouvrira un le quatorze.
Les Martin, eux, en ouvriront un le quinze.

L	M	M	J	V	S	D
					1	2
3	4	5	6	7	8	9
10	11	12	13	14	15	16
17	18	19	20	21	22	23
24	25	26	27	28	29	30

1. Nous, nous recevrons notre carte bancaire le dix-huit.

   Vous, vous _____ votre carte le vingt-deux.

   Toi, tu _____ ta carte demain.

2. M. Heinz, viendra toucher son chèque le dix-huit.

   Les Feydeau, _____ toucher leur chèque vendredi.

   Tu _____ toucher ton chèque le vingt.

3. Je me présenterai au bureau de change la semaine prochaine.

   Georges _____ là-bas le dix-neuf.

   Nous _____ au bureau de change le vingt-neuf.

4. Vous aurez bientôt une interview pour demander un prêt (*loan*).

   Nous _____ notre interview le vingt et un.

   Mlle Pruneau _____ son interview le vingt-deux.

5. Nous déposerons notre chèque le dix-neuf.

   Je _____ mon chèque le quatorze.

   Mon ami _____ son chèque le dix-huit.

B. Votre vie à vous. Que ferez-vous dans les situations suivantes? (Utilisez des pronoms si possible dans vos réponses.)

MODÈLE: Un ami (Une amie) vous invite à voyager en Europe. →
Je n'irai pas avec lui (elle) parce que je n'ai pas assez d'argent.

1. Demain, c'est samedi. Vous avez des projets, mais la météo dit qu'il pleuvra.

   _____

2. Vous savez que vous aurez besoin dans un mois de 500 dollars pour réparer votre voiture.

   _____

3. Un collègue au travail est assez paresseux. Le résultat? C'est vous qui devez travailler plus dur.

   _____

4. Vous n'arriverez pas à joindre les deux bouts (*make ends meet*) à la fin du mois. Considérez vos dépenses et vos revenues (*income*), et dites comment vous pourrez économiser 10 % de vos revenus le mois prochain.

   _____

5. Un ami vous invite à une réunion (*meeting*) à laquelle vous avez très envie d'aller, mais vous avez déjà accepté une autre invitation.

   _____

C. Annonces. Regardez bien les annonces publicitaires suivantes, puis choisissez trois objets que vous voulez acheter. Expliquez vos choix en employant les pronoms relatifs **qui, que** et **dont.**

à vendre

Appareil photo Canon EF avec objectif 35-70/1: 2,8. 3,5 zoom 20 mm 1.. 2,8. Fisch Eye 7,5 mm 1.. 5,6 SSC. le tout en parfait état pour 350€. Tél. 04 24 20 21 22.

Appareil de musculation avec disques 85€. Tél. 04 18 47 16 33, int. 257, prof/51 11 94, privé.

Aquarium avec meuble et poissons. 150 litres, 125 cm long, 45 large, 108 hauteur. Tél. 04 80 82 45 20 heures repas.

Avion radioguidé prêt à voler avec télécommande, très peu utilisé, 130€. Tél. 04 75 57 31 78, soir.

Bicyclette pliable bleue «Everton» 25€. **Lit** 1 personne d'appoint pliant, 15€. Tél. 04 02 43 91 20, bureau.

Blouson cuir noir + **jupe noire et violette cuir,** taille 38 + **anorak ski.** Tél. 04 61 33 87 93.

Canapé 3 places et 2 **fauteuils** en velours rouge, état de neuf; 65€. Tél. 04 52 94 55 97.

CB très bonne + ant. trans., match, coax, 50€. Tél. 04 22 89 04 00, soir.

Chaîne stéréo Kenwood, 1 ampli KA-900 High-Speed, 1 tuner KT 1000, 1 deck KX 1000 D, 3 têtes. 1 CD Funaï CD 5503, 2 H.-P. Marantz HD 500. Tout en très bon état pour 230€. Tél. 04 18 29 24 72, soir après 20 h.

Encyclopédie Britannica, magnifiques volumes, méthode avec microphone et lexicart sept. 88, jamais utilisée, prix à discuter. Tél. 04 01 83 09 34, dès 19 h.

Vends **montre chrono Aerowatch,** mouvement mécanique, automatique, date, lune, 3 mini cadrans. Tél. 04 45 27 92 97, bureau. Vends aussi **sac de couchage** Richner Nordic. État neuf.

Orgue Hammond, modèle L 222, avec Leslie. 300€. Tél. 04 15 57 18 70.

Photocopieuse bon état Ubix 200 R (Graphax) très performante avec trieuse (15 cases). Contrat d'entretien encore valable. prix 475€. Tél. 04 33 21 45 28.

MODÈLE: L'avion radioguidé est le cadeau d'anniversaire dont mon frère aura envie. Il adore les jouets électroniques.

1. _____

_____

2. _____

_____

3. _____

_____

Prononciation

Les semi-voyelles. Répétez les exemples suivants.

1. huit / fruit / duel / tuer / nuage / cuisine
2. moi / moins / oui / quoi / revoir / Louis
3. bien / Marseille / science / voyage / famille

Écoutez et répétez les phrases suivantes. Faites attention aux syllabes soulignées.

1. Il découvre les r<u>ui</u>nes à min<u>ui</u>t le h<u>ui</u>t j<u>ui</u>ll<u>et</u>.
2. Qu<u>oi</u>? M<u>oi</u>, je leur dis au rev<u>oi</u>r au m<u>oi</u>ns tr<u>oi</u>s f<u>oi</u>s.
3. <u>Ou</u>i, tr<u>oi</u>s c<u>ui</u>llerées (*spoonfuls*) d'h<u>ui</u>le et un n<u>u</u>age de lait.
4. L'or<u>ei</u>ller (*The pillow*), c'est un appar<u>ei</u>l-somm<u>ei</u>l.

Les consonnes [p], [t] et [k]. Note that the consonant sounds [p], [t], and [k] are not plosives in French: That is, there should be no puff of air when these sounds are pronounced. Listen carefully for the difference between French and English pronunciation: **thé** versus *tea*; **parents** versus *parents*; **canadien** versus *Canadian*.

Écoutez et répétez les phrases suivantes.

1. Les parents de Catherine préparent une surprise-partie.
2. Le touriste italien préfère écouter le concert.
3. Une personne polie ne téléphone pas trop tard.

À l'écoute!

Quels sont les éléments motivants (*motivating*) dans le travail? Le magazine hebdomadaire (*weekly*) français *Le Point* a effectué une enquête auprès d'environ (*conducted a survey of about*) 500 cadres français. Regardez un moment la liste des avantages professionnels relevés (*raised*) par cette enquête, classés par ordre d'importance.

	ÉVELYNE	CHRISTINE	BENOÎT
1. autonomie, indépendance	É	C	B
2. utilisation des capacités personnelles	É	C	B
3. intérêt pour le travail	É	C	B
4. bonnes relations interpersonnelles	É	C	B
5. possibilité de s'affirmer	É	C	B
6. sécurité de l'emploi	É	C	B
7. contacts avec l'extérieur	É	C	B
8. salaire	É	C	B
9. bénéfices et avantages sociaux	É	C	B

Maintenant, écoutez l'interview de trois étudiants à l'École des Hautes Études Commerciales. Indiquez qui mentionne chacun de ces éléments.

À comprendre: caprices du patron (*whims of my boss*), compte (*counts*), connaissances (*knowledge*), de façon autonome (*with autonomy*)

> Certain items may be mentioned by more than one person.

 # Par écrit

Function: Narrating (a personal experience) in the past

Audience: Classmates and professors

Goal: Answering the question **Quel genre d'enfance avez-vous eu?** Use as your model the following brief passage from the autobiography of Françoise Giroud, *Si je mens.*[1]

—*Quel genre d'enfance avez-vous eu?*

—*Le genre bizarre.*

—*Bizarre? Pourquoi?*

—*Ce n'est pas facile à expliquer... Mon père a été essentiellement une absence, une légende. Une absence d'abord à cause de la guerre, puis d'une mission aux États-Unis dont il a été chargé pour le gouvernement français, ensuite d'une maladie que l'on ne savait pas soigner à l'époque et dont il est mort. Cette maladie a duré des années pendant lesquelles je ne l'ai jamais vu. J'ai eu pour lui un amour fou. On parlait de lui, à la maison, comme d'un héros qui avait tout sacrifié à la France...*

---

[1] Françoise Giroud (1916–2003) was the editor of the magazine *Elle* (1945–1953), then helped to found the prestigious weekly *L'Express*, where she became editor and then publisher. From 1974 to 1976, she served as French Secretary of State for the Status of Women and was later Secretary of State for Culture.

Steps

1. Read the preceding passage, paying careful attention to the joining of clauses within sentences. Note the following techniques:

   - The use of adverbs (**d'abord, puis, ensuite**) to connect clauses and provide a sense of chronological progression.
   - The use of relative pronouns (**que, dont**) to make the style more varied and sophisticated by connecting simple clauses into a more complex whole.

2. Jot down a brief list of memories or feelings that characterize your childhood. Add a few details to each item on the list. Choose a short phrase that vividly describes the whole.
3. Write a rough draft, making use of the techniques in item 1.
4. Have a classmate critique your work. Make any necessary changes. Finally, read the composition again and carefully check your spelling, grammar, and punctuation. Focus especially on your use of relative pronouns.

Journal intime

Racontez en détail votre vie dans cinq ans.

- Où serez-vous?
- Quelle sera votre profession?
- Avec qui habiterez-vous?
- Comment passerez-vous vos journées?
- Quels seront vos loisirs (*leisure activities*)?
- Serez-vous plus heureux/heureuse qu'aujourd'hui? Pourquoi (pas)?

   MODÈLE: Dans cinq ans, je serai en Europe: en France ou en Italie. Je serai spécialiste de droit international, et j'habiterai seul(e) à Paris ou à Milan, dans un quartier très tranquille et élégant…

CHAPITRE

15

Les loisirs

Leçon 1: Paroles

 ## Quelques loisirs

A. Loisirs. Complétez chaque phrase en utilisant le vocabulaire du chapitre.

MODÈLE: Le dimanche soir, en hiver, il n'y a pas beaucoup de distractions,

on va donc souvent au _____*cinéma*_____.

1. Si on est obligé de passer l'après-midi à la maison avec trois enfants de dix ans, un

_____ peut les amuser.

2. Lorsque le printemps arrive, il est agréable de faire du _____ pour avoir des

légumes et des fleurs pendant tout l'été.

3. On va au bord d'un fleuve ou d'un lac quand on va à la _____. Si on attrape

quelques poissons, on les prépare pour le dîner.

4. Le sport où on ne touche pas le ballon avec les mains s'appelle le _____.

5. Lorsqu'on s'ennuie, la _____ est un passe-temps idéal, surtout si on habite

près d'une bibliothèque.

6. Les gens qui aiment le _____ construisent des meubles ou font des

réparations. Leur travail est très utile quand ils sont propriétaires (*owners*) d'une maison.

B. Les loisirs. Créez une carte sémantique pour les catégories d'activités sur la liste ci-dessous. Sur une autre feuille de papier, écrivez une expression de la liste au centre et les trois catégories (actions, activités et lieux) autour du centre. Puis ajoutez toutes les idées que vous associez avec les trois catégories. (Il n'est pas nécessaire de vous limiter au vocabulaire de ce chapitre.)

MODÈLE: activités de plein air →

actions

marcher
faire un pique-nique
skier
aller à la pêche

activités de plein air

activités

la marche
le pique-nique
le ski
une promenade
la pêche

lieux

le parc
la mer
la montagne
le lac

La liste

- spectacles
- passe-temps
- manifestations sportives

C. La vie sportive. Que font ces personnes? Écoutez chaque échange, et écrivez le nom du sport qu'on pratique.

À comprendre: aucune (*no*), boules (*balls*), canne (*fishing pole*), Tu cours (*Are you running*), mètre (*measuring tape*), plates (*flat*)

Sports possibles: de l'alpinisme, du cyclisme, du jogging, à la pêche, à la pétanque

1. Elle va faire _____

2. Il fait _____

3. Ils joueront _____

4. Ils ont fait _____

5. Ils vont _____

D. Le week-end d'Albert. Écoutez les descriptions suivantes, et identifiez les activités en choisissant **a** ou **b.**

Vous entendez: Albert achète un billet qui porte un numéro très long.

Vous choisissez: a. C'est une collection de timbres.

(b.) C'est un billet de la loterie.

1. a. Il fait du cyclisme. 4. a. Il veut voir un film.
   b. Il fait de la marche à pied. b. Il veut faire de la peinture.

2. a. Il fait du jardinage. 5. a. C'est un jeu de société.
   b. Il fait du bricolage. b. C'est un jeu de hasard.

3. a. C'est un jeu de hasard. 6. a. Il aime la lecture.
   b. C'est une activité de plein air. b. Il va au spectacle.

E. Votre vie à vous. Quels loisirs aimez-vous? Répondez aux questions en phrases complètes.

1. Quel loisir aimez-vous le mieux?

_____

2. Quel loisir n'aimez-vous pas du tout?

_____

3. Aimez-vous bricoler? Pourquoi (pas)?

_____

4. Assistez-vous plus souvent à des concerts de musique classique ou à des concerts de rock?

_____

5. Quand faites-vous du ski (nautique, de fond, alpin)?

_____

Les verbes *courir* et *rire*

A. Ah! Les verbes! Complétez le tableau avec les formes correctes.

	COURIR	RIRE
nous		
les athlètes		
tu		
mon amie		

B. **Le matin, le cinéma.** Utilisez les verbes **courir** et **rire**. Attention au temps du verbe.

En retard. Nous avons été obligés de _____¹ ce matin parce que le réveil n'a pas sonné. Nous n'avons jamais _____² si vite pour aller en cours. Quand nous sommes arrivés en cours avec dix minutes de retard, nous étions crevés (*exhausted*) et tout le monde _____.³ Demain nous ne _____⁴ pas, même si nous sommes en retard.

Votre vie à vous. Quelle est votre réaction si vous savez que vous allez être en retard? _____

_____

Un film amusant. J'_____⁵ pendant tout le dernier film de Jackie Chan et Chris Tucker. J'en ai parlé à tous mes amis, et maintenant ils vont aussi aller le voir. J'espère qu'ils _____⁶ aussi.

Votre vie à vous. Que pensez-vous de Jackie Chan? _____

_____

C. **Loisirs du dimanche.** Qu'est-ce que Léa a vu dimanche passé? Écoutez l'histoire et complétez les phrases par écrit.

Dimanche matin, vers huit heures, Léa _____¹ sa porte. Dans la rue, elle _____² quelque chose de surprenant (*surprising*): il y avait une vingtaine de personnes qui _____.³ C'était un marathon. Comme il _____⁴ assez chaud, ces gens _____⁵ très soif. En fait, certains d'entre eux _____⁶ vraiment l'air de souffrir. Léa leur _____⁷ à boire; trois ou quatre personnes _____⁸ un verre d'eau; elles lui _____⁹ rapidement avant de reprendre la course. Léa _____¹⁰ ces gens sérieux et enthousiastes; puis elle _____¹¹ calmement son journal.

Les réponses se trouvent dans l'appendice.

Leçon 2: Structures

Les pronoms interrogatifs

Getting Information

A. Une personne curieuse. Le père de Loïc veut toujours tout savoir. Complétez les questions suivantes avec **qui, qu'est-ce qui** ou **quoi.**

MODÈLE: ___*Qui*___ est-ce qu'on a embauché (*hired*) dans la faculté des sciences cette année?

1. _____ enseigne le nouveau cours de biologie?

2. _____ t'intéresse le plus, la biologie ou la chimie?

3. De _____ as-tu besoin pour faire des progrès?

4. À _____ as-tu prêté ton livre de biologie?

5. _____ t'a aidé à préparer ton dernier examen?

6. _____ va se passer si les professeurs font grève (*go on strike*)?

B. Cadeaux d'anniversaire. Annick et Jean-Pierre parlent de l'anniversaire de leur amie Anne. Complétez les questions avec **À qui, De quoi, Qu'est-ce que, Qu'est-ce qui, Qui est-ce que, Qui est-ce qui.** Suivez le modèle.

MODÈLE: ___*De quoi*___ a-t-elle envie?

Je crois qu'elle a envie *d'un CD de Norah Jones.*

1. _____ est-ce qu'elle a besoin?

Elle a besoin *d'un pull chaud et d'un manuel sur le HTML.*

2. _____ tu me conseilles de lui offrir?

Je te conseille de lui offrir *un CD ou un livre.*

3. _____ elle aime faire le jour de son anniversaire?

Elle aime beaucoup *dîner au restaurant.*

4. _____ va lui plaire (*please her*) le plus?

Un dîner vietnamien, je crois.

5. _____ va l'inviter à dîner?

C'est toi qui vas l'inviter, d'accord?

(*continued*)

6. _____ elle veut inviter aussi?

Elle veut probablement inviter *Luc et Marie-Claire*.

7. _____ téléphones-tu maintenant?

Je téléphone *au maître d'hôtel du restaurant* pour réserver une table et pour commander en avance un dessert d'anniversaire.

C. **Lequel?** Utilisez la forme correcte de **lequel** pour compléter la conversation suivante.

HABIB: J'ai vu un film formidable hier soir.

DANIELA: _____?[1]

HABIB: *Diabolique*.

DANIELA: Justement. Certains de mes amis l'ont aussi aimé.

HABIB: Ah, oui? _____?[2]

DANIELA: Les Péron et les Bazin. Qu'est-ce que tu en as pensé?

HABIB: Bon, d'abord il y avait ma vedette favorite.

DANIELA: _____?[3]

HABIB: Simone Signoret. Dans le film, elle veut commettre un crime.

DANIELA: _____?[4]

HABIB: L'assassinat. Et elle veut assassiner une personne surprenante.

DANIELA: _____?[5]

HABIB: Son mari, figure-toi.

D. **Interrogation.** Écoutez chaque question en regardant les réponses possibles. Choisissez la réponse logique.

À comprendre: amener (*to bring* [*a person*])

Vous entendez: Qu'est-ce qui est arrivé (*happened*)?
Vous choisissez: a. Mon oncle Gérard.

              (b.) Il y a eu une tempête de neige (*snowstorm*).

1. a. Des provisions.

   b. Mon mari.

2. a. Mon père.

   b. Mes devoirs.

3. a. Mon voisin.

   b. Ma bicyclette.

4. a. Du professeur.

   b. De la politique.

5. a. Ses meilleurs amis.

   b. Mes idées.

6. a. Mon cousin.

   b. Un taxi.

7. a. Avec des colis.

   b. Avec sa femme.

8. a. Nos camarades.

   b. Le début du film.

E. Et vous? Écoutez ces questions, et donnez votre réponse. Vous n'entendrez pas de réponses suggérées.

   Vous entendez: Qui avez-vous vu ce matin?
   Vous dites: J'ai vu mes copains et le chat.

   1. ...   2. ...   3. ...   4. ...

Le présent du conditionnel

Being Polite, Speculating

A. En vacances. Que ferait-on, si on était en vacances en ce moment?

   MODÈLE: Marc / partir / ... →
             Marc partirait chez sa petite amie.

1. nous / être / ...

   _____

2. les étudiants / ne pas rentrer / ...

   _____

3. mon copain (ma copine) / aller / ...

   _____

4. je / avoir le temps de / ...

   _____

5. tu / écrire / ...

   _____

6. mes amis aventuriers / faire / ...

   _____

B. Votre vie à vous. Avez-vous une imagination créative? Pour chaque cas, imaginez trois conséquences.

> MODÈLE: Si je ne faisais pas cet exercice en ce moment,... →
> a. le monde continuerait à tourner sur son axe.
> b. j'aurais le temps de téléphoner à mon ami.
> c. ma vie ne serait pas plus intéressante.

1. S'il n'y avait pas de papier...

   a. _____

   b. _____

   c. _____

2. Si tous les Américains parlaient français...

   a. _____

   b. _____

   c. _____

3. Si je voyais l'homme / la femme de mes rêves...

   a. _____

   b. _____

   c. _____

4. Si je n'étais pas en cours aujourd'hui...

   a. _____

   b. _____

   c. _____

5. Si j'habitais Paris...

   a. _____

   b. _____

   c. _____

C. Votre vie à vous. Avez-vous du caractère? Que feriez-vous...

1. si vous voyiez qu'un camarade de classe trichait (*was cheating*) à un examen?

   _____

   _____

2. si vous trouviez un portefeuille (*wallet*) avec $300 dans la rue?

   _____

   _____

3. si vous appreniez que les parents d'un bon ami allaient divorcer?

_____

_____

4. si on vous invitait et que vous n'aviez pas envie d'y aller?

_____

_____

5. si vous appreniez qu'un ami se droguait?

_____

_____

6. si votre meilleur ami tombait malade et devait quitter l'université?

_____

_____

D. Si j'avais le temps. Écoutez chaque question et répondez en suivant le modèle.

Vous entendez: Tu regardes la télé?
Vous dites: Eh bien… je regarderais la télé si j'avais le temps.

1. …   2. …   3. …   4. …   5. …

E. Fatima. Que ferait Fatima si elle était libre ce soir? Suivez le modèle.

Vous entendez: Est-ce qu'elle viendrait chez nous?
Vous dites: Oui, si elle était libre, elle viendrait chez nous.

1. …   2. …   3. …   4. …

Le blog d'Hector

Le temps de vivre

A. Les loisirs d'Hector. Posez des questions à Hector sur ses loisirs préférés. Utilisez les pronoms interrogatifs suivants (parfois deux solutions sont possibles): **à qui, à quoi, que, qu'est-ce que, qui, qui est-ce qui.**

1. _____ fais-tu quand tu as du temps libre? _____ t'intéresses-tu?

2. _____ tu apprécies: le cinéma ou le théâtre?

3. _____ téléphones-tu quand tu veux sortir en boîte?

4. _____ pourrait faire du commerce de diamants avec toi?

5. _____ fait du bricolage dans ton appartement?

B. Les préférences d'Hector. Trouvez les questions qu'on a posées à Hector pour obtenir les réponses suivantes. Employez le pronom **tu.**

1. —_____

   —Le cinéma et le théâtre m'intéressent particulièrement.

2. —_____

   —Je vais souvent à des concerts le samedi soir.

3. —_____

   —Mon chanteur préféré est Corneille.

4. —_____

   —Pour moi, la danse c'est un métier et un loisir.

5. —_____

   —Je pense à mes projets de voyage.

C. Les amis du blog s'amusent. Mettez les verbes au temps qui convient. Suivez le modèle.

MODÈLE: Si, ce soir, Poema va au cinéma, elle invitera Mamadou. → Si, ce soir, Poema allait au cinéma, elle inviterait Mamadou.

1. Si Mamadou fait la fête avec ses amis, il ne pourra pas écrire son article ce soir.

   _____

2. Si Alexis et Trésor ont le temps, ils partiront faire une promenade à vélo dans le parc de Versailles.

   _____

3. Si Trésor court derrière le vélo d'Alexis, il sera content.

   _____

4. Charlotte, si tu peux aller au concert ce soir, tu iras avec ton mari?

   _____

5. Si Poema et toi, vous avez des billets pour le théâtre, vous les donnerez à Muriel?

   _____

D. Lesquels? Complétez ces phrases par **lequel, laquelle, lesquels** ou **lesquelles.**

1. Poema, j'ai un billet pour le concert du 13 août et un billet pour le concert du 16 août.

   _____ veux-tu?

2. Charlotte, voici quelques écrivains français du XIXe siècle: Balzac, Hugo, Flaubert, Maupassant, Rimbaud. _____ connais-tu?

3. Mamadou, tu lis plusieurs magazines par semaine. _____ préfères-tu?

4. La télévision ou le Web? Alexis, _____ de ces deux activités aimes-tu?

5. Trésor, voici quelques loisirs: le pique-nique, le bricolage, le vélo. _____

   veux-tu pratiquer avec Alexis?

E. **Vous répondez à Hector.** Expliquez-lui quels sont vos loisirs en complétant les phrases de ce courriel. N'oubliez pas d'indiquer votre adresse électronique.

DE: _____

À: Hector@wanadoo.fr

C'est agréable de parler des loisirs, n'est-ce pas, Hector!

Moi, j'ai plusieurs types d'activités.

En sport, je pratique _____ et _____.

À la fac, j'ai des activités culturelles: par exemple, je/j' _____ très régulièrement.

Et chaque jour, je/j' _____.

Mais le week-end, j'ai d'autres activités. J'adore _____! Et le samedi soir, je/j'

_____.

Pendant les vacances, mon passe-temps favori, c'est _____. J'aime bien lire aussi,

en particulier des _____.

Mais je voudrais faire d'autres choses comme _____, _____ et

_____. Tu vois: j'ai un grand appétit pour les loisirs!

Salut!

Pause-Culture

A. **Les étudiants français et les loisirs.** Imaginez les loisirs des étudiants français. Complétez ces phrases.

1. Tous font du sport: ils _____

   _____

2. Quelques-uns pratiquent des activités de plein air comme _____

   _____

3. Certains ont des activités artistiques: ils _____

_____

4. D'autres ont des loisirs culturels comme _____

_____

5. Quelques-uns aiment les jeux comme _____

_____

B. Études et loisirs. Relisez le **Reportage** dans votre manuel, puis indiquez si les phrases suivantes sont vraies (**V**) ou fausses (**F**).

1. V F 52 % des jeunes passent leur temps libre avec leurs amis.

2. V F Les jeunes pratiquent très peu d'activités sportives.

3. V F Le BDE, c'est un comité de professeurs.

4. V F C'est le BDE qui organise les soirées fac.

5. V F Les soirées droit et médecine sont les meilleures.

Leçon 3: Structures

La comparaison de l'adverbe et du nom

Making Comparisons

A. Votre vie à vous. Faites des comparaisons entre votre vie et celle de vos parents.

MODÈLES: *J'ai plus* d'amis que mes parents.

J'ai moins d'argent que mes parents.

1. _____ de problèmes que mes parents.

2. _____ de responsabilités que mes parents.

3. _____ de loisirs que mes parents.

4. _____ d'idéalisme que mes parents.

5. _____ de besoins que mes parents.

B. Votre vie à vous. Dans la classe de français... ,

1. qui parle français plus souvent que vous?

_____

2. qui écrit le mieux au tableau?

_____

3. qui arrive plus en retard que vous?

   _____

4. qui essaie de répondre le plus souvent?

   _____

5. nommez deux personnes qui parlent français aussi couramment que vous.

   _____

6. qui fait le moins de devoirs?

   _____

C. **Une perfectionniste.** Zoé cherche la perfection. Donnez ses résolutions pour le Nouvel An.

   MODÈLES: Je bavarde (*talk*) trop. → Je bavarderai moins.

   Je chante assez bien. → Je chanterai mieux.

   1. J'étudie rarement. _____

   2. J'écris mal. _____

   3. Je finis beaucoup de choses. _____

   4. Je me trompe assez souvent. _____

   5. Je lis lentement. _____

   6. Je m'ennuie quelquefois. _____

   7. Je me lève tôt le matin. _____

   8. Je me prépare bien aux examens. _____

D. **Trois amis.** Voici trois personnages qui sont de caractère et de physique très différents. Regardez leurs portraits, écoutez les questions (à la page suivante) et répondez-y en choisissant le nom du personnage décrit.

M. Grand	**M. Merlino**	**M. Legros**

1. Grand   Merlino   Legros
2. Grand   Merlino   Legros
3. Grand   Merlino   Legros
4. Grand   Merlino   Legros
5. Grand   Merlino   Legros
6. Grand   Merlino   Legros
7. Grand   Merlino   Legros

Les adjectifs et les pronoms indéfinis

Talking About Quantity

A. Quand l'appétit va, tout va! Une nouvelle mariée, Suzie, se plaint (*is complaining*) à son mari de l'appétit de son oncle Jules, qui est en visite chez eux. Complétez ses propos avec les différentes formes du mot **tout**.

Chéri, c'est incroyable ce qu'Oncle Jules peut dévorer! Pendant que tu étais au bureau, il a mangé

_____[1] la pizza et _____[2] les raisins secs. Il y avait quatre bouteilles de soda, et il les a

_____[3] bues. Tu te rappelles qu'au dîner, il a fini _____[4] les légumes et _____[5] le

rôti. Il a mis _____[6] la crème au chocolat sur son dessert et puis il a bu _____[7] le café.

Penses-tu qu'il va absolument _____[8] manger dans la maison? C'est vraiment dégoûtant

(*disgusting*)!

Devinez comment la visite va se terminer: _____

_____

_____

B. Faites votre choix. Indiquez le pronom ou l'adjectif qui convient pour chaque phrase.

1. **Certains / Tous** étudiants préfèrent parler; **chacun / d'autres** préfèrent écrire.
2. J'ai lu **quelques-uns / plusieurs** romans cet été.
3. Nous avons visité **tous / quelques** les monuments de Paris.
4. Ils ont choisi **chacun / le même** restaurant que la semaine dernière.
5. Vous avez **quelques-uns / quelques** cousins à New York.
6. Les Leroux partent dans les Alpes **tous / chaque** hiver.
7. En cours de français, **chaque / chacun** doit participer.
8. **Tous / Plusieurs** nos amis sont fantastiques.
9. J'ai rencontré **le même / quelqu'un** d'intéressant hier.
10. Tu as beaucoup d'amis à l'université. **Quelques-uns / Les autres** sont français.

C. Tristes histoires universitaires. Complétez les phrases suivantes en utilisant des pronoms ou des adjectifs indéfinis.

1. Robert se demande pourquoi il est toujours le dernier à rendre ses examens. Utilisez **plusieurs, quelques, quelqu'un, chaque, autres, tout**.

Quand nous passons un examen, le professeur distribue une copie à _____[a]

étudiant de la classe. _____[b] le monde travaille bien, mais il y a toujours

_____^c étudiants, deux ou trois au maximum, qui finissent avant les

_____^d Il y en a _____,^e quinze ou seize, qui rendent leur

copie après quarante minutes. Peut-être qu'un jour _____^f s'endormira

pendant un examen. Ce jour-là, je ne serai pas le dernier à partir.

2. Une cuisine dangereuse? Utilisez **tout, mêmes, tous, quelques-uns, quelque chose, d'autres.**

   Hier soir au restaurant universitaire, _____^a les étudiants qui ont pris du

   gâteau comme dessert ont trouvé qu'il y avait _____^b de bizarre dedans

   (*in it*). _____,^c peut-être trois ou quatre, ont refusé d'en manger, mais

   _____^d avaient si faim qu'ils ont _____^e mangé. Ce sont les

   _____^f étudiants qui sont aujourd'hui à l'infirmerie.

3. Lucie a quelquefois des difficultés avec les livres de classe. Utilisez **même, d'autres, plusieurs** (2), **tous** (2).

   Les livres du cours d'économie sont _____^a mauvais. _____^b

   les étudiants et _____^c professeurs (une douzaine, peut-être) disent la

   _____^d chose. M. Morin m'a dit qu'il cherchait _____^e livres

   moins difficiles, et qu'heureusement, il en aurait _____^f le semestre prochain.

D. L'île de la Martinique. Estelle a passé de nombreuses années à la Martinique. Et elle y pense toujours avec nostalgie…

Écoutez une première fois les remarques d'Estelle en regardant la liste suivante. À la deuxième écoute, cochez (✓) les éléments de la liste qui figurent dans ses remarques.

À comprendre: barques (*fishing boats*), fameux (*notorious*), fer forgé (*wrought iron*)

✓ les résidences coloniales	_____ la découverte de l'île par Christophe Colomb
_____ les planteurs français	_____ le fer forgé qui rappelle La Nouvelle-Orléans
_____ le port de Fort-de-France	_____ les arbres du paysage martiniquais
_____ les marchés en plein air	_____ les petits bateaux des pêcheurs
_____ l'économie rurale de l'île	_____ le taux d'émigration vers la France
_____ les pirates légendaires	_____ le peintre Van Gogh
_____ la place de la Savane	

Les réponses se trouvent dans l'appendice.

E. Rénovations. Des étudiants passent l'été à refaire les bâtiments d'un village rural. Utilisez une forme de l'adjectif **tout,** selon le modèle

À comprendre: ferme (*f., farm*)

> N'oubliez pas l'accord du mot **refait.**

Vous entendez: Tous les villages vont être refaits. Et les maisons?
Vous dites: Oui, toutes les maisons vont être refaites.

1. … 2. … 3. … 4. … 5. …

F. Efforts progressistes. Un écologiste parle des ressources naturelles. Transformez les phrases en utilisant une forme de **chacun** ou **quelques-uns.**

Vous entendez: Ce patrimoine existe pour *chaque habitant* (*m.*).
Vous dites: Ce patrimoine existe pour chacun.

1. *Chaque citoyen* (*m.*) doit apprécier les ressources naturelles.
2. Malheureusement, seulement *quelques personnes* en profitent.
3. *Quelques personnalités* (*f.*) *politiques* comprennent nos efforts.
4. On s'adresse à *chaque fondation* (*f.*).
5. *Quelques organisations* (*f.*) *écologistes* font des progrès.

G. Un avenir meilleur? La conférencière (*lecturer*) décrit certains rêves pour l'avenir. Écoutez chaque phrase et transformez-la en utilisant le pronom **tout, tous** ou **toutes.**

Vous entendez: Tous les gens auront assez à manger.
Vous dites: C'est vrai. Tous auront assez à manger.

1. … 2. … 3. … 4. … 5. …

H. Des instants mémorables. Écoutez chaque question, et donnez une réponse personnelle. Suivez les modèles.

Vous entendez: Est-ce que vous avez vu quelque chose de drôle hier?
Vous dites: Oui. C'était le prof de français qui portait un chapeau bizarre.

Vous entendez: Avez-vous rencontré quelqu'un de célèbre récemment?
Vous dites: Non, je n'ai rencontré personne de célèbre.

Vous entendez: Avez-vous acheté quelque chose de cher récemment?
Vous dites: Non, je n'ai rien acheté de cher.

1. … 2. … 3. … 4. … 5. …

Leçon 4: Perspectives

Faire le bilan

A. Projets du soir. Complétez le dialogue suivant avec **qu'est-ce que** (2), **que, qui** ou un verbe au conditionnel.

DÉO: Marie, _____¹ nous faisons ce soir?

MARIE: Nous avons invité des amis.

DÉO: _____² est-ce que nous avons invité?

MARIE: Fatima et Jean-Luc.

DÉO: Ah oui! Maintenant, je m'en souviens! Tu sais, nous _____³ (pouvoir)

jouer aux cartes.

MARIE: Oui, oui. Bonne idée. Et _____⁴ tu _____⁵ (dire) si je

servais une bonne bouteille de vin?

DÉO: C'est une excellente idée!

MARIE: Et _____⁶ _____⁷-tu (penser) si j'achetais un beau gâteau?

DÉO: Je _____⁸ (être) très content.

MARIE: Tant mieux, parce que j'en ai déjà acheté un!

B. Votre vie à vous. Complétez chaque phrase en exprimant vos propres opinions.

MODÈLES: Si j'avais le temps, *je lirais tous les romans de Jane Austen.*

J'irais en France si *on me donnait un billet d'avion.*

1. S'il n'y avait pas cours aujourd'hui, _____

_____

2. Mon prof serait heureux si _____

_____

3. Si j'étais le prof de ce cours, _____

_____

4. J'inviterais le professeur au cinéma si _____

_____

5. Je verrais un film ce week-end si _____

_____

6. Si je ne pouvais pas venir en classe demain, _____

_____

7. Je parlerais à mon professeur si _____

_____

8. Si je ne comprenais pas la leçon, _____

_____

9. Si c'était samedi soir, _____

_____

10. J'enverrais une carte à mon ami(e) si _____

_____

 # Prononciation

Les sons de la lettre *e*. The letter **e** has several sounds in French. First, listen carefully to how the sound of **e** changes with different accents.

Écoutez et répétez les phrases suivantes:

1. un génie (*genius*) idéaliste
2. un numéro de téléphone
3. un père sincère
4. Je suis prêt à m'arrêter.
5. les vacances de Noël
6. un voyage en Israël

There is also a "mute" or silent **e** in French, called **e muet**.

- It is sometimes a very short sound, as in the one-syllable words **ce, de, le,** and **que**.
- It is sometimes silent, as in the final syllable of multisyllable words like **banane, exemple,** and **septembre**.
- It is often silent, as well, after a single consonant: **rapidement; je ne sais pas; chez le docteur.**
- However, it is usually pronounced after groups of two or more consonants: **mercredi, vendredi, simplement, pour le docteur.**

Rules concerning "mute" **e** are very complicated. It's best to pick them up by imitation.

Écoutez et répétez:

1. la séance de deux heures
2. Je cherche un peu de monnaie.
3. Il n'y a pas de queue.
4. J'aimerais bien grignoter (*nibble*) quelque chose.
5. avec cette drôle de voix

À l'écoute!

Au téléphone. Une jeune femme utilise son portable dans la rue pour parler à son mari. Écoutez ce qu'elle lui dit, puis indiquez si les phrases suivantes sont vraies (**V**) ou fausses (**F**).

À comprendre: inscrit (*enrolled, registered*)

1. V F La dame pense que le centre de loisirs est une bonne idée.

2. V F Au centre de loisirs, les enfants ne font aucune activité (*do no activities*) de plein air.

3. V F La dame aimerait avoir plus de temps pour ses loisirs.

4. V F Le mari de la dame aime le jardinage.

5. V F Plusieurs des enfants de leurs voisins vont au centre de loisirs.

Par écrit

Function: Writing a film review

Audience: Newspaper readers

Goal: To describe and evaluate a recent film so that readers will want to see (or skip) it.

Steps

1. Choose a film you have seen recently. Jot down the main points of the story, some important scenes you remember, and your overall reaction to the film.

2. Look over these terms, which may be useful to you:

le metteur en scène / le cinéaste	l'action se déroule (*the action takes place*)
tourner un film (*to make a film*)	l'intrigue (*f.*) (*plot*)
les personnages (*m.*)	vraisemblable (*believable, realistic*)
jouer le rôle principal	invraisemblable (*unbelievable, unrealistic*)
la séquence (*scene*)	

3. Write a brief summary of the story, without giving the ending away. Mention when and where the action takes place. Describe the main characters and the performances of the featured actors. End by persuading your readers to see (or not to see) the film.

4. Have a classmate evaluate the rough draft for clarity and interest.

5. Reread your rough draft, checking carefully the spelling, punctuation, and grammar. Focus especially on your use of comparisons and verbs and prepositions.

Journal intime

Décrivez vos loisirs. Commentez les questions suivantes:

- Qu'aimez-vous faire quand vous avez une ou deux heures de libre, quand vous avez plusieurs semaines de vacances?
- Si vous aviez davantage (*more*) de temps libre, que feriez-vous?
- Préféreriez-vous lire davantage ou regarder plus de films?
- Est-ce qu'il y a une nouvelle activité ou un nouveau sport que vous avez envie d'apprendre?

MODÈLE: Quand j'ai une ou deux heures de libre, j'aime écrire des lettres aux amis parce que je déteste les textos et le courrier électronique. Quand j'ai plusieurs semaines de vacances, j'aime surtout aller en Europe…

Qu'en pensez-vous?

Leçon 1: Paroles

Les problèmes de l'environnement
Les problèmes de la société moderne

A. Problèmes et solutions. Voici sept problèmes du monde contemporain. Lisez les solutions sur le dessin et choisissez celle qui vous paraît être la plus adaptée à chaque problème.

1. _____ les dangers de l'énergie nucléaire

2. _____ la pollution de l'environnement

3. _____ la destruction des espaces verts urbains

4. _____ le gaspillage des ressources naturelles

5. _____ l'augmentation de la violence

6. _____ le stress de la vie moderne

7. _____ les embouteillages (*traffic jams*) et la pollution liée à l'automobile

°L'aménagement… *Urban planning*

B. **Votre vie à vous.** Que pensez-vous des problèmes graves de l'environnement? Donnez votre avis en utilisant les listes de mots suivants. Utilisez une négation si c'est nécessaire.

MODÈLE: Il est indispensable *d'encourager le recyclage*.

arrêter	les animaux
conserver	le chômage
développer	l'engagement politique
empêcher	les forêts
encourager	le gaspillage des sources d'énergie
protéger	le plastique
recycler	le recyclage

1. Il est indispensable _____

2. Il est essentiel _____

3. Il est urgent _____

4. Il est important _____

5. Il est possible _____

6. Il est nécessaire _____

7. Il est inutile _____

C. **Règles de conduite.** (*Rules of conduct.*) Écoutez la plate-forme d'un parti politique écologiste. Ensuite, transformez l'infinitif en nom et complétez les phrases suivantes.

Vous entendez: Polluer l'environnement, c'est scandaleux.

Vous écrivez: _____*La pollution*_____ de l'environnement est scandaleuse.

1. _____ de la pollution est indispensable.

2. _____ des ressources naturelles est fondamentale.

3. _____ du recyclage est important.

4. Nous sommes responsables de _____ des animaux.

5. _____ de nos efforts est inévitable.

6. _____ de bons candidats est cruciale.

Les réponses se trouvent dans l'appendice.

D. Questions contemporaines. Écoutez les explications suivantes. Choisissez l'expression qui correspond à chaque explication.

À comprendre: qui proviennent (*that come*), résidus (*wastes*), se déplacer (*to get around*)

Vous entendez: Si on réduisait la consommation d'énergie, on les économiserait.

Vous choisissez: ⓐ les ressources naturelles   b.   les voitures

1.   a.   l'utilisation d'énergie solaire   b.   l'utilisation de pétrole

2.   a.   des déchets   b.   des solutions

3.   a.   les conflits   b.   les médias

4.   a.   le gaspillage   b.   le recyclage

5.   a.   une toute petite voiture   b.   un vélo

E. Contraires. Pierre exprime ses opinions. Écrivez une phrase qui exprime le contraire en utilisant les mots de la liste.

Vocabulaire: augmenter, élire, étrangers, être au chômage, exiger, exprimer son opinion, faire grève, impôt

MODÈLE: Il faut cacher son opinion. →
            Il faut exprimer son opinion.

1.   Il faut diminuer le prix des cigarettes.

_____

2.   Continuer à aller au travail est la seule manière d'obtenir une augmentation de salaire.

_____

3.   Je pense qu'on va éliminer ce candidat.

_____

4.   Je pense qu'une déduction est nécessaire.

_____

5.   Je veux passer ce sujet sous silence (*to ignore*).

_____

6.   Seul les citoyens jouent un rôle important dans notre société.

_____

7.   Beaucoup de gens travaillent cette année.

_____

8.   On ne demande pas impérativement l'égalité de salaire entre les femmes et les hommes.

_____

Leçon 2: Structures

Le subjonctif (première partie)

Expressing Attitudes

A. Ah! Les verbes! Complétez ce tableau avec les formes correctes du subjonctif.

	…QUE NOUS	…QU'ELLE	…QUE VOUS	…QU'ILS
aller				
avoir				
être				
faire				
pouvoir				
savoir				
vouloir				

B. Votre vie à vous. Complétez les phrases suivantes avec vos propres opinions sur l'environnement ou sur les actualités (*current events*). *Attention:* Vous aurez besoin du subjonctif ou de l'indicatif, selon l'expression au début de chaque phrase.

1. Je veux que _____

2. J'aimerais que _____

3. Je pense que _____

4. Je préfère que _____

5. J'insiste pour que _____

6. Je souhaite que _____

7. Je trouve que _____

8. Je désire que _____

C. Des souhaits. Qu'est-ce que Marc aimerait? Mettez chacun de ces verbes réguliers au subjonctif. **Marc aimerait…**

MODÈLE: (écrire) …que j' ____*écrive*____ plus clairement.

1. (voir) …que tu _____ cette exposition.

2. (diriger) …que Mme Avoké _____ cette entreprise.

3. (se lever) …que nous _____ plus tôt.

4. (rentrer) …que les enfants _____ après les cours.

5. (conduire) …que tu _____ prudemment (*carefully*).

6. (lire) …que tout le monde _____ le journal chaque matin.

7. (arrêter) …que vous _____ de fumer.

8. (sortir) …que tu _____ avec tes amis.

9. (connaître) …que ma mère _____ mes copains.

10. (dire) …que vous _____ la vérité.

11. (acheter) …que vous _____ deux billets.

12. (apprendre) …que nous _____ le subjonctif.

13. (boire) …que tu _____ un verre de vin.

14. (préférer) …qu'ils _____ cette chanson.

D. Une grand-mère soucieuse. Que souhaite la grand-mère de Joël et de Sara? Faites des phrases negatives ou affirmatives en employant les verbes suivants au subjonctif: **aller, avoir, écrire, être, faire, finir, prendre, rentrer.**

MODÈLE: _Elle ne veut pas qu'ils soient_ malheureux.

1. _____ faim.

2. _____ des vitamines.

3. _____ leurs études.

4. _____ souvent des lettres.

5. _____ à l'heure de l'école.

6. _____ chez le dentiste deux fois par an.

7. _____ des promenades quand il pleut.

E. La vie est dure. Parfois tout le monde semble attendre (*to expect*) quelque chose de vous. Complétez les phrases suivantes. Donnez libre cours à votre imagination!

MODÈLES: Le professeur de français _souhaite que je comprenne le subjonctif._

Le professeur de français _préfère que nous fassions tous nos devoirs._

1. Le président des États-Unis _____

_____

2. Les journalistes _____

_____

3. Mon ami(e) _____

_____

4. Le médecin _____

_____

5. Mes parents _____

_____

F. Élections. Luc et Simon ont contacté Laure pour la persuader de poser sa candidature au Conseil de l'université. Écoutez certaines suggestions qu'ils lui ont faites, et complétez par écrit les suggestions des amis de Laure.

À comprendre: droits (*rights*), mener une campagne (*to run a campaign*)

Ils voudraient que Laure…

1. _____ sa candidature au Conseil.

2. _____ une campagne énergique.

3. _____ souvent avec l'électorat.

4. _____ toute la littérature de l'opposition.

5. _____ le Conseil en charge.

6. _____ pour les droits des étudiants.

7. _____ à persuader l'administration qu'ils ont raison.

Les réponses se trouvent dans l'appendice.

G. Différences d'opinion. Voici deux individus dont les opinions politiques diffèrent. Écoutez chaque remarque et indiquez la personne qui l'a probablement faite.

À comprendre: qu'on prenne conscience (*that one be aware*), vitesse (*speed*)

| Vous entendez: | Je veux qu'on construise plus de centrales nucléaires. |
| Vous choisissez: | Jérôme   (Brigitte) |

1. Jérôme   Brigitte   4. Jérôme   Brigitte
2. Jérôme   Brigitte   5. Jérôme   Brigitte
3. Jérôme   Brigitte

H. Vendredi soir. Que voulez-vous faire avec vos amis pendant le week-end? Écoutez les choix proposés par vos amis et répondez. Vous entendrez une réponse possible.

Vous entendez: Tu veux qu'on fasse une promenade ou qu'on travaille?
Vous dites: Moi, je veux qu'on fasse une promenade.

1. …   2. …   3. …   4. …   5. …

Le subjonctif (deuxième partie)

Expressing Wishes, Necessity, and Possibility

A. Il faut changer! L'année dernière, les étudiants se sont organisés pour avoir quelques changements sur le campus. Qu'est-ce qu'on voulait changer?

> MODÈLE: (servir des repas végétariens) Loïc voulait que le resto-U *serve des repas végétariens.*

1. (être plus longues) Tout le monde voulait que les vacances _____
   _____

2. (avoir plus de pouvoir [*power*]) Une journaliste insistait pour que le Conseil d'étudiants _____
   _____

3. (y avoir moins de sports) Certains étudiants voulaient qu'il _____
   _____

4. (faire plus attention à eux) Beaucoup d'étudiants voulaient que les professeurs _____
   _____

5. (comprendre leur point de vue) Les femmes voulaient que les hommes _____
   _____

6. (construire des centres de recyclage) Tous les étudiants voulaient que l'université _____
   _____

B. Votre vie à vous. À votre avis, est-ce que ces prévisions (*predictions*) sont impossibles? possibles? probables? Utilisez les expressions suivantes: **il est impossible que, il est peu probable que, il est possible que, il est probable que, il se peut que.** Expliquez vos réponses.

> MODÈLE: Vous passerez l'été à Paris. →
> Il est peu probable que je *passe* l'été à Paris, parce que j'ai besoin de travailler cet été.
> (Il est probable que je *passerai* l'été à Paris, parce que j'ai envie d'améliorer [*to improve*] mon français.)

1. Votre mari/femme sera français(e). _____
   _____

2. Les étudiants de votre université manifesteront avant la fin de l'année. _____
   _____

3. Vous regretterez un jour de ne pas parler russe. _____
   _____

4. Vous vivrez dans un monde sans pollution. _____
   _____

(continued)

5. Les humains visiteront un jour la planète Mars. _____

_____

6. Le prochain président des États-Unis sera une personne de couleur. _____

_____

C. Conseils. M. Laborde est parfois d'accord, parfois pas d'accord avec ses enfants, Corinne et Martin. Écoutez les remarques de M. Laborde et indiquez s'il parle à Corinne ou à Martin.

Vous entendez: Moi, je trouve ça bien que tu protèges les animaux.

Vous choisissez: (à Corinne)   à Martin

1.	à Corinne	à Martin	4.	à Corinne	à Martin
2.	à Corinne	à Martin	5.	à Corinne	à Martin
3.	à Corinne	à Martin	6.	à Corinne	à Martin

D. Conseils aux jeunes. Mme Stein parle à des jeunes qui vont voter pour la première fois. Écoutez ses propos et répétez-les en mettant l'infinitif à la place du subjonctif.

Vous entendez: Il faut que vous compreniez les questions.
Vous dites: Il faut comprendre les questions.

1. …   2. …   3. …   4. …   5. …

E. Oui ou non? Voici quelques questions sur vos projets d'avenir. Écoutez chaque question et complétez les réponses par écrit.

1. Oui, il est possible / Non, il n'est pas possible que _____

parce que _____

2. Oui, il est temps que / Non, il n'est pas temps que _____

parce que _____

3. Oui, il est normal que / Non, il n'est pas normal que _____

parce que _____

4. Oui, il est probable que / Non, il n'est pas probable que _____

parce que _____

Le blog d'Hector

Moi d'abord?

A. Les grandes idées d'Hector. Complétez les phrases suivantes en mettant les verbes entre parenthèses au subjonctif.

1. Il faut que l'éducation nationale (former) _____ de vrais citoyens.

2. Il est indispensable que les déchets (être) _____ recyclés par les individus et par les entreprises.

3. Il est important que tous les états (signer) _____ des conventions (*agreements*) en faveur de la biodiversité.

4. Il ne faut pas que les problèmes de l'environnement (faire) _____ oublier tous les autres problèmes de la planète.

5. Il est nécessaire que tous les partis politiques (prendre) _____ position sur les risques liés (*linked*) à la prolifération des armes (*weapons*) nucléaires.

B. Les rêves d'Hector. Complétez les phrases suivantes en mettant les verbes entre parenthèses au subjonctif ou au futur simple.

1. Je souhaite que la paix (s'installer) _____ définitivement au Moyen-Orient.

2. J'espère que le budget du ministère de l'Environnement et du développement durable (être) _____ augmenté.

3. Mes amis et moi, nous désirons que tous les pays d'Afrique, sans exception, (s'engager) _____ en faveur de la francophonie.

4. Tous les citoyens du monde veulent que les émissions de gaz (être) _____ réduites.

5. Vous et moi, nous espérons qu'on (développer) _____ bientôt un vaccin contre le SIDA.

C. D'autres peurs des amis du blog. Complétez chacune des phrases par le mot ou l'expression qui correspond à la peur de chaque ami du blog: **le chômage, la délinquance, la guerre, l'immigration clandestine, les manipulations génétiques.**

1. Charlotte a des inquiétudes concernant _____, un problème qui touche principalement les jeunes des banlieues.

2. Poema s'inquiète de ne pas trouver de travail quand elle aura son diplôme. Elle craint (*fears*) _____.

3. Trésor est terrorisé par _____: et si un jour Alexis voulait le clôner?

4. De nombreux Africains arrivent en Europe sans visa et sans ressources. Mamadou est préoccupé par le problème de _____.

5. Alexis a peur des conflits et de l'emploi des armes de destruction massive. Il a peur de _____.

D. Les amis du blog s'engagent. Faites parler les personnages en complétant ces phrases. Le verbe sera à l'indicatif ou au subjonctif.

1. Poema: «Pour ma part, je veux que _____

_____.»

2. Charlotte: «Personnellement, je souhaite que _____

_____.»

3. Mamadou: «Moi, j'espère que _____

_____.»

4. Alexis: «J'aimerais bien que _____

_____.»

5. Trésor: «Selon moi, il faut que _____

_____.»

E. Vous répondez à Hector. Expliquez-lui quelles causes vous défendez et pour quelles causes vous seriez prêt(e) à vous engager. N'oubliez pas d'indiquer votre adresse électronique.

DE: _____

A: Hector@wanadoo.fr

On réagit, bien sûr!

Personnellement, je pense que les plus grands dangers qui menacent l'humanité sont

_____, _____ et

_____.

Les problèmes de l'environnement m'inquiètent beaucoup. J'estime que nous devons

_____. Je regrette que les gouvernements _____.

Pour ma part, je serais prêt(e) à manifester en faveur de _____ ou

contre _____. Je pourrais même (*even*) faire grève pour soutenir

_____.

Et je serais aussi d'accord pour m'engager politiquement. Pour les prochaines élections

présidentielles, par exemple, je soutiendrai le parti politique dont les positions sur la

question de _____ me semblent vraiment correctes.

Après tout, le sort (*fate*) de la planète et de l'humanité dépend de nous!

Salut!

Pause-Culture

A. Les problèmes de société en France. Donnez votre avis en choisissant **oui** ou **non**.

1. oui   non   À votre avis, est-ce que les Français descendent souvent dans la rue pour exprimer leur opinion?

2. oui   non   À votre avis, est-ce que les Français font souvent la grève?

3. oui   non   À votre avis, est-ce que les Français paient beaucoup d'impôts?

4. oui   non   À votre avis, est-ce que les jeunes Français trouvent facilement du travail?

5. oui   non   À votre avis, est-ce que la France connaît des problèmes de violence dans ses écoles?

B. La France multiculturelle. Relisez le **Reportage** dans votre manuel, puis dites si les informations suivantes sont vraies (**V**) ou fausses (**F**).

1. V   F   Star du football français, Corneille est né au Rwanda.

2. V   F   Dans ses chansons, Gad El Maleh fait la satire de la société française.

3. V   F   L'écrivain français Andreï Makine est d'origine russe.

4. V   F   Les Français veulent que les immigrés s'assimilent à la société française.

5. V   F   La France est le pays des Droits de l'homme.

Leçon 3: Structures

Le subjonctif (troisième partie)

Expressing Emotion

A. Comment réagit-il? Laurent est écologiste. Créez des phrases en utilisant l'infinitif ou le subjonctif, selon le cas.

Réactions possibles: Il est / n'est pas content (désolé, étonné, furieux, heureux, soulagé, surpris, triste)

MODÈLES: Laurent reçoit le prix de la conservation. →
            Il est content de recevoir le prix de la conservation.

            Le gouvernement construit de nouvelles autoroutes. →
            Il n'est pas heureux que le gouvernement construise de nouvelles autoroutes.

1. Les conservateurs sont au pouvoir (*in power*).

_____

_____

2. La plupart des gens sont indifférents au problème de la pollution.

_____

_____

3. Laurent entre en communication avec des écologistes d'Amérique latine.

_____

_____

4. Il obtient la majorité des voix aux élections.

_____

_____

5. Les politiciens font un effort de coopération.

_____

_____

6. L'achat et l'entretien (*maintenance*) de deux ou trois voitures coûtent trop cher pour la majorité des familles.

_____

_____

B. **Votre vie à vous.** Réagissez à chacun des problèmes suivants avec une phrase qui commence par **je suis content(e)** (**furieux [furieuse]**, **désolé[e]**, etc.)

MODÈLE: la pollution de l'atmosphère →
Je suis désolé(e) que certaines voitures continuent à polluer l'atmosphère.

1. la pollution de l'eau _____

_____

2. la disparition (*disappearance*) des forêts _____

_____

3. la multiplication des produits chimiques _____

_____

4. l'augmentation du bruit _____

_____

5. la surpopulation _____

_____

6. les inégalités sociales _____

_____

C. **Stéphane est désolé.** Il a une bonne amie, Chantal, qui ne veut plus le voir. Écoutez la description de sa situation, puis arrêtez l'enregistrement et complétez par écrit les phrases suivantes en vous inspirant de l'histoire.

Verbes utiles: écrire, être, pouvoir, venir, voir, vouloir

1. Stéphane regrette que Chantal ne _____ plus le voir.

2. Il est désolé que certains amis la _____ encore.

3. Il est furieux que Chantal ne _____ plus chez lui.

4. Il regrette qu'elle ne lui téléphone et ne lui _____ plus.

5. Il doute qu'ils _____ se réconcilier maintenant.

6. Il est content qu'Aïché _____ toujours une bonne amie.

Les réponses se trouvent dans l'appendice.

Le subjonctif (quatrième partie)

Expressing Doubt and Uncertainty

A. **Votre vie à vous.** Que pensez-vous de la politique dans votre pays? Exprimez votre opinion en utilisant **il est clair que, je doute que, j'espère que** ou **je pense que**.

MODÈLE: On choisit toujours les meilleurs candidats. →
Je doute qu'on choisisse toujours les meilleurs candidats.

1. Les candidats sont honnêtes et raisonnables.

_____

2. Il y a des candidats de toutes les classes sociales.

_____

3. Les citoyens peuvent exprimer leurs opinions librement (*freely*).

_____

4. L'argent joue un rôle important dans les élections.

_____

5. L'économie est en croissance (*is growing*).

_____

6. Le pays doit aider les pays en voie de développement (*developing nations*).

_____

B. Noam Chomsky. Dans *Le Figaro* en 1991, un reporter a interviewé Noam Chomsky, le célèbre professeur de MIT. Ce linguiste est aussi connu pour sa politique engagée. Lisez l'extrait, puis, en vous basant sur les idées du texte, indiquez l'opinion de Chomsky sur les concepts qui suivent. Commencez vos phrases avec une des expressions de la liste et utilisez un verbe au subjonctif ou à l'indicatif, selon le cas.

Les vrais penseurs du XXᵉ siècle

Mais pourquoi Chomsky est-il lui-même un intellectuel de gauche?

—*Je ne suis pas*, me répond-il, *un intellectuel, mais un savant*[1] *et un homme; c'est en tant qu'*[2]*homme et non en tant que linguiste que je prends des positions personnelles sur le Nicaragua ou la Palestine. Rien ne me choque plus*, ajoute Chomsky, *que ces intellectuels français qui jouent de*[3] *leur compétence dans un domaine scientifique pour prendre position sur des sujets qu'ils ignorent. Mes travaux sur la lin-guistique en eux-mêmes n'ont pas de conséquences idéologiques; leur caractère est purement scientifique. Le seul but*[4] *de la linguistique est la connaissance de la nature humaine au même titre que l'archéologie, la biologie ou l'ethnologie. Au mieux, les linguistes se préoccupent de sauver des langues perdues ou en voie de disparition*[5] *et de préserver la variété de nos civilisations. Mais la linguistique ne permet pas de changer le monde.*

Là-dessus, Chomsky me met à la porte, dévale[6] les escaliers et court rejoindre ses étudiants à une manifestation contre l'impérialisme américain en Amérique latine.

J'en reste tout ébloui[7]: Chomsky, quel spectacle! ∎

[1]*scientifique*
[2]*en... as a*
[3]*jouent... utilize*
[4]*goal*
[5]*en... disappearing*
[6]*hurtles down*
[7]*dazzled*

GUY SORMAN

Expressions: Il est choqué que, Il est convaincu que, Il ne croit pas que, Il doute que, Il n'est pas heureux que, Il n'est pas sûr que

1. On le prend pour un intellectuel. _____

   _____

2. Les intellectuels français ont tendance à confondre (*to confuse*) la science et la politique.

   _____

3. Le rôle de la science est d'influencer la politique. _____

   _____

4. Les linguistes peuvent préserver des langues. _____

   _____

5. Les États-Unis ont le droit d'intervenir en Amérique latine. _____

   _____

6. La linguistique peut sauver le monde. _____

   _____

C. Exprimez vos doutes. Réagissez aux déclarations suivantes. Utilisez **je doute que, je ne suis pas sûr(e) que** ou **je ne suis pas certain(e) que.** Vous entendrez des réponses possibles.

    Vous entendez: Le Mardi gras a lieu en décembre.
    Vous dites: Je doute que le Mardi gras ait lieu en décembre.

    1. …   2. …   3. …   4. …   5. …

D. Exprimez votre certitude! Écoutez les questions, et répondez avec certitude. Vous entendrez des réponses possibles.

    Vous entendez: Penses-tu que Port-au-Prince soit à Haïti?
    Vous dites: Oui, je suis sûr(e) que Port-au-Prince est à Haïti.

    1. …   2. …   3. …   4. …   5. …

Leçon 4: Perspectives

Faire le bilan

A. Le subjonctif. Cochez (✓) les expressions qui exigent l'emploi du subjonctif.

1. _____ Je suis sûr(e) que…

2. _____ Ils voulaient que…

3. _____ Il n'est pas certain que…

4. _____ Ils ont peur que…

5. _____ Nous devons…

6. _____ Il semble que…

7. _____ J'espère que…

8. _____ Nous croyons que…

9. _____ Il se peut que…

10. _____ Il est dommage que…

11. _____ On dit que…

12. _____ Il vaut mieux que…

13. _____ Tu sais que…

14. _____ Il est bon que…

15. _____ Nous exigeons que…

16. _____ Pendant que…

17. _____ Vous souhaitez que…

18. _____ Ils trouveront que…

19. _____ Je doute que…

20. _____ Il sera préférable que…

21. _____ Parce que…

22. _____ Nous sommes heureuses que…

23. _____ Je regrette que…

24. _____ Il n'est pas sûr que…

B. La nouvelle Europe. Voici quelques commentaires sur l'Union européenne. Écoutez chaque phrase et indiquez (à la page suivante) si la proposition (*clause*) subordonnée comporte (*contains*) un verbe au subjonctif. Choisissez **I (indicatif)** ou **S (subjonctif).**

    Vous entendez: Je souhaite qu'on vive en paix.

    Vous choisissez: I   Ⓢ

1. I S   4. I S   7. I S

2. I S   5. I S   8. I S

3. I S   6. I S   9. I S

C. **Votre vie à vous.** Êtes-vous une personne engagée ou apathique (*apathetic*)? Faites précéder chaque phrase par une des expressions suivantes: **je doute que, j'ai peur que, je suis sûr(e) que.** Puis expliquez vos réponses. Attention au mode du deuxième verbe.

> MODÈLE: Le racisme est le problème le plus grave aux États-Unis en ce moment. →
> Je suis sûr(e) que le racisme est le problème le plus grave aux États-Unis en ce moment parce que… (Je doute que le racisme soit le problème le plus grave aux États-Unis en ce moment parce que…)

1. Nous avons besoin de changer complètement notre système politique. _____

_____

2. En général, la démocratie est la meilleure forme de gouvernement. _____

_____

3. Le gouvernement américain est trop centralisé et a trop de pouvoir. _____

_____

4. Le gouvernement américain perd de son influence politique dans le monde. _____

_____

D. **Votre vie à vous.** Votre famille, vos professeurs et vos amis vous donnent souvent des conseils. Faites une liste des conseils que vous entendez le plus souvent.

> MODÈLES: Mes parents: «Nous voulons que tu économises ton argent.»
>
> Le prof: «Il faut que vous terminiez votre travail avant la fin de la semaine.»
>
> Mon ami(e): «Il vaut mieux que tu ne boives pas de vin si tu veux rentrer chez toi en voiture.»

1. _____

_____

2. _____

_____

3. _____

_____

4. _____

_____

5. _____

_____

6. _____

_____

Maintenant, dites quels conseils vous appréciez et ceux que vous n'appréciez pas du tout. Commentez.

_____

_____

_____

_____

_____

E. Comment devenir pilote. Monique a lu cet article dans *Femme Actuelle* et aimerait apprendre à piloter un avion. Aidez-la à compléter la liste des conditions requises (*requirements*). (Vous n'avez pas besoin de tout comprendre pour compléter les phrases suivantes.)

L'EXPERT RÉPOND

Apprendre à piloter un avion dès[1] quinze ans

S'initier au vol est possible dès l'âge de quinze ans. A condition de s'inscrire dans un aéroclub, de suivre une formation[2] appropriée et de ne pas avoir le mal de l'air!

Comment procéder pour passer son brevet[3] de base?

Pour se présenter au brevet de pilote, il faut être âgé de quinze ans, satisfaire à un examen médical auprès d'un médecin agréé[4] et suivre une formation dans un aéroclub affilié à la Fédération nationale aéronautique. Le candidat doit cumuler au moins six heures de formation en vol en double commande (en général dix à quinze heures sont nécessaires), ainsi qu'[5]une instruction théorique au sol. En effet, il est indispensable de bien connaître la réglementation, la navigation, la mécanique de vol, et posséder des notions de technique radio.

DES BOURSES

Des bourses peuvent être accordées par l'État aux apprentis-pilotes. Il suffit[6] d'être âgé de moins de vingt-cinq ans, être titulaire[7] d'une licence fédérale et avoir cinq heures de vol minimum au moment de la demande. Celle-ci[8] doit être déposée[9] auprès de l'aéroclub qui transmet ensuite à la fédération.

[1]*from (the age of)*
[2]*course of training*
[3]*certificate*
[4]*qualified*
[5]*ainsi… as well as*
[6]*is enough*
[7]*holder*
[8]*The latter*
[9]*filed*

1. Pour te présenter au brevet de pilote, il faut…

   que tu _____

   que tu _____

   que tu _____

2. Tu auras besoin de voler en double commande pour un minimum de _____ heures.

   (continued)

3. Pour obtenir une bourse, il est aussi indispensable...

que tu _____

que tu _____

que tu _____

Prononciation

Liaison. Here are some final tips on when and when not to use **liaison.**

Use **liaison:**

- with a modifier and a noun
- between a subject and a verb
- to link a preposition and its object
- to link an adverb with the word it modifies

Do *not* use **liaison:**

- with **h aspiré**
- after **et**
- to link a singular noun and its modifying adjective
- before **oui** and the numbers **huit** and **onze**

A. Liaison. Écoutez et répétez les expressions suivantes:

1. ses amis / cinq heures / de beaux yeux
2. vous aimez / ils écoutent
3. chez elle / sous un arbre / sans attendre / sans entendre
4. très intéressant / pas encore / bien entendu

B. Sans liaison. Écoutez et répétez les expressions suivantes:

1. en haut (*on top*) / C'est une honte! / des hors-d'œuvre
2. Paul et Anne
3. le syndicat américain
4. mais oui / les onze enfants / Il est huit heures.

À l'écoute!

La responsabilité civique. C'est la période des élections en France. À cette occasion, plusieurs étudiants parlent des problèmes auxquels fait face la société actuelle. Voici l'opinion d'un de ces étudiants. Écoutez ses remarques, puis répondez aux questions suivantes.

À comprendre: défavorisés (*disadvantaged*), disparaissent (*disappear*), jusqu'à ce que (*until*), se bat (*fights*), toit (*roof*)

1. L'étudiant mentionne quatre problèmes de société. Lesquels?

   _____

2. À quel problème en particulier s'adresse la Fondation de l'abbé Pierre?

   _____

3. Depuis quand est-ce que l'abbé Pierre aide les défavorisés?

_____

4. Selon l'étudiant, est-ce que les problèmes de société sont uniquement les problèmes des politiciens ou est-ce qu'ils sont aussi les problèmes du citoyen?

_____

Par écrit

Function: Writing to persuade

Audience: Readers of an editorial page

Goal: Write your own opinion, in the form of an op-ed piece, on one of the topics discussed in this chapter or on a recent, controversial event. Persuade your readers to accept your point of view.

Steps

1. Choose a topic that interests you, and take five minutes to jot down the most important points that come to mind.
2. Prepare your rough draft following this outline:

   - Describe the issue briefly.
   - Justify your views.
   - Present your arguments against two or three opposing opinions.
   - If appropriate, present several possible solutions to the problem.
   - Write a general conclusion.

3. Refine the rough draft. You may want to use some of these expressions: **Il faut se rappeler que, Il ne faut pas oublier que, À mon avis, de plus, d'abord (ensuite, enfin), d'autre part** (*on the other hand*), **Il en résulte que** (*As a result*).
4. Have a classmate read your rough draft for clarity and interest.
5. Write a second draft, taking into account your classmate's most germane suggestions.
6. Check the second draft for spelling, punctuation, and grammar, particularly your use of the subjunctive mood.

Journal intime

Regardez les premières pages de votre journal intime. Qu'est-ce que vous avez appris pendant ce cours de français? Avez-vous l'intention de continuer vos études de la langue française? Pourquoi ou pourquoi pas?

MODÈLE: J'ai appris beaucoup de choses! Avant tout, l'importance de la langue française dans la communauté mondiale. Maintenant j'aimerais voyager non seulement en France, mais aussi en Afrique, au Canada…

Révisez! Chapitres 13–16

A. Un week-end chargé. Utilisez les éléments suivants pour décrire ce que Sophie et Marie ont fait le week-end dernier. Mettez les verbes au passé composé ou à l'imparfait selon le cas.

MODÈLE: dimanche / Sophie et Marie / se lever (passé composé) / 10 h

Dimanche, Sophie et Marie se sont levées à 10 h.

1. Sophie / se laver / cheveux / et / Marie / s'habiller

_____

2. elles / se dépêcher / parce que / elles / être / en retard

_____

3. elles / rendre visite / leur / grands-parents

_____

4. grand-mère / ne pas pouvoir / faire / courses / parce que / elle / avoir / mal / jambes

_____

5. ils / décider / aller / restaurant

_____

6. Sophie et Marie / rentrer / tard / et / elles / se disputer

_____

7. lundi matin / elles / ne pas se parler

_____

8. lundi soir / elles / se mettre / rire / et / elles / ne plus être / fâché

_____

B. Impératif et verbes pronominaux. Utilisez les indications suivantes pour donner des ordres.

1. Dites à vos enfants de se coucher.

_____

2. Dites à votre frère/sœur de s'en aller.

_____

3. Dites à vos amis de se détendre.

_____

4. Dites à votre mari/femme de ne pas se dépêcher.

_____

5. Dites à votre professeur de ne pas se fâcher.

_____

C. **Un dimanche à la campagne.** Regardez le dessin, écoutez les questions posées à Marc et donnez des réponses logiques.

Expressions utiles: s'arrêter au bord du fleuve, se baigner, s'en aller vers 9 h, s'endormir, s'ennuyer, se promener à pied

The answers given on the recording are suggestions only.

Vous entendez:	À quelle heure est-ce que vous êtes partis?
Vous dites:	Nous nous en sommes allés vers 9 h.

1. … 2. … 3. … 4. … 5. …

D. **Un changement bienvenu (*welcome*).** Complétez le passage suivant avec le pronom relatif qui correspond (**qui, que** ou **où**).

Je travaille dans une grande société _____[1] je suis cadre supérieur (*executive*). J'ai récemment

pris des vacances. Une amie _____[2] s'appelle Éliane est partie avec moi. C'est une personne

_____[3] aime beaucoup les activités de plein air. Nous sommes allés à Neufchâtel

_____⁴ les parents d'Éliane ont une villa. Le père d'Éliane, à _____⁵ elle a téléphoné avant notre départ, nous a invités chez eux. Éliane avait évidemment envie de voir certains copains à _____⁶ elle pense souvent.

J'ai acheté une nouvelle valise _____⁷ j'ai mis des shorts, des tee-shirts et des chaussures confortables. Ça a été des vacances _____⁸ je ne vais pas oublier. On a fait des randonnées dans les collines, et prés du lac _____⁹ on pouvait aussi faire du bateau. On a fait beaucoup de pique-niques avec les copains d'Éliane _____¹⁰ habitaient près de la ville. Nous avons énormément ri au ciné-club _____¹¹ on passait de vieux films comiques. Nous sommes allés à plusieurs concerts _____¹² on nous avait vivement recommandés.

Après trois semaines, nous avons dû rentrer, prêts à reprendre notre travail _____,¹³ comme vous pouvez l'imaginer, s'était accumulé (*had piled up*) pendant notre absence!

E. Sylvie. Formez des phrases complètes à partir des éléments suivants. N'oubliez pas d'ajouter des prépositions, des pronoms relatifs, et cetera, s'ils sont nécessaires.

1. Sylvie / être (présent) / instituteur

   _____

2. elle / trouver (passé composé) / travail / école Jeanne d'Arc

   _____

3. elle / commencer (futur) / semaine / prochain

   _____

4. avec / argent / elle / gagner (futur) / elle / pouvoir (futur) / faire / économies

   _____

5. elle / avoir (futur) / huit / semaine / vacances

   _____

6. elle / faire (futur) / voyage / États-Unis

   _____

7. elle / aller (futur) / New York / et / Seattle

   _____

8. quand / elle / revenir (futur) / France / son / compte d'épargne / être (futur) / vide (*empty*)!

   _____

9. mais / elle / être (futur) / plus / content / avant

   _____

F. Dictée. Écoutez Mme Goncourt décrire un poste dans sa firme qu'elle cherche à pourvoir (*fill*). Ensuite, écoutez une deuxième fois et complétez le passage par écrit.

Un poste idéal

On cherche programmeurs et _____.[1] Le candidat ou la candidate

idéal(e) _____[2] une formation récente

_____[3] et _____[4] la technologie

_____[5] Il ou elle _____[6] de projets

indépendants; il ou elle _____[7] également

_____.[8] Notre candidat ou candidate

_____[9] un tempérament agréable et compréhensif; il ou elle

_____,[10] consciencieux/consciencieuse et méticuleux/méticuleuse.

Le candidat ou la candidate _____[11] de nombreux avantages: congés

(*vacations*) payés, assurances médicales, frais de formation (*education allowance*) pour ceux ou celles

qui _____[12] approfondir leurs connaissances (*extend their knowledge*).

Le _____[13] initial _____[14] de

_____[15] avec possibilitiés d'augmentation régulières.

Les réponses se trouvent dans l'appendice.

G. Votre vie à vous. Qu'est-ce qui vous est important? Comparez les éléments de chaque paire, selon vos opinions personnelles.

MODÈLE: Les enfants _____ les animaux domestiques. (amusant) →
Les enfants sont plus amusants que les animaux domestiques.

1. Le travail _____

   les loisirs. (essentiel)

2. La politique _____

   la religion. (intéressant)

3. L'amour _____

   l'argent. (important)

4. Le célibat _____

   le mariage. (difficile)

5. La conservation _____

   le développement des ressources naturelles. (nécessaire)

6. L'eau potable _____

   l'eau polluée. (bon pour la santé)

H. Un peu de pratique. Complétez les phrases à l'aide des pronoms et des adjectifs suivants.

certains	chaque	le même	quelques
chacun	d'autres	plusieurs	tous

1. Je pratique mon français _____ jour.

2. Thomas fait du tennis _____ les dimanches.

3. Tiens! (*Hey!*) J'ai _____ manteau que toi!

4. À l'université, _____ étudiants étudient les sciences,

   _____ préfèrent la musique et l'art.

5. Je n'ai pas beaucoup d'argent, mais voilà _____ euros pour toi.

6. —Avez-vous de la famille en France?

   —Oui, j'ai _____ cousins à Paris.

7. _____ doit choisir ce qu'il veut étudier.

I. Phrases à compléter. Formez des phrases complètes à partir des éléments suivants. *Attention:* Vous aurez besoin du subjonctif, de l'indicatif ou de l'infinitif.

1. nous / espérer / tu / pouvoir / visiter / pays francophone / année / prochain

   _____

2. il / être / important / tu / étudier / français / sérieusement

   _____

3. je / souhaiter / vous / me / rendre visite / ce / semaine

   _____

4. il / être / probable / il / faire / beau / demain

   _____

5. nous / être / certain / aller / France / ce / été

   _____

6. est-ce que / tu / croire / ton / parents / être / heureux / tu / arrêter / études

   _____

7. il / être / nécessaire / elle / partir

   _____

J. Un candidat hésitant. Votre candidat préféré, Pierre Dutourd, s'est présenté aux élections municipales. Écoutez ses remarques et réagissez avec: **Mais nous aimerions que vous...**

Vous entendez:	Je suis assez travailleur...
Vous dites:	Mais nous aimerions que vous soyez travailleur!

1. ... 2. ... 3. ... 4. ...

> Au revoir et bonne chance!

Appendice: réponses aux exercices

 Chapitre 1

LEÇON 1: PAROLES

Les bonnes manières **A.** **1.** madame **2.** Comment allez-vous? **3.** merci **4.** ça va bien **5.** À
6. Au revoir **7.** mal **8.** Et vous **9.** Comme ci, comme ça **10.** mademoiselle **11.** Comment vas-tu
12. Ça va mal **13.** Et toi
B. **1.** Oh, pardon! Excuse-moi. **2.** Je ne comprends pas./ Répétez, s'il vous plaît. **3.** Comment vous
appelez-vous? **4.** Salut, ça va? **5.** Bonjour, monsieur. **6.** Je m'appelle… **7.** Bonsoir! À bientôt!
8. De rien.

LEÇON 2: STRUCTURES

Les nombres de 0 à 60 **A.** **1.** 12 **2.** 47 **3.** 52 **4.** 6 **5.** 35 **6.** 13
C. **1.** vingt-neuf **2.** quarante et un **3.** douze **4.** dix-sept **5.** trente-sept **6.** cinquante-trois
7. vingt-quatre **8.** trente-huit **9.** cinquante-six **10.** quarante-huit
Quel jour sommes-nous? Quelle est la date d'aujourd'hui? **A.** **1.** mercredi, le treize août **2.** lundi,
le 4 août **3.** vendredi, le premier août **4.** jeudi, le vingt-huit août **5.** samedi, le trente août
6. samedi, le vingt-trois août **7.** mardi, le douze août **8.** dimanche, le dix-sept août
B. (*Answers will vary.*)

LE BLOG DE LÉA: *Un jour exceptionnel*

A. **1.** Je m'appelle Léa. **2.** Je crée un blog. **3.** J'aime mes amis. **4.** Il y a des commentaires sur
mon blog. **5.** Je suis superstitieuse.
B. **1.** le dix janvier **2.** le trois août **3.** le cinq septembre **4.** le treize octobre **5.** le vingt-deux
décembre
C. **1.** tu **2.** vous **3.** toi **4.** vous **5.** te
D. (*Answers will vary.*)
E. (*Answers will vary.*)

PAUSE-CULTURE

A. (*Answers may vary.*) **1.** LÉA: Salut, ça va?; JULIETTE: Oui, ça va bien. (Comme ci, comme ça. Ça
peut aller. Ça va mal.) Et toi, comment vas-tu? **2.** LÉA: Bonsoir; SA MÈRE: Bonsoir. **3.** LÉA: Bonjour,
monsieur. (Comment allez-vous?); LE PROFESSEUR: Bonjour, Léa (mademoiselle). (Très bien, merci. Et
vous?) **4.** LÉA: Bonjour, docteur. (Comment allez-vous?); LE DOCTEUR: Bonjour, Léa (mademoiselle).
(Très bien, merci. Et vous?)
B. **1.** V **2.** V **3.** V **4.** V **5.** V

LEÇON 3: STRUCTURES

Dans la salle de classe. **A.** **1.** Il y a neuf stylos. **2.** Il y a quatre étudiantes. **3.** Il y a deux chaises. **4.** Il y a cinq professeurs. **5.** Il y a un bureau. **6.** Il y a dix fenêtres. **7.** Il y a une table. **8.** Il y a un tableau. **9.** Il y a sept crayons.
D. (*Answers will vary.*)
Les articles indéfinis **Identifying People, Places, and Things** **A.** **1.** un **2.** une **3.** un **4.** un **5.** une **6.** un **7.** un **8.** une **9.** une **10.** une **11.** un **12.** un/une **13.** un **14.** un **15.** un **16.** une **17.** une **18.** un **19.** une **20.** un
B. **1.** des amies **2.** des ordinateurs **3.** des écrans **4.** des professeurs **5.** des fenêtres **6.** des livres **7.** des tables **8.** des étudiantes

LEÇON 4: PERSPECTIVES

Faire le bilan **A.** (*Answers will vary.*) **1.** C'est jeudi. **2.** C'est lundi/mardi/mercredi/jeudi/vendredi. **3.** C'est vendredi/samedi. **4.** C'est lundi. **5.** C'est samedi/dimanche.
B. (*Answers will vary.*)

Chapitre 2

LEÇON 1: PAROLES

Les lieux **A.** (*Answers may vary.*) **1.** une cité-U **2.** un gymnase **3.** un resto-U **4.** une bibliothèque **5.** un laboratoire de langues (une bibliothèque) **6.** une librairie **7.** une salle de classe (un amphithéâtre)
Les matières **A.** **1.** les mathématiques **2.** la biologie **3.** l'histoire **4.** les langues étrangères **5.** la littérature **6.** le droit **7.** l'informatique **8.** la chimie

UNIVERSITÉ DE CAEN					
Nom: *Jeannette Rivard*					
	lundi	mardi	mercredi	jeudi	vendredi
8 h	histoire chinoise		histoire chinoise		histoire chinoise
9 h		maths		maths	
10 h	économie politique	→	→	→	→
11 h	japonais	japonais	laboratoire de langues	japonais	laboratoire de langues
12 h	resto-U	→	→	→	→
13 h					

B.
Les pays et les nationalités **A.** **1.** libanais **2.** russe **3.** allemand (québécois) **4.** espagnol **5.** suisse *Pays:* **1.** le Maroc, la Tunisie, le Liban, l'Algérie **2.** le Sénégal, la Côte-d'Ivoire, la Russie, la République Démocratique du Congo **3.** l'Allemagne, la Belgique, la France, le Québec (le Canada) **4.** l'Espagne, la Chine, le Japon, le Viêt-nam **5.** le Mexique, la Suisse, le Canada, les États-Unis

C.

pays	l'Allemagne	le Canada	l'Espagne	l'Angleterre	la Russie
adj. (*m.*)	allemand	canadien	espagnol	anglais	russe
adj. (*f.*)	allemande	canadienne	espagnole	anglaise	russe
homme	un Allemand	un Canadien	un Espagnol	un Anglais	un Russe
femme	une Allemande	une Canadienne	une Espagnole	une Anglaise	une Russe
la personne habite	_à_ Berlin.	_à_ Montréal.	_à_ Madrid.	_à_ Londres.	_à_ Moscou.

D. (*Answers will vary.*)
Les distractions A. 1. le basket-ball (le basket) **2.** le rock **3.** les films d'amour **4.** le tennis **5.** le ski **6.** le jogging **7.** le football (le foot) **8.** les films d'aventures **9.** la musique classique
C. (*Answers will vary.*)

LEÇON 2: STRUCTURES

Les articles définis Identifying People, Places, and Things A. 1. l' **2.** la **3.** le **4.** les **5.** l'
6. la **7.** les **8.** le **9.** le (les) **10.** les **11.** la **12.** le
B. 1. les hôpitaux **2.** des amphithéâtres **3.** les cours **4.** des examens **5.** les radios **6.** les choix
7. des tableaux **8.** des visites **9.** les télévisions **10.** des pays **11.** les hommes **12.** des lieux **13.** les nez **14.** les travaux **15.** des étudiants
C. 1. …le ski. **2.** …la télévision **3.** …le base-ball. **4.** …le lundi. **5.** …les films de science-fiction.
6. …l'histoire. **7.** …le cinéma. **8.** …l'université. **9.** …les mathématiques. **10.** …la littérature.
D. I. 1. une **2.** une **3.** le **4.** la **5.** la **6.** un **7.** la **8.** un **9.** un **10.** Le **11.** un **12.** l'
II. 1. la **2.** l' **3.** une **4.** la **5.** une **6.** le
Les verbes réguliers en -er Expressing Actions A. 1. Il **2.** Elle **3.** elles **4.** tu **5.** nous **6.** Vous
7. Ils **8.** Vous **9.** J' **10.** je (il, elle, on)
C. 1. parle **2.** regardent **3.** mangent **4.** cherchent **5.** écoute **6.** rêve **7.** téléphone à **8.** travaille
D. 1. visitent **2.** écoutent **3.** parlent **4.** skient **5.** dansent **6.** travaillons **7.** aimons mieux
8. écoutons **9.** dansons **10.** rencontrons **11.** écoute **12.** rêve **13.** regarde **14.** déteste **15.** aime mieux **16.** adorez **17.** fumez **18.** commençons **19.** trouves **20.** demande
F. 1. Je regarde **2.** on parle **3.** j'étudie **4.** nous écoutons **5.** donner
G. (*Answers will vary.*) **1.** Je déteste… **2.** J'écoute souvent… **3.** Je regarde de temps en temps…
4. Je mange toujours… **5.** J'habite… **6.** J'étudie quelquefois…

LE BLOG DE LÉA: *Salut tout le monde!*

A. 3, 2, 4, 1, 5
B. 1. belge, français **2.** martiniquais, français **3.** marocain, français **4.** québecois, français
5. sénégalais, français
C. 1. la, la, la **2.** les, l', l', l' **3.** les **4.** la **5.** l'
D. 1. regarde **2.** skie **3.** fumes **4.** écoutent **5.** travaillent
E. (*Answers will vary.*)

PAUSE-CULTURE

A. (*Some answers will vary.*) **1.** européens, chinois, algériens (japonais, américains) **2.** chinois, arabe, anglais, espagnol (japonais) **3.** Maroc, Côte-d'Ivoire **4.** étrangers **5.** européens
B. 1. cosmopolite **2.** culture, intellectuelles **3.** boutiques **4.** petits restaurants délicieux (cinémas pour intellectuels, bistros et bars, cybercafés) **5.** le parc du quartier

LEÇON 3: STRUCTURES

Le verbe *être* **Identifying People and Things A. 1.** sont **2.** es **3.** suis **4.** sommes **5.** êtes **6.** est
B. 1. suis **2.** est **3.** suis **4.** est **5.** sont **6.** sommes
C. 1. Il est **2.** Il est **3.** C'est **4.** Il est **5.** il est **6.** Elle est **7.** Elle est **8.** elle est **9.** c'est
10. Fatima **11.** Moussa **12.** Fatima **13.** Fatima
La négation *ne… pas* **Expressing Disagreement A. 1.** Les éléphants ne parlent pas français.
2. On ne danse pas à la bibliothèque. **3.** On n'étudie pas à la librairie. **4.** Je ne parle pas
anglais. **5.** Les étudiants n'adorent pas les examens. **6.** Nous n'écoutons pas la radio en classe.
7. Maintenant, je ne regarde pas un exercice de français.
B. (*Answers will vary.*)

LEÇON 4: PERSPECTIVES

Faire le bilan A. 1. villes **2.** lieux **3.** hommes **4.** femmes **5.** sports **6.** amis
B. 1. huit (sept), salle **2.** un, histoire **3.** donne **4.** trouve **5.** rêvent **6.** La, une **7.** regardent
(écoutent)
C. 1. la **2.** des **3.** un **4.** Le **5.** la **6.** un **7.** la **8.** Les **9.** un **10.** Le **11.** une **12.** L' **13.** des
14. le
D. (*Answers will vary.*)

Chapitre 3

LEÇON 1: PAROLES

Quatre personnalités différentes A. (*Answers may vary.*) **1.** excentrique **2.** dynamique **3.** sérieux
4. calme **5.** drôle **6.** timide **7.** idéaliste **8.** enthousiaste **9.** individualiste **10.** hypocrite
11. sincère **12.** sympathique
C. (*Answers may vary.*) **1.** Johnny Depp est un peu drôle et très sensible. **2.** Julia Roberts est très
réaliste et assez sincère. **3.** Madonna est assez dynamique et très idéaliste. **4.** Will Smith est très
travailleur et peu égoïste. **5.** Tiger Woods est peu paresseux et assez sympathique.
Les vêtements et les couleurs A. (*Answers will vary.*)
B. (*Answers may vary.*) **1.** Une femme d'affaires porte un tailleur avec un chemisier. **2.** Un homme
qui cherche du travail porte un costume et une chemise blanche avec une cravate. **3.** Les adolescents
portent aujourd'hui des jeans, des tee-shirts ou des pull-overs et des tennis. **4.** Pour jouer au tennis,
on porte un tee-shirt, un short ou une jupe, peut-être un pull-over et des tennis.
C. Suzanne is wearing a windbreaker, jeans, boots, and a nice hat; she is carrying a backpack.
Jean-Paul is wearing shorts, a T-shirt, sneakers, and white socks. He is carrying a tennis racket.
D. 1. vert **2.** gris **3.** orange **4.** violet **5.** brun **6.** rose
E. 1. rouge, blanc et bleu **2.** jaune **3.** noir **4.** verte
Les amis d'Anne et de Céline A. 1. a **2.** c **3.** e **4.** b **5.** d

LEÇON 2: STRUCTURES

Le verbe *avoir* **Expressing Possession and Sensations A. 1.** est **2.** a **3.** a **4.** est **5.** a **6.** est
7. est **8.** a **9.** a **10.** a **11.** a **12.** est
B. 1. h **2.** c **3.** a **4.** d **5.** g **6.** f **7.** i **8.** b **9.** e
C. 1. ai tort **2.** avons de la chance **3.** a trois ans **4.** a peur **5.** a rendez-vous **6.** ont l'air
E. (*Answers may vary.*) **1.** Vous avez des ordinateurs en cours d'informatique? (Avez-vous des
ordinateurs en cours d'informatique?) **2.** Tu as (Vous avez) un dictionnaire français-anglais? **3.** Vous
avez un professeur dynamique? (Vous avez un professeur dynamique, n'est-ce pas?) **4.** Tu as (Vous
avez) un examen vendredi? **5.** Tu as (Vous avez) envie de manger au resto-U? (As-tu [Avez-vous]
envie de manger au resto-U?)

Les adjectifs qualificatifs Describing People, Places, and Things A. 1. française **2.** américaine **3.** anglais **4.** marocaines **5.** français **6.** sénégalaise **7.** canadienne (québécoise)
B. 1. Évelyne aussi, elle est gentille. **2.** Paul et Guillaume aussi, ils sont très fiers. **3.** Julie aussi, elle est belle. **4.** Charles aussi, il est assez naïf. **5.** Ma chatte Béatrice aussi, elle est paresseuse.
6. Catherine et Alma aussi, elles sont intellectuelles. **7.** Thomas aussi, c'est un cher ami. **8.** Anne aussi, c'est la nouvelle journaliste.
C. [Simone n'hésite pas. C'est une] étudiante courageuse et ambitieuse. Elle a une bourse généreuse, et elle quitte la France mardi pour étudier à New York. Simone est travailleuse et aventureuse. C'est une jeune femme sérieuse. Elle va profiter de cette expérience.
G. 1. un veston rouge **2.** des bottes marron **3.** des chaussettes blanches **4.** des tee-shirts jaunes **5.** des cravates orange **6.** un manteau vert **7.** un maillot de bain rose **8.** une jupe violette **9.** une chemise noire **10.** un blouson gris

LE BLOG DE LÉA: *En jupe ou en pantalon?*

A. 1. élégante **2.** riche **3.** parisienne **4.** originaux (excentriques) **5.** excentriques (originaux)
B. 1. marron **2.** bruns **3.** courts **4.** de taille moyenne **5.** sympathique
C. 1. a **2.** ont **3.** ont **4.** avez **5.** avons
D. 1. a froid **2.** a faim **3.** a peur **4.** a sommeil **5.** as de la chance
E. (*Answers will vary.*)

PAUSE-CULTURE

A. (*Answers will vary.*)
B. 1. c **2.** e **3.** d **4.** b **5.** a, f

LEÇON 3: STRUCTURES

Les questions à réponse affirmative ou négative Getting Information A. (*Answers may vary.*)
1. Est-ce que tu es français? **2.** Est-ce que tu parles anglais? **3.** Est-ce que tu aimes les États-Unis?
4. Aimes-tu le jazz? **5.** Es-tu ordonné? **6.** Étudies-tu aussi les maths?
B. 1. Est-elle française? (Marianne est-elle française?) **2.** C'est une amie de Mlle Duval, n'est-ce pas?
3. Est-ce qu'elle travaille à l'université? (Est-ce que Marianne travaille à l'université?) **4.** Aime-t-elle le football américain? (Marianne aime-t-elle le football américain?) **5.** Il est français, n'est-ce pas? (Paul est français, n'est-ce pas?) **6.** Est-ce qu'il parle français? (Est-ce que Paul parle français?) **7.** Visitent-ils souvent la France? (Paul et Marianne [Les Chevalier] visitent-ils souvent la France?)
C. 1. Est-ce que Salima est en boîte? (Salima est-elle en boîte? Salima est en boîte? Salima est en boîte, n'est-ce pas?) **2.** Est-ce que Claire et Simone sont à la librairie? (Claire et Simone sont-elles à la librairie? Claire et Simone sont à la librairie? Claire et Simone sont à la librairie, n'est-ce pas?) **3.** Est-ce que M. Martin est avec Mlle Dupont? (M. Martin est-il avec Mlle Dupont? M. Martin est avec Mlle Dupont? M. Martin est avec Mlle Dupont, n'est-ce pas?) **4.** Est-ce que Sandrine est au resto-U? (Sandrine est-elle au resto-U? Sandrine est au resto-U? Sandrine est au resto-U, n'est-ce pas?) **5.** Est-ce que Philippe et Madeleine sont à la cité-U? (Philippe et Madeleine sont-ils à la cité-U? Philippe et Madeleine sont à la cité-U? Philippe et Madeleine sont à la cité-U, n'est-ce pas?) **6.** Est-ce qu'Henri est au café? (Henri est-il au café? Henri est au café? Henri est au café, n'est-ce pas?)
Les prépositions *à* et *de* Mentioning Specific Places or People A. 1. de **2.** du **3.** de la **4.** de l'
5. des **6.** de l'
B. 1. La femme parle du monsieur. La femme parle au monsieur. **2.** Claire joue au basket-ball. Claire joue du piano.
D. (*Answers will vary.*)

LEÇON 4: PERSPECTIVES

Faire le bilan **A.** (*Answers will vary.*)
B. **1.** Les amis de M. Baladur rêvent-ils de voyager? Est-ce que les amis de M. Baladur rêvent de voyager? **2.** M. Baladur travaille-t-il beaucoup? Est-ce que M. Baladur travaille beaucoup? **3.** Les employés de M. Baladur détestent-ils Paris? Est-ce que les employés de M. Baladur détestent Paris? **4.** Mme Baladur aime-t-elle danser? Est-ce que Mme Baladur aime danser? **5.** Les secrétaires de M. Baladur cherchent-elles/ils un autre travail? Est-ce que les secrétaires de M. Baladur cherchent un autre travail?
C. (*Answers may vary.*) **1.** avons chaud **2.** ont peur **3.** a besoin d' **4.** a de la chance **5.** avez soif (sommeil) **6.** a froid **7.** a peur (rendez-vous) **8.** avons faim

 # Chapitre 4

LEÇON 1: PAROLES

Christine, Michel et la voiture **A.** **1.** dans **2.** à côté de (près de) **3.** sur **4.** sous **5.** par terre **6.** en face **7.** entre **8.** à côté de (près de, à droite de) **9.** chez
Deux chambres d'étudiants **A.** **1.** dans **2.** à côté des **3.** sur **4.** le mur **5.** l'armoire **6.** la commode **7.** la fenêtre **8.** le mur **9.** du lecteur de CD **10.** le bureau
B. (*Answers will vary.*)
C. (*Answers will vary.*)
D. **1.** A bookshelf with books is near the sink. **2.** A lamp is on the dresser. **3.** A desk is under the window. **4.** There are flowers on the desk. **5.** A rug is on the floor. **6.** There are two posters on the wall.

LEÇON 2: STRUCTURES

Les articles indéfinis après *ne...pas* **Expressing the Absence of Something** **A.** (*Answers will vary.*)
1. Joël n'a pas de pantalon. **2.** Luc n'a pas de chemise. **3.** Yves n'a pas de chaussures. **4.** Chantal n'a pas de robe. **5.** Fatima n'a pas de bureau. **6.** Élisabeth n'a pas de cheveux. **7.** Les livres n'ont pas d'étagère. **8.** Élisabeth n'a pas de chaise.
D. (*Answers will vary.*)
Les mots interrogatifs **Getting Information** **A.** **1.** D'où **2.** Avec qui **3.** Qu'est-ce que **4.** Pourquoi **5.** Combien de **6.** Comment

LE BLOG DE LÉA: *Chez moi*

A. **1.** c **2.** a **3.** e **4.** b **5.** d
B. **1.** V **2.** V **3.** F **4.** F **5.** V
C. **1.** Alexis n'a pas de télévision dans sa chambre. **2.** Mamadou n'écoute pas la radio. **3.** Dans la cuisine de Poema, il n'y a pas de livres! **4.** Charlotte n'a pas l'ordinateur sur son bureau. **5.** Alexis et Trésor n'ont pas de bicyclette.
D. (*Answers will vary.*)
E. (*Answers will vary.*)

PAUSE-CULTURE

A. (*Answers will vary.*)   **1.** agréable, confortable, grand, joli   **2.** petit, simple   **3.** minuscule, simple
4. agréable, simple
B.   **1.** la langue officielle   **2.** francophone   **3.** six millions   **4.** la vieille ville   **5.** l'environnement

LEÇON 3: STRUCTURES

Les verbes en -*ir* Expressing Actions

A.

	AGIR	RÉUSSIR
les femmes	agissent	réussissent
je/j'	agis	réussis
Jean et moi	agissons	réussissons
tu	agis	réussis
vous	agissez	réussissez
une personne travailleuse	agit	réussit

B.   **1.** réfléchissent   **2.** agis   **3.** choisis   **4.** finis   **5.** réfléchissons   **6.** choisissons   **7.** réussissons
8. finissons
C.   **1.** cherchons   **2.** réfléchissons   **3.** agit   **4.** aimons   **5.** finir   **6.** réussit   **7.** choisissons
E.   **1.** de   **2.** par   **3.** à   **4.** aux   **5.** à, à
La place de l'adjectif qualificatif Describing People, Places, and Things   A.   **1.** Marie porte une
longue jupe bleue.   **2.** Robert achète une nouvelle voiture rouge.   **3.** C'est une vieille étagère blanche.
4. Quelle belle maison ancienne!   **5.** Voici de jolies fleurs jaunes.   **6.** Ce sont d'autres fausses accusations.   **7.** C'est une grande dame généreuse.   **8.** Chaque grosse voiture est chère.
B.   C'est un **bel** appartement **ancien** avec trois **petites** chambres **ensoleillées**. Dans le salon, il y a un
beau canapé **bleu** et de **vieilles** chaises en bois. Je partage la **grande** cuisine avec deux **jeunes** étudiants
étrangers. Dans le quartier, il est facile de rencontrer de **nouvelles** personnes **sympathiques**.
C.   **1.** nouveaux, chers   **2.** beaux   **3.** vieux   **4.** Donc   **5.** si

LEÇON 4: PERSPECTIVES

Faire le bilan
A. (*Answers will vary.*)
B.

	LOUER	CHOISIR
je	loue	choisis
mes amis	louent	choisissent
Laure	loue	choisit
tu	loues	choisis
vous	louez	choisissez
Khaled et moi	louons	choisissons

	ÊTRE	AVOIR
tu	es	as
Jacqueline	est	a
les étudiants	sont	ont
je/j'	suis	ai
Michaël et moi	sommes	avons
vous	êtes	avez

C. (*Answers will vary.*)
D. (*Answers will vary.*)
E. **1.** Quand **2.** Comment **3.** Qui **4.** Combien d' **5.** Pourquoi **6.** Quand **7.** Où **8.** Qu'est-ce que

Révisez! Chapitres 1 à 4

A. (*Answers may vary.*) **1.** Merci! **2.** Salut! Ça va? **3.** Comment t'appelles-tu? (Comment vous appelez-vous?) **4.** Salut [*name*]! **5.** Tu comprends? (Vous comprenez?)
B. Aimée: 36, Bernard: 24, Jacqueline: 16, Marie: 39
C. **1.** Robert étudie la physique et la biologie à l'université. **2.** Il est étudiant et habite à Marseille. **3.** Marie et Jacques aiment le rock, mais Patrice aime mieux la musique classique. **4.** Sophie et moi, nous regardons la télévision et nous écoutons la radio. **5.** Nous mangeons bien et ne fumons pas.
D. Marie-Laure, 23 ans, française, étudie le cinéma, travaille comme baby-sitter, aime le cinéma, la danse, la musique, les différentes cultures; Khaled, 21 ans, tunisien, étudie la littérature, l'informatique, travaille dans une galerie d'art moderne, aime parler, jouer au volley-ball, danser dans les discos.
E. **1.** Monique n'est pas sportive, mais elle est dynamique. **2.** Elle a les cheveux blonds et les yeux marron. **3.** Elle aime porter de beaux vêtements confortables. **4.** L'ami de Monique arrive d'Europe aujourd'hui. **5.** Il a 30 ans et joue du piano.
F. **1.** n'est-ce pas? **2.** vêtements sont **3.** C'est **4.** blouson **5.** il n'est pas beau **6.** il y a des pulls **7.** intéressants **8.** n'aimes pas mieux **9.** je ne suis pas difficile
G. (*Answers may vary.*) **1.** Où sont-ils? (Où est-ce qu'ils sont?) **2.** Pourquoi mangent-ils une grande pizza? (Pourquoi est-ce qu'ils mangent une grande pizza?) **3.** Qu'est-ce que Robert et Thomas aiment manger? (Robert et Thomas qu'aiment-ils manger?) **4.** Comment est le restaurant? **5.** Combien de clients est-ce qu'il y a au restaurant? (Combien de clients y a-t-il au restaurant?)
H. un petit studio, un canapé confortable, un micro-ordinateur, de bons amis, des cours intéressants, des profs intelligents

Chapitre 5

LEÇON 1: PAROLES

Trois générations d'une famille **A.** **1.** le fils **2.** la femme **3.** la petite-fille **4.** la sœur **5.** la tante **6.** le mari **7.** le neveu **8.** le père **9.** la nièce **10.** l'oncle **11.** la belle-mère **12.** célibataires
B. **1.** grand-père **2.** petit-fils **3.** mère **4.** cousin **5.** cousine **6.** frère **7.** fils **8.** tante **9.** beau-frère **10.** arrière-grands-parents

C.

Georges Monnier   Hélène Monnier

Élisabeth Lin-Monnier   Christian Monnier   Jacqueline Monnier-Lévêque   Pierre Lévêque

Marie-France Monnier   Robert Monnier   Dominique Lévêque   Paul Lévêque

Chez les Chabrier   **A.**   **1.** la salle de bains   **2.** la cuisine   **3.** la chambre   **4.** le séjour   **5.** le jardin, la terrasse   **6-10.** (*Answers will vary.*)
D.   **1.** pièces   **2.** escalier   **3.** premier étage   **4.** cuisine   **5.** couloir   **6.** chambre   **7.** bureau   **8.** balcon   **9.** arbre   **10.** sous-sol   **11.** rez-de-chaussée
Quel temps fait-il?   **Les saisons et le temps**   (*Answers may vary.*)   **1.** Il pleut et il fait du vent. Nous sommes en automne.   **2.** Il neige et il fait froid. Nous sommes en hiver.   **3.** Il fait chaud et il fait beau. Nous sommes en été.   **4.** Il fait frais et le temps est nuageux. Nous sommes au printemps.

LEÇON 2: STRUCTURES

Les adjectifs possessifs   **Expressing Possession**   **A.**   **1.** a. …nos grands-parents;   b. …notre oncle;   c. …notre enfant;   **2.** a. …tes frères;   b. …ton amie, Magalie;   c. …ton mari   **3.** a. …mes amis, Luc et Céline;   b. …mon amie, Jeanne;   c. …ma sœur   **4.** a. …vos parents;   b. …votre fils;   c. …votre famille
B.   **1.** sa   **2.** sa   **3.** son   **4.** son   **5.** ses   **6.** ses   **7.** Leurs   **8.** leur   **9.** leur
C.   (*Answers will vary.*)
Le verbe *aller* et le futur proche   **Talking About Your Plans and Destinations**   **A.**   (*Answers may vary.*)   **1.** Quand les jeunes ont envie de danser, ils vont en boîte.   **2.** Quand les étudiants ont envie d'étudier, ils vont à la bibliothèque.   **3.** Quand nous avons besoin de stylos, nous allons à la librairie.   **4.** Quand on a soif, on va au café.   **5.** Quand tu as envie de regarder la télé, tu vas à la cité-U (maison).   **6.** Quand tes amis et toi, vous avez envie d'exercice, vous allez au gymnase.   **7.** Quand j'ai envie de m'amuser, je vais an cinéma.
E.   (*Answers will vary.*)

LE BLOG D'HASSAN: *Un mariage franco-marocain*

A.   **1.** Je suis Hassan, un ami de Léa.   **2.** Mon blog va présenter des films vidéo.   **3.** Je vais participer à un mariage interculturel.   **4.** Qui va préparer le repas de noces?   **5.** Carole est la fiancée d'Abdel.
B.   (*Answers may vary.*)   **1.** grand-père   **2.** belle-sœur   **3.** oncle   **4.** belle-mère   **5.** cousine
C.   (*Answers will vary.*)   **1.** Il va faire beau. (Il va faire [du] soleil. Il va faire chaud.)   **2.** Il va faire froid. (Il va neiger.)   **3.** Il va faire mauvais. (Il va pleuvoir. Il va faire du vent. Il va neiger.)   **4.** Il va faire du vent. (Il va y avoir du vent.)   **5.** Il va faire chaud. (Il va faire beau. Il va faire [du] soleil.)
D.   (*Answers will vary.*)
E.   (*Answers will vary.*)

PAUSE-CULTURE

A. **1.** Mon **2.** Ta **3.** Sa **4.** Leurs **5.** Nos
B. **1.** a **2.** b **3.** b **4.** b **5.** c

LEÇON 3: STRUCTURES

Le verbe *faire* Expressing What You Are Doing or Making **A.** **1.** fais **2.** font **3.** fait **4.** faisons
5. faisons **6.** faire **7.** faire **8.** fait **9.** fait **10.** font **11.** Oui, elle est contente de ses vacances.
12. Paul et Anne sont sociables. **13.** (*Answers will vary.*)
B. **1.** faites attention à **2.** fais la (ta) lessive **3.** faites la queue **4.** faites un voyage **5.** fais de la
voile (du bateau) **6.** faites du ski **7.** fais du sport (de l'aérobic, du vélo, du jogging)
Les verbes en *-re* Expressing Actions

A.

	PERDRE	RENDRE	ATTENDRE	VENDRE
tu	perds	rends	attends	vends
vous	perdez	rendez	attendez	vendez
je/j'	perds	rends	attends	vends
nous	perdons	rendons	attendons	vendons

B. (*Answers will vary.*)
C. **1.** visiter **2.** attendent **3.** rend **4.** entendent **5.** descendent **6.** perdre **7.** répond **8.** rendent visite
E. **1.** Il entend **2.** il répond **3.** Elle vend **4.** Il descend **5.** Il rend visite **6.** ils ne perdent pas

LEÇON 4: PERSPECTIVES

Faire le bilan

A. Arthur é. Catherine

Rémi é. Marie-France Marie-Christine Geoffroy é. Mathilde

Chantal Raoul Pierre Jacques Jules Monique

B. **1.** Quand nous faisons les devoirs, nous sommes… **2.** Quand je fais des courses, je suis…
3. Quand je fais la connaissance d'un professeur, je suis… **4.** Quand mon père (ma mère) fait la
cuisine, il (elle) est… **5.** Quand mes amis font une promenade, ils sont…
C. (*Answers will vary.*)
D. (*Answers may vary.*) **1.** Son nom de famille est Francis. **2.** Sa famille habite en Guyane. **3.** Il y a
six personnes dans sa famille. **4.** Elle est en France pour finir ses études. **5.** être mannequin.

Chapitre 6

LEÇON 1: PAROLES

Les repas de la journée **A.** **1.** une pomme, une banane, une poire, une fraise, une orange **2.** des
haricots verts, une laitue, des pommes de terre, une salade verte **3.** un hamburger, du poulet, un
bifteck, du jambon, du porc **4.** du sel, du sucre **5.** du lait, de la bière, du vin, du thé et du café,
de l'eau **6.** une mousse au chocolat, un gâteau, une tarte

B. **1.** baguette **2.** tomate **3.** lait (café, thé, jus d'orange) **4.** bœuf **5.** boisson gazeuse
6. poisson **7.** plats

Exprimer ses préférences: le verbe *préférer*

A.

	PRÉFÉRER	ESPÉRER	RÉPÉTER
Éric	préfère	espère	répète
tu	préfères	espères	répètes
Éric et toi, vous	préférez	espérez	répétez
nous	préférons	espérons	répétons
les professeurs	préfèrent	espèrent	répètent

B. **1.** espérons **2.** préfèrent **3.** considère **4.** célébrons **5.** espère
À table **A.** **1.** Je n'ai pas de fourchette. **2.** Je n'ai pas de serviette. **3.** Je n'ai pas de verre.
4. Je n'ai pas de petite cuillère.
D. (*Answers will vary.*)

LEÇON 2: STRUCTURES

Les verbes *prendre* et *boire* Talking About Food and Drink

A.

	PRENDRE	BOIRE
tu	prends	bois
je	prends	bois
vous	prenez	buvez
Jean et moi	prenons	buvons
mon père	prend	boit

B. **1.** prenons un verre **2.** prennent le petit déjeuner **3.** prennent l'avion **4.** prends l'autobus
5. prend ma valise
C. **1.** apprend **2.** comprendre **3.** prend **4.** prend **5.** apprend **6.** boivent **7.** comprend
8. comprennent **9.** boit **10.** buvons
D. **1.** En été, je bois… **2.** Au petit déjeuner, nous buvons… **3.** Le premier janvier, il y a des personnes qui boivent… **4.** En hiver, les enfants boivent… **5.** À l'Action de grâce, ma famille boit…
G. **1.** à **2.** — **3.** — **4.** —, à **5.** à **6.** à, à
Les articles partitifs **Expressing Quantity** **A.** **1.** a. Du b. le c. le d. le **2.** a. Du b. du c. du
d. le e. du **3.** a. du b. Le c. des d. du e. du
B. **1.** beaucoup de **2.** peu de **3.** beaucoup d' **4.** trop de (beaucoup de) **5.** trop de
C. (*Answers may vary.*) **1.** des pommes de terre, un poivron et des haricots verts. On n'utilise pas
normalement d'œufs. **2.** du pain, du jambon et du fromage. On n'utilise pas normalement de poires.
3. des œufs, du fromage et des oignons. On n'utilise pas normalement de fraises. **4.** du beurre, du
sucre et des œufs. On n'utilise pas normalement de légumes.

LE BLOG D'HASSAN: *Miam miam!*

A. **1.** peu de **2.** beaucoup de **3.** assez d' (beaucoup d') **4.** peu d' (un peu d'), peu de (un peu de)
5. beaucoup de, peu de

B. **1.** du, des, des **2.** du, des **3.** des, des, de la **4.** des, des, de la **5.** du, du, de l', du
C. **1.** petit déjeuner **2.** déjeuner **3.** goûter **4.** dîner **5.** déjeuner
D. **1.** bois **2.** boit **3.** prends **4.** prenez **5.** boivent, prennent
E. *(Answers will vary.)*

PAUSE-CULTURE

A. **1.** Est-ce que les Marocains mangent du poulet et du bœuf? Les Marocains mangent-ils du poulet et du bœuf? **2.** Est-ce que les Marocains boivent du vin (de la bière)? Les Marocains boivent-ils du vin (de la bière)? **3.** Est-ce que le couscous est préparé avec de l'harissa? Le couscous est-il préparé avec de l'harissa? **4.** Est-ce que les Marocains mettent de la crème dans le poulet? Les Marocains mettent-ils de la crème dans le poulet? **5.** Est-ce que les Marocains mettent beaucoup d'épices dans les légumes? Les Marocains mettent-ils beaucoup d'épices dans les légumes?
B. **1.** V **2.** F **3.** V **4.** V **5.** V

LEÇON 3: STRUCTURES

L'impératif Giving Commands A. *(Answers may vary.)* **1.** Jouons au tennis! **2.** Faisons une promenade! **3.** Prenons un verre! **4.** Allons au cinéma!
B. *(Answers may vary.)* **1.** Ne dînons pas (Ne dînez pas) au resto-U! Choisissons (Choisissez) un restaurant français! N'allons pas (N'allez pas) chez McDonald's! **2.** Choisis une Volkswagen décapotable! Ne prends pas le bus! Demande de l'argent à tes parents! **3.** Ne changez pas de décor! Ne choisissez pas un tapis rouge! Utilisez beaucoup de blanc! Soyez flexibles!
C. **1.** Soyons **2.** Ayez **3.** Sois **4.** aie **5.** Ayons
L'heure Telling Time A. *(Answers may vary.)* **1.** Il est huit heures moins dix du matin. Geneviève écoute la radio. **2.** Il est une heure et quart de l'après-midi. Pierre joue du violon. **3.** Il est midi moins cinq. (Il est onze heures cinquante-cinq du matin.) M. Falot et M. Termin parlent. **4.** Il est huit heures et demie du soir. Les Dubin regardent la télé. **5.** Il est onze heures moins le quart du matin. (Il est dix heures quarante-cinq du matin.) Les copains jouent au foot.
B. The clocks should show the following times: **1.** 7:25 **2.** 12:50 **3.** 3:25 **4.** 4:00 **5.** 8:15 **6.** 9:05
D. **1.** 21 h **2.** 12 h 30 **3.** 14 h 15 **4.** 16 h 45 **5.** 16 h 25 **6.** 18 h 35
F. **1.** en retard **2.** tôt **3.** tard **4.** quelle heure est-il **5.** midi **6.** de bonne heure **7.** minuit **8.** bientôt

LEÇON 4: PERSPECTIVES

Faire le bilan A. FATIMA: Qu'est-ce que vous prenez pour le dîner? JOËL: On prend du jambon et de la salade. FATIMA: Mangez-vous assez de fruits? JOËL: Oui, nous mangeons souvent des poires et des pommes. FATIMA: Prenez-vous beaucoup de vin? JOËL: Non, nous ne buvons pas de vin. FATIMA: Nous, nous buvons de l'eau minérale. JOËL: Qui fait la cuisine chez vous? FATIMA: Hélas, c'est souvent moi.
B. *(Answers may vary.)* **1.** À dix heures moins le quart du matin… **2.** À midi et demi… **3.** À deux heures et demie de l'après-midi… **4.** À cinq heures de l'après-midi… **5.** À huit heures et quart du soir…
C. du pain, des œufs, du lait, du sucre, du sucre vanillé, du beurre, de la confiture

Chapitre 7

LEÇON 1: PAROLES

Les magasins d'alimentation A. **1.** à l'épicerie **2.** à la boulangerie **3.** à la boucherie (à la boucherie-charcuterie) **4.** à l'épicerie **5.** à la poissonnerie **6.** à la charcuterie (à la boucherie-charcuterie) **7.** à la boulangerie (à la pâtisserie, à la boulangerie-pâtisserie) **8.** à la poissonnerie **9.** à l'épicerie **10.** à la charcuterie (à la boucherie-charcuterie)

B. **1.** la boulangerie   **2.** la pâtisserie   **3.** le fromage   **4.** les légumes   **5.** la boisson   **6.** la boisson
7. la soif   **8.** la fourchette (le couteau)
D. (*Answers will vary.*)
Au restaurant   A.

ENTRÉES	PLATS GARNIS	FROMAGES
• pâté de campagne	• poulet à la crème	• camembert
• escargots de Bourgogne	• rôti de porc	• brie
• cocktail de crevettes	• sole meunière	• roquefort
	• steak-frites	
	• côte de porc	
DESSERTS	• pot-au-feu	**BOISSONS**
• mousse au chocolat		• vin rouge/blanc/rosé
• tarte aux fraises		• eau minérale
• crème caramel		
• glace maison		

Les nombres supérieurs à 60   A. (*Some answers may vary.*)   **1.** trois cent soixante-cinq   **2.** (soixante-dix)   **3.** (trente)   **4.** (quarante-cinq)   **5.** soixante-dix-neuf   **6.** cent quatre-vingts   **7.** quatre-vingt-cinq
8. quatre-vingt-onze
B. **1.** 04-39-44-91-17   **2.** 04-56-68-99-94   **3.** 04-78-11-81-72   **4.** 04-70-88-77-66

LEÇON 2: STRUCTURES

L'adjectif interrogatif *quel* **Asking About Choices   A.** **1.** Quelle   **2.** Quel   **3.** Quels   **4.** Quelles
5. Quelle   **6.** Quel
B. (*Answers may vary.*)   **1.** Quelle est ton actrice favorite?   **2.** Quelles sont tes boissons préférées?
3. Quelles sont tes chansons préférées?   **4.** Quel est ton cours favori?   **5.** Quels sont tes films favoris?
6. Quel est ton livre favori?   **7.** Quel est ton repas préféré?   **8.** Quelle est ta saison favorite?
C. **1.** quel   **2.** quelle   **3.** quels   **4.** quelles   **5.** quelle
D. **1.** Quelle est la date d'aujourd'hui?   **2.** Quelle heure est-il?   **3.** Quel âge as-tu?   **4.** Quel âge
a-t-elle?   **5.** Quel(s) restaurants préfères-tu?
Les adjectifs démonstratifs   Pointing Out People and Things   A. **1.** ces   **2.** ce (ces)   **3.** cette
4. cet   **5.** ce   **6.** ces   **7.** ce   **8.** ces   **9.** ce   **10.** cette
C. **1.** ce quartier   **2.** cette rue-ci   **3.** cet immeuble-là   **4.** cette vue magnifique   **5.** ce joli petit   **6.** Ces
pièces   **7.** Cette petite cuisine   **8.** ces fenêtres   **9.** cet appartement

LE BLOG D'HASSAN: *Marché ou cybermarché?*

A. **1.** choisit   **2.** achetez   **3.** a besoin de   **4.** rencontre   **5.** sont, trouvent
B. **1.** ce   **2.** ces, cette   **3.** ces   **4.** Ce   **5.** cet
C. **1.** l'épicerie.   **2.** la pâtisserie (la boulangerie-pâtisserie).   **3.** la boulangerie.   **4.** la poissonnerie.
5. la charcuterie.
D. 4, 1, 5, 2, 3
E. (*Answers will vary.*)

PAUSE-CULTURE

A. (*Answers will vary.*)

B.   **1.** la fondue   **2.** moules-frites   **3.** le steak-frites   **4.** la poutine   **5.** couscous, tajine

LEÇON 3: STRUCTURES

Les verbes *vouloir, pouvoir* et *devoir*   Expressing Desire, Ability, and Obligation

	DEVOIR	VOULOIR	POUVOIR
je	dois	veux	peux
nous	devons	voulons	pouvons
il	doit	veut	peut
vous	devez	voulez	pouvez

B.   **1.** doit, veut   **2.** devons, voulons   **3.** veulent, doivent   **4.** dois, veux   **5.** veut, doit   **6.** devons, voulons   **7.** doivent, veulent   **8.** doit, veut

C.   **1.** ne peut pas manger de pain.   **2.** ne pouvons pas faire du (de) jogging.   **3.** ne peut pas faire du (de) ski. (ne peut pas faire du [de] jogging.)   **4.** ne peux pas inviter un ami / une amie (d'amie / d'amie) au restaurant.   **5.** ne peuvent pas boire du (de) café.   **6.** ne pouvez pas prendre du (de) dessert.

F.   **1.** Je vous en prie, madame.   **2.** Merci. C'est très gentil.   **3.** Je veux dire   **4.** Tu dois   **5.** Est-ce que je pourrais / s'il vous plaît   **6.** Je voudrais   **7.** Il n'y a pas de quoi, monsieur.   **8.** De rien.

Le passé composé avec l'auxiliaire *avoir*   Talking About the Past

A.

	TRAVAILLER	RÉUSSIR	VENDRE
j'	ai travaillé	ai réussi	ai vendu
on	a travaillé	a réussi	a vendu
les copains	ont travaillé	ont réussi	ont vendu
vous	avez travaillé	avez réussi	avez vendu
nous	avons travaillé	avons réussi	avons vendu
tu	as travaillé	as réussi	as vendu

B.   **1.** appris   **2.** été   **3.** répondu   **4.** voulu   **5.** pris   **6.** fait   **7.** eu   **8.** dû   **9.** bu   **10.** plu   **11.** pu   **12.** fini

C.   **1.** avons réservé   **2.** a eu   **3.** a demandé   **4.** avons attendu   **5.** avons choisi   **6.** J'ai commencé   **7.** a voulu   **8.** a pris   **9.** a été   **10.** avons bu   **11.** a fait   **12.** ont fini

D.   (*Answers will vary.*)   **1.** J'ai accepté une (Je n'ai pas accepté d') invitation.   **2.** J'ai bu du (Je n'ai pas bu de) champagne.   **3.** J'ai pris de l'aspirine. (Je n'ai pas pris d'aspirine.)   **4.** J'ai eu (Je n'ai pas eu) peur.   **5.** J'ai porté un (Je n'ai pas porté de) maillot de bain.   **6.** J'ai fait (Je n'ai pas fait) le ménage.   **7.** J'ai regardé (Je n'ai pas regardé) la télévision.

E.   (*Answers may vary.*)   **1.** ...as-tu dîné?   **2.** ...avez-vous pris un café après le dîner?   **3.** ...as-tu dû appeler un taxi?   **4.** ...avez-vous appelé (pris) un taxi?

F.   **1.** J'ai trouvé   **2.** on a fait   **3.** nous avons commencé   **4.** il n'a pas acheté   **5.** on n'a pas eu   **6.** nous avons réussi   **7.** ont été

I.   **1.** Avant-hier   **2.** Hier soir   **3.** toute la matinée   **4.** la semaine dernière   **5.** Hier   **6.** toute la journée   **7.** la soirée

LEÇON 4: PERSPECTIVES

Faire le bilan   A.   1. Ces tableaux-ci, ces tableaux-là   **2.** Cet hôtel-ci, cet hôtel-là
B.   1. 1789   **2.** 20 450   **3.** 2 158 000   **4.** 793 893   **5.** 562 600   **6.** 60 742 000
C.   1. pouvez, pouvons   **2.** peux, peux   **3.** peux, peut   **4.** voulez, veux   **5.** veux, veut   **6.** voulons, veulent   **7.** dois, dois, doit   **8.** doivent   **9.** devez, devons
D.   (*Answers will vary.*)

Chapitre 8

LEÇON 1: PAROLES

En vacances   A.   (*Answers will vary.*)   **1.** faire une randonnée, le jogging, nager   **2.** l'alpinisme, faire une randonnée, la pêche, le ski alpin, le ski de fond, le vélo   **3.** faire du bateau, nager, la pêche, la planche à voile, la plongée (sous-marine), le ski nautique   **4.** le base-ball, le basket-ball, le football, le football américain, le tennis   **5.** l'alpinisme, faire du bateau, faire du cheval, faire une randonnée, le base-ball, le football, le jogging, nager, la pêche, la planche à voile, la plongée sous-marine, le ski nautique, le tennis, le vélo…   **6.** le basket-ball, le football américain, patiner, le ski alpin, le ski de fond…
B.   (*Answers may vary.*)   **1.** faire du camping.   **2.** prendre des vacances.   **3.** faire de l'alpinisme, de la bicyclette ou une randonnée.   **4.** faire de la plongée sous-marine ou de la natation.   **5.** faire du ski.
6. faire une randonnée, faire du vélo sur les routes de campagne.
D.   (*Answers will vary.*)
Le verbe *acheter*   1. achetez   **2.** achète, achetons   **3.** achète   **4.** achètent   **5.** achètes
Au magasin de sports

A.

```
L A I S K S D E P L A I N B R E A
I K S E D S E T T E N U L F R E S
S E R V I E T T E D E P L A G E O
O U P R I T E N T E D O N N E R L
S E R A N O R A B L E P A I N S E
O M A I L L O T D E B A I N S I I
I M P R A N O R A K M A I L O T L
O O L M A R I O E V E L M O N I E
L E U S L K A T H A L B O G R E S
L E I L I E E M P R U N T E R E T
D R E G A H C U O C E D C A S F U
C H A U S S U R E S D E S K I R E
```

Des années importantes   A.   1. dix-neuf cent dix-huit (mille neuf cent dix-huit)   **2.** dix-sept cent quatre-vingt-neuf (mille sept cent quatre-vingt-neuf)   **3.** douze cent cinquante-sept (mille deux cent cinquante-sept)   **4.** dix-huit cent trois (mille huit cent trois)   **5.** dix-huit cent soixante et un (mille huit cent soixante et un)   **6.** quatorze cent trente-six (mille quatre cent trente-six)
B.   1. 1120   **2.** 1096   **3.** 1431   **4.** 1756   **5.** 1793   **6.** 1814

LEÇON 2: STRUCTURES

Quelques verbes irréguliers en *-ir* Expressing Actions

A.

	MES COPAINS	TU	NOUS	MOROWA
sortir	sortent	sors	sortons	sort
venir	viennent	viens	venons	vient
sentir	sentent	sens	sentons	sent
dormir	dorment	dors	dormons	dort
servir	servent	sers	servons	sert
obtenir	obtiennent	obtiens	obtenons	obtient

B. **1.** dort **2.** sortir **3.** sert **4.** sent / Line préfère manger. **5.** dormons **6.** sert **7.** sentons
8. part / Elles doivent quitter leur chambre à sept heures et demie.
C. (*Answers may vary.*) **1.** Elle vient de boire une bouteille d'eau. **2.** Nous venons de faire de
l'aérobic. **3.** Elles viennent de passer un an au Mexique. **4.** Vous venez de vendre votre entreprise
à une multinationale. (Nous venons de vendre notre entreprise à une multinationale.) **5.** Tu viens
(Vous venez) de dormir douze heures. (Je viens de dormir douze heures.)
F. **1.** sortent **2.** quittent **3.** partent **4.** sort **5.** quitte **6.** partir

Le passé composé avec l'auxiliaire *être* Talking About the Past

A.

	ARRIVER	PARTIR	RENTRER
vous, madame	êtes arrivée	êtes partie	êtes rentrée
Hassan et moi	sommes arrivés	sommes partis	sommes rentrés
les visiteurs	sont arrivés	sont partis	sont rentrés
Marie-Anne, tu	es arrivée	es partie	es rentrée

B. **1.** Mes amies ne sont pas allées à la piscine. Elles sont restées à la maison. Elles ne sont pas
sorties dans le jardin. **2.** Elle est passée par Dakar. Elle est restée une semaine à Marrakech. Elle
n'est pas allée à Rome. **3.** Il est né en 1757. Il est mort en 1834. Il n'est pas devenu président des
États-Unis.
C. **1.** est née **2.** est venue (est partie) **3.** est rentrée **4.** est devenu **5.** est partie
D. **1.** est né **2.** a eu **3.** est parti **4.** est allé **5.** a appris **6.** est revenu **7.** a continué **8.** a habité
9. a obtenu **10.** est parti **11.** a choisi **12.** est arrivé **13.** ont commencé **14.** a passé **15.** a désiré
16. n'a pas pu **17.** a réussi **18.** sont venus **19.** a quitté
E. **1.** ai pris **2.** suis montée **3.** suis descendue **4.** ai rencontré **5.** suis allée

LE BLOG D'HASSAN: *Partir!*

A. **1.** J'ai pris **2.** J'ai quitté **3.** est sortie **4.** sommes allés **5.** J'ai senti
B. **1.** reviens **2.** pars **3.** deviens **4.** sortons **5.** dormons
C. **1.** Alexis, tu n'es pas resté deux semaines à la Réunion? **2.** Trésor, tu n'as pas nagé dans l'océan
Indien pendant les vacances? **3.** Charlotte, l'été dernier, tu n'as pas eu d'invités dans ta maison à
Genève? **4.** Poema, tes parents n'ont pas pas loué leur villa à des Français l'été dernier? **5.** Mes
amis, vous n'avez pas fini de faire vos projets de voyage pour l'été prochain?
D. **1.** vient d'écrire **2.** viens de répondre **3.** venons d'écrire
4. viennent de quitter **5.** venez de passer
E. (*Answers will vary.*)

PAUSE-CULTURE

A. **1.** V **2.** V **3.** F **4.** V **5.** F
B. **1.** b **2.** c **3.** a **4.** c **5.** a

LEÇON 3: STRUCTURES

L'expression impersonnelle *il faut* **Expressing Obligation and Necessity** **A.** (*Answers may vary.*)
1. Il faut des skis, des lunettes de ski, un pantalon de ski et des chaussures de ski pour faire du ski.
2. Il faut un cheval pour faire de l'équitation. **3.** Il ne faut pas de lunettes de ski (de tente, d'anorak, de chaussures de ski, etc.) pour aller à la plage. **4.** Il faut des chaussures de montagne pour faire une randonnée en montagne.

Les prépositions devant les noms de lieu **Expressing Location** **A.** **1.** en Amérique du Nord.
2. en Allemagne. **3.** du Japon. **4.** en Chine ou au Japon **5.** à Moscou **6.** à Madrid **7.** d'Amérique du Sud (d'Afrique) **8.** en Virginie **9.** en Afrique **10.** de Californie
B. **1.** au Maroc **2.** en Chine **3.** en Chine, au Tibet, au Népal, à Hong-Kong **4.** à Porticcio (en Corse)
5. (*Answers will vary.*)
C. **1.** à Marseille **2.** en Italie **3.** d'Italie, en Allemagne **4.** à Paris (en France, d'Allemagne) **5.** au Japon **6.** du Japon **7.** Paris (la France), en Angleterre

LEÇON 4: PERSPECTIVES

Faire le bilan **A.** (*Answers will vary.*)
B. **2.** 1793, a été **3.** 1804, est devenu **4.** 1815, est monté **5.** 1830, est allé **6.** 1848, a proclamé
7. 1851, a préparé **8.** 1870, a proclamé **9.** 1940, est tombée **10.** 1958, a commencé
C. (*Answers will vary.*)

◉ **R**évisez! Chapitres 5 à 8

A. **1.** habitons **2.** travaille **3.** vend **4.** a **5.** allons **6.** réussissons **7.** voyageons **8.** prenons
9. veut **10.** préfère **11.** sont **12.** peut **13.** fait **14.** est **15.** fait **16.** faisons
B. **1.** 75 (soixante-quinze) **2.** 165 (cent soixante-cinq) **3.** 190 (cent quatre-vingt-dix) **4.** 380 (trois cent quatre-vingts) **5.** 492 (quatre cent quatre-vingt-douze)
C. (*Answers may vary.*) **1.** Elles doivent faire la vaisselle. **2.** Je peux faire une promenade. **3.** Ils veulent faire sa connaissance. **4.** Je dois faire mes devoirs, mais je veux dormir. **5.** Je peux aller à la police. Je vais attendre.
D. **1.** Faisons du ski! **2.** Joue au tennis! **3.** Ne faites pas de pique-nique! **4.** Buvez du café!
5. Prenons l'autobus!
E. **1.** Vous désirez **2.** Un sandwich au fromage **3.** salade **4.** s'il vous plaît **5.** C'est tout **6.** je voudrais **7.** pour manger ici **8.** Ça fait combien **9.** sept euros **10.** Merci, monsieur
F. **1.** Cette **2.** Ce **3.** ces **4.** ces **5.** cet **6.** ces **7.** ces **8.** cette **9.** Cette **10.** Ces **11.** cet **12.** ce
13. ces **14.** ce **15.** ces
G. **1.** avons quitté **2.** sommes allés **3.** avons trouvé **4.** sommes partis **5.** est parti(s) **6.** a passé
7. ai fait **8.** ont bronzé **9.** a pu **10.** ai décidé **11.** sont restés **12.** sommes rentrés **13.** sommes descendus

Chapitre 9

LEÇON 1: PAROLES

À l'aéroport / À la gare / En route! A. 1. un vol **2.** une gare **3.** une passagère **4.** un avion
5. un pilote **6.** une voiture **7.** la route (l'autoroute)
B. 1. guichet **2.** billets **3.** valises **4.** ski **5.** gare **6.** quai **7.** passagers **8.** wagon **9.** compartiment
10. plein
C.

NO DU VOL	ARRIVE DE/DU/DES	HEURE D'ARRIVÉE
61	*Japon*	*9 h 40*
74	*États-Unis*	*13 h 30*
79	*Canada*	*20 h*
81	*Russie*	*8 h 15*
88	*Chine*	*12 h*
93	*Maroc*	*17 h 15*
99	*Mexique*	*15 h 10*

F. (*Answers will vary.*)
Les points cardinaux (*Answers may vary.*) **1.** au sud (au sud-est) **2.** au nord **3.** à l'ouest **4.** au
nord-est **5.** à l'est **6.** à l'ouest (au nord-ouest) **7.** au sud-ouest **8.** au sud-est (au sud)

LEÇON 2: STRUCTURES

Le verbe *conduire* **Expressing Actions**
A.

	CONDUIRE	TRADUIRE	CONSTRUIRE
je	conduis	traduis	construis
nous, les étudiants	conduisons	traduisons	construisons
les professeurs	conduisent	traduisent	construisent
vous, Madame Gian	conduisez	traduisez	construisez
tu	conduis	traduis	construis

C. 1. conduit **2.** construisent **3.** traduit **4.** conduisons **5.** détruisent **6.** réduit **7.** vais en voiture
Depuis **et** *pendant* **Expressing How Long, How Long Ago, and Since When A. 1.** Depuis **2.** depuis
3. pendant **4.** depuis **5.** il y a **6.** Depuis **7.** depuis **8.** pendant **9.** il y a
B. (*Answers will vary.*)

LE BLOG DE JULIETTE: *La Rolls du vélo*

A. 1. Depuis combien de temps **2.** Pendant combien de temps **3.** Depuis quand **4.** depuis **5.** Il y a
B. 1. en **2.** en, en **3.** en **4.** à **5.** à
C. (*Answers may vary.*) **1.** tu achètes tes billets de train au guichet (à la gare) **2.** est-ce que tu aimes
prendre l'avion **3.** combien de couchettes y a-t-il dans un compartiment couchette **4.** tu prends le
train pour partir le week-end **5.** est-ce que tu voyages quelquefois (souvent) en bateau

D. 1. conduit **2.** conduisent **3.** conduis **4.** conduis **5.** conduisons
E. (*Answers will vary.*)

PAUSE-CULTURE

A. 1. métro **2.** train **3.** vélo **4.** pistes cyclables **5.** polluant
B. 1. l'Eurostar **2.** (La) SNCF **3.** 25 **4.** «Prem's» **5.** Europe, Afrique du Nord

LEÇON 3: STRUCTURES

Les adverbes affirmatifs et négatifs Expressing Negation A. 1. il n'est jamais à l'heure. **2.** il n'est pas encore (il n'est jamais) allé en Italie. **3.** il ne part jamais en vacances. **4.** elle part toujours avec lui. **5.** il ne travaille plus chez Renault. **6.** elle n'est pas encore mariée. **7.** il est encore à l'université.
B. (*Answers will vary.*) **1.** [Je] n'ai que cinq semaines de vacances cette année. **2.** Il n'y a qu'un endroit que je vais visiter. **3.** Je ne peux choisir qu'entre trois grands hôtels dans plusieurs villes européennes. **4.** Je ne vais partir que pour deux semaines au soleil.
Les pronoms affirmatifs et négatifs Expressing Negation A. 1. Personne n' **2.** Rien n' **3.** Rien ne **4.** Personne n' **5.** Personne n' **6.** Rien ne
B. 1. Non, il n'y a rien de bon au cinéma. **2.** Non, je ne suis allé au cinéma avec personne d'amusant. **3.** Non, je n'ai rien mangé de délicieux au restaurant. **4.** Non, personne ne comprend mes problèmes.

LEÇON 4: PERSPECTIVES

Faire le bilan A. (*Answers will vary.*) **1.** l'aéroport, le pilote, les passagers **2.** la route, la voiture, la moto **3.** le train, la gare, le quai **4.** les valises, le train, le billet
B. (*Answers will vary.*)
C. (*Answers will vary.*) **1.** quelqu'un d'intellectuel **2.** quelque chose de frais **3.** quelque chose d'amusant **4.** quelqu'un de passionnant **5.** quelqu'un de charmant **6.** quelque chose de nouveau **7.** quelque chose d'intéressant **8.** quelqu'un d'important
D. (*Answers will vary.*)

Chapitre 10

LEÇON 1: PAROLES

Les nouvelles technologies A. 1. un caméscope **2.** un baladeur iPod,® un iPod® **3.** un ordinateur de bureau (de table) (le micro [micro-ordinateur]) **4.** un assistant numérique (un PDA)
Les médias et la communication A. 1. g **2.** e **3.** b **4.** c **5.** f **6.** d **7.** a
C. (*Answers will vary.*)
Quelques verbes de communication

A.

	DIRE	LIRE	ÉCRIRE	METTRE	DÉCRIRE
nous	disons	lisons	écrivons	mettons	décrivons
tu	dis	lis	écris	mets	décris
on	dit	lit	écrit	met	décrit
vous	dites	lisez	écrivez	mettez	décrivez
mes copains	disent	lisent	écrivent	mettent	décrivent
je/j'	dis	lis	écris	mets	décris

B. **1.** écrire **2.** décrit **3.** décrivent (écrivent, mettent) **4.** mettent **5.** écrivons **6.** mettent / (*Answers may vary.*)
D. (*Answers will vary.*)

LEÇON 2: STRUCTURES

L'imparfait   Describing the Past

A.

	ÊTRE	ÉTUDIER	LIRE	METTRE
je/j'	étais	étudiais	lisais	mettais
vous	étiez	étudiiez	lisiez	mettiez
tu	étais	étudiais	lisais	mettais
ils	étaient	étudiaient	lisaient	mettaient

B. **1.** finissait son travail **2.** dormait **3.** écrivaient au tableau **4.** lisaient le journal **5.** sortait **6.** pensions partir **7.** prenait sa place **8.** mettait ses affaires sous sa chaise
C. **1.** travaillait **2.** commençait **3.** n'avions pas **4.** étions **5.** allait
D. **1.** etait **2.** pouvais **3.** étaient **4.** allaient **5.** attendait (attendaient) **6.** descendait **7.** lisait **8.** mettait **9.** servaient **10.** faisait **11.** étais
H. (*Answers will vary.*)
Les pronoms d'objet direct   Speaking Succinctly   A. (*Answers may vary.*) **1.** ses amis, ses parents **2.** cet exercice, le ménage **3.** ton short, ton pyjama **4.** Guy, Laurent (la nouvelle étudiante, ce nouveau film, la pièce de théâtre) **5.** la nouvelle étudiante, la pièce de théâtre
B. (*Answers may vary.*) **1.** Je les donne à la dame. **2.** Je le donne à l'étudiant. **3.** Je les donne aux enfants. **4.** Je la donne au monsieur. **5.** Je les donne aux enfants. **6.** Je le donne à la dame. **7.** Je les donne à l'étudiant. **8.** Je la donne à Wolfgang.
C. **1.** le **2.** m' **3.** me **4.** le **5.** le **6.** me **7.** le **8.** te **9.** nous **10.** vous **11.** l' **12.** la
F. (*Answers will vary.*)

LE BLOG DE JULIETTE: *Ordinateur, mon amour!*

A. **1.** blog **2.** courriel (mél) **3.** lecteur de DVD **4.** SMS (textos) **5.** ADSL
B. **1.** avais **2.** commençais **3.** pouvais, étaient **4.** lisais, comprenais **5.** téléphonais, attendais
C. **1.** Alexis les collectionne. **2.** Trésor n'a pas la permission de l'utiliser. **3.** Charlotte l'a oublié dans le train. **4.** Mamadou, est-ce que tu vas l'acheter? **5.** Poema, tu vas la regarder?
D. **1.** lis **2.** dit **3.** mettent **4.** lisent **5.** dites
E. (*Answers will vary.*)

PAUSE-CULTURE

A. (*Answers may vary.*) **1.** lecteur de DVD, câble **2.** ordinateur, caméscope, appareil photo numérique, courriel **3.** ordinateur, appareil photo numérique, imprimante photo **4.** SMS, texto, boîte vocale **5.** iPod®
B. **1.** b **2.** a **3.** a **4.** a **5.** a

LEÇON 3: STRUCTURES

L'accord du participe passé   Talking About the Past   A.   (*Answers may vary.*) **1.** Il les a bus. **2.** Il les a lues. **3.** Il l'a louée. **4.** Il les a portées. **5.** Il les a écoutés. **6.** Il les a regardées.
B. **1.** j'ai cherché **2.** les ai, retrouvées **3.** étaient **4.** les ai laissées **5.** a téléphoné **6.** conduisait **7.** ne les ai pas apportées **8.** ont dû **9.** sont entrés

D. (*Answers will vary.*)

Les verbes *voir* et *croire*   Expressing Observations and Beliefs

A.

	VOIR (*Présent*)	CROIRE (*Présent*)	REVOIR (*Passé composé*)	RECEVOIR (*Passé composé*)
tu	vois	crois	as revu	as reçu
mes amis	voient	croient	ont revu	ont reçu
tout le monde	voit	croit	a revu	a reçu
Paul et moi	voyons	croyons	avons revu	avons reçu
ton frère et toi	voyez	croyez	avez revu	avez reçu
je/j′	vois	crois	ai revu	ai reçu

B.   1. crois   **2.** vois   **3.** crois   **4.** vois   **5.** crois   **6.** voit

D.

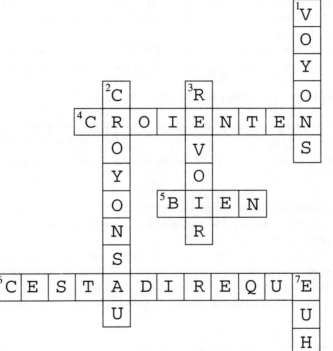

LEÇON 4: PERSPECTIVES

Faire le bilan   A.   1. étais   **2.** avais   **3.** habitait   **4.** était   **5.** écrivait   **6.** attendais   **7.** était   **8.** avait
9. achetions   **10.** commençaient   **11.** mangions   **12.** travaillaient   **13.** fabriquaient   **14.** avaient
15. gagnaient   **16.** pouvions   **17.** faisions   **18.** jouions
B.   1. … Tu l'as lu ce matin? —Non je ne l'ai pas lu aujourd'hui. … —Non, je ne les regarde jamais.
2. … —Oui, je l'écoutais souvent. … —Oui, je le comprenais assez bien.   **3.** … —Je les ai rencontrés
en France. —Tu l'as déjà visitée? —Oui, je l'ai visitée il y a deux ans.
C. (*Answers will vary.*)
Prononciation   1. de mon enfance   **2.** mes vacances à la mer   **3.** chaque mois d'août   **4.** j'habitais
Paris pendant   **5.** je passais un mois par an   **6.** une grande plage   **7.** C'était   **8.** Je passais   **9.** jouer
avec des petits copains   **10.** étaient   **11.** différentes   **12.** jamais   **13.** les oublier

Chapitre 11

LEÇON 1: PAROLES

Une petite ville **A.** 1. au coin 2. à gauche 3. traverse 4. En face 5. à droite 6. jusqu'à
B. 1. banque 2. piscine 3. mairie 4. pharmacie 5. syndicat d'initiative 6. commissariat (poste de police) 7. hôpital 8. café-tabac (bureau de tabac) 9. librairie
Les arrondissements de Paris **A.** 1. habite au premier étage. 2. habite au quatrième étage.
3. habitent au deuxième étage. 4. habite au rez-de-chaussée. 5. habite au neuvième étage. 6. habite au dixième étage.

LEÇON 2: STRUCTURES

Le passé composé et l'imparfait **Describing Past Events** **A.** (*Answers will vary.*)
B. 1. habitaient 2. a préparé 3. était 4. ont décidé 5. appelait 6. faisait 7. a vu 8. est entrée
9. était 10. a essayé 11. avait 12. a goûté 13. était 14. a dévoré 15. avait 16. est montée
17. a essayé 18. était 19. a fermé 20. dormait 21. sont rentrés 22. a vu 23. a dit 24. sont montés
25. dormait 26. ont vu 27. ont crié
E. 1. C'était mon amie Céline. 2. Elle m'a demandé de l'aider avec nos devoirs. 3. Je lui ai répondu que nous n'avions pas de devoirs. 4. Toute contente elle m'a invité(e) à aller avec elle au cinéma.
Les pronoms d'objet indirect **Speaking Succinctly** **A.** 1. a 2. d 3. e 4. f 5. g 6. c 7. j 8. h
9. i 10. b
B. (*Answers may vary.*) 1. Je leur donne des skis. 2. Je lui donne mon numéro de téléphone. 3. Je lui donne une télévision. 4. Je lui donne des CD français. 5. Je lui donne 50 millions de dollars.
6. Je leur donne une semaine de vacances. 7. Je lui donne des skis. 8. Je leur donne un livre de cuisine diététique.
C. (*Answers will vary.*)
D. 1. L'année dernière, Marguerite ne lui a pas donné de vin blanc. 2. Michel ne lui a pas acheté de CD de musique folk. 3. Cette année, je ne vais pas lui donner de chemise en polyester. 4. Maman ne va pas lui faire de rôti de porc pour le dîner.
G. (*Answers may vary.*) 1. Oui, je les aime. (Non, je ne les aime pas.) 2. Oui, je leur téléphone (assez) souvent. (Non, je ne leur téléphone pas souvent.) 3. Oui, je lui ai déjà écrit une lettre (un mél.) (Non, je ne lui ai jamais écrit de lettre [de mél].) 4. Oui, je veux le (la) voir hors de la classe. (Non, je ne veux pas le [la] voir hors de la classe.) 5. Je lui ai prêté un livre (ma voiture, vingt dollars, etc.).

LE BLOG DE JULIETTE: «*Ajoutez deux lettres à Paris: c'est le paradis.*» (*Jules Renard*)

A. 1. Juliette aime leur montrer son Paris secret. 2. Juliette lui téléphone pour connaître les heures d'ouverture le week-end. 3. Juliette leur a prêté son plan de Paris, et ils l'ont perdu. 4. Juliette lui a téléphoné pour savoir comment trouver un stage à Londres. 5. Juliette leur dit d'éviter la banlieue parce qu'elle préfère Paris.
B. 1. habitait 2. visitait 3. sommes parti(e)s 4. avait peur 5. était, a sonné
C. 1. le centre-ville 2. la banlieue 3. la Rive droite 4. l'arrondissement 5. le plan
D. 1. Pendant que 2. D'abord 3. puis 4. au moment où 5. Soudain
E. (*Answers will vary.*)

PAUSE-CULTURE

A. **1.** suis allé, suis arrivé   **2.** suis allée, ai rencontré   **3.** habitait, ont acheté   **4.** étais, j'ai fait
5. étaient, ai décidé
B. **1.** F **2.** V **3.** V **4.** V **5.** V

LEÇON 3: STRUCTURES

Savoir et *connaître* **Saying What and Whom You Know**   **A.**   **1.** sait   **2.** connaissons   **3.** connaît
4. Savez   **5.** connais   **6.** connaissez   **7.** savons   **8.** connaissons   **9.** Sais
B. (*Answers may vary.*)   **1.** Oui, je le sais.   **2.** Oui, je sais jouer au tennis.   **3.** Non, je ne la connais
pas.   **4.** Oui, je les connais.   **5.** Oui, je la sais.   **6.** Non, je ne sais pas.   **7.** Non, je ne la connais pas.
8. Oui, je la connais.   **9.** Oui, je sais compter en espagnol.   **10.** Oui, je les connais.
Les pronoms *y* et *en*   Speaking Succinctly   **A.** *en* apparaît 6 fois (Note: le premier *en* n'est pas un
pronom.) 120 − (35 + 48) correspond à l'énoncé numéro 3.   **1.** Il lui en reste 133.   **2.** Il lui en reste
107.   **3.** Il lui reste 37.
B. (*Answers may vary.*)   **1.** Oui, j'y ai dîné hier soir.   **2.** Non, je n'y suis pas encore allé(e).   **3.** J'y fais
mes devoirs.   **4.** Non, je n'y réponds pas immédiatement.   **5.** Oui, j'y pense.   **6.** J'y mets mes livres.
7. J'y passe une heure chaque semaine.
C.   **1.** y   **2.** en   **3.** en   **4.** y   **5.** en   **6.** y   **7.** en   **8.** en   **9.** en   **10.** y

LEÇON 4: PERSPECTIVES

Faire le bilan   **A.**   **1.** j'ai visité   **2.** j'avais   **3.** j'étais   **4.** je voulais   **5.** j'ai fait   **6.** Il m'a invitée
7. nous sommes allés   **8.** a suggéré   **9.** il a dit   **10.** nous devions   **11.** J'ai hésité   **12.** je ne le connais-
sais pas   **13.** j'ai accepté   **14.** Nous avons fait   **15.** parlait   **16.** chantait   **17.** C'était   **18.** Il m'a rac-
compagnée   **19.** m'a dit   **20.** il est parti   **21.** je ne l'ai jamais revu
B. (*Answers may vary.*)   **1.** sont sortis. Maryvonne a apporté son parapluie, même s'il ne pleuvait pas
encore.   **2.** pleuvait. Ils ont fait une promenade sous la pluie.   **3.** ont décidé de prendre quelque chose
dans un café. Ils sont entrés Chez Louise.   **4.** Ils ont choisi une table devant une fenêtre. Quand le
serveur est arrivé, ils ont commandé deux cafés.   **5.** Ils ont regardé par la fenêtre.   **6.** parlaient,
regardaient la télé et jouaient aux cartes.
C. (*Answers will vary.*)

Chapitre 12

LEÇON 1: PAROLES

Le patrimoine historique   **A.**   **1.** La Madeleine, Premier Empire, dix-neuvième   **2.** Le château de
Vaux-le-Vicomte, classique, dix-septième   **3.** Chambord, Renaissance, seizième   **4.** L'église de
Beauvais, médiévale (Moyen Âge), treizième

B.
- l'époque moderne   *la tour Eiffel*   *Charles de Gaulle*
- l'époque classique   *Versailles*   *Louis XIV*
- la Renaissance   *Jacques Cartier*   *Chambord*
- le Moyen Âge   *Notre-Dame*   *Charlemagne*
- l'époque romaine   *les arènes de Lutèce*

Les œuvres d'art et de littérature

ARTISTES	ŒUVRES
actrice	film
cinéaste	œuvre musicale
compositeur	pièce de théâtre
écrivain	poème
peintre	roman
poète	sculpture
sculpteur	tableau

Les verbes *suivre* et *vivre*

A.

	POURSUIVRE	VIVRE	SUIVRE (*Passé composé*)
je/j'	poursuis	vis	ai suivi
on	poursuit	vit	a suivi
nous	poursuivons	vivons	avons suivi
les poètes	poursuivent	vivent	ont suivi
tu	poursuis	vis	as suivi
vous	poursuivez	vivez	avez suivi

B. (*Answers will vary.*)

LEÇON 2: STRUCTURES

Les pronoms accentués Emphasizing and Clarifying A. 2. elle **3.** eux **4.** eux **5.** moi **6.** vous **7.** toi **8.** nous
B. (*Answers will vary.*) **1.** Moi (Nous)… **2.** Lui (Elle)… **3.** Eux… **4.** Lui (Elle)… **5.** Eux… **6.** Elles… **7.** Lui (Elle)… **8.** Moi (Nous)…
La place des pronoms personnels Speaking Succinctly B. (*Answers may vary.*) **1.** JUSTIN: Ne l'y emmène pas. (Ne l'y emmenez pas.) JULIE: Emmène-l'y. (Emmenez-l'y.) **2.** JUSTIN: N'y en faites pas. JULIE: Faites-y-en. **3.** JUSTIN: Ne lui en apportez pas. JULIE: Apportez-lui-en. **4.** JUSTIN: Ne la leur montre pas. (Ne la leur montrez pas.) JULIE: Montre-la-leur. (Montrez-la-leur.) **5.** JUSTIN: Ne le lui enseigne pas. (Ne le lui enseignez pas.) JULIE: Enseigne-le-lui. (Enseignez-le-lui.) **6.** JUSTIN: Ne lui en écrivez pas. JULIE: Écrivez-lui-en.
C. (*Answers may vary.*) **1.** Ne la lui prête pas. (Prête-la-lui.) **2.** Envoie-le-lui. (Ne le lui envoie pas.) **3.** Ne nous les montre pas. (Ne les leur montre pas.) / Montre-les-nous (Montre-les-leur). **4.** N'y en fume pas. (Fumes-y-en.) **5.** Ne me les donnez pas. (Ne m'en donnez pas six.) / Donnez-les-moi.

LE BLOG DE JULIETTE: *Pour les amateurs d'art*

A. 1. peinture, tableaux, peintre **2.** poèmes, poètes, Renaissance **3.** pièces, acteurs, actrices **4.** sculpture, sculpteur, femme sculpteur **5.** patrimoine, gothiques, romaines
B. 1. vit **2.** poursuit **3.** suivent **4.** vivez **5.** vivons
C. 1. lui **2.** moi, toi **3.** toi **4.** eux-mêmes **5.** vous

D. **1.** le lui ai montré. **2.** nous (me) les a expliquées. **3.** les y ai emmenés. **4.** la lui ai donnée.
5. vais lui en parler.
E. (*Answers will vary.*)

PAUSE-CULTURE

A. **1.** sculpteur **2.** poète **3.** écrivain **4.** musicien **5.** peintre
B. **1.** e **2.** c **3.** b **4.** a **5.** d

LEÇON 3: STRUCTURES

Les verbes suivis de l'infinitif   Expressing Actions

A.

	+ infinitif	+ **à** + infinitif	+ **de** + infinitif
1. accepter			✓
2. aider		✓	
3. aller	✓		
4. arrêter			✓
5. chercher		✓	
6. choisir			✓
7. conseiller			✓
8. demander			✓
9. désirer	✓		
10. devoir	✓		
11. enseigner		✓	
12. oublier			✓
13. permettre			✓
14. rêver			✓
15. savoir	✓		
16. vouloir	✓		

B. **1.** — **2.** — **3.** de **4.** de **5.** de **6.** de **7.** de **8.** — **9.** à **10.** — **11.** par **12.** à **13.** à **14.** de
15. à **16.** d'
C. (*Answers will vary.*)

Les adverbes   Talking About How Things Are Done

A. **1.** vainement **2.** finalement **3.** rapidement **4.** immédiatement **5.** lentement **6.** poliment
7. doucement **8.** calmement
B. **1.** rapidement **2.** patiemment **3.** sérieusement **4.** lentement **5.** poliment **6.** activement
7. honnêtement **8.** franchement
C. (*Answers will vary.*)

LEÇON 4: PERSPECTIVES

Faire le bilan **A.** **1.** Oui, je te le prête. Alors, prête-le-moi. **2.** Oui, je te la donne. Alors, donne-la-moi. **3.** Oui, je les lui prête. Alors, prête-les-lui. **4.** Oui, je te les montre. Alors, montre-les-moi.
5. Oui, je la leur donne. Alors, donne-la-leur.
B. (*Answers will vary.*)

A. **1.** Depuis **2.** il y a **3.** depuis **4.** depuis **5.** depuis **6.** pendant **7.** Depuis trois ans
B. **1.** Seth ne parle jamais en cours de français. **2.** Paul ne pose plus de questions. **3.** Sylvie n'a pas encore fait les devoirs. **4.** Aimée ne répond jamais en anglais. **5.** Nous n'allons jamais dans des restaurants français. **6.** Je ne comprends pas du tout (pas très bien). **7.** Le professeur n'a rien d'intéressant à dire. **8.** Personne n'aime le professeur.
C. **1.** D **2.** A **3.** A **4.** D **5.** A **6.** D
D. (*Answers may vary.*) **1.** Oui, ils la regardent souvent. (Non, ils ne la regardent pas souvent.) **2.** Oui, ils l'aiment beaucoup. (Non, ils ne l'aiment pas du tout.) **3.** Oui, je la fais souvent. (Non, je ne la fais pas souvent.) **4.** Oui, je le comprends toujours. (Non, je ne le comprends pas toujours.) **5.** Oui, j'aime les faire. (Non, je n'aime pas les faire.) **6.** Oui, je vais le finir. (Non, je ne vais pas le finir.) **7.** Oui, je vais le porter. (Non, je ne vais pas le porter.) **8.** Oui, je l'ai lu. (Non, je ne l'ai pas lu.)
E. **1.** étais **2.** ai décidé **3.** ne pouvais **4.** avais **5.** suis allé(e) **6.** était **7.** ai demandé **8.** a répondu **9.** avons préparé **10.** avons mangé
G. **1.** de, de **2.** — **3.** à **4.** de, — **5.** d', — **6.** d' **7.** — **8.** de **9.** — **10.** — **11.** de **12.** à
H. (*Answers may vary.*) **1.** Oui, je leur téléphone souvent. (Non, je ne leur téléphone jamais.) **2.** Oui, je pense y aller. (Non, je ne pense pas y aller.) **3.** Oui, je les ai achetés. (Non, je ne les ai pas achetés.) **4.** Oui, je leur en donne. (Non, je ne leur en donne pas.) **5.** Oui, je lui en ai déjà offert. (Non, je ne lui en ai jamais offert.)
I. **1.** V **2.** F **3.** V **4.** F **5.** F **6.** V **7.** V

Chapitre 13

LEÇON 1: PAROLES

L'amour et le mariage

A.

AU DÉBUT	AU MILIEU	VERS LA FIN
Ils tombent amoureux.	Ils prennent un (joli) appartement.	Ils divorcent.
Ils se fiancent.		Ils se disputent.
Ils se rencontrent.	Ils se marient.	Les choses changent.
C'est le coup de foudre.	Ils partent en voyage de noces.	
Ils sortent (souvent).		

B. **1.** à la cérémonie **2.** ne se marient pas **3.** se disputent **4.** les fiançailles **5.** de meubles
Le corps humain **A.** **1.** aux oreilles (à la tête) **2.** aux dents **3.** au dos (aux bras) **4.** aux pieds **5.** aux doigts (aux oreilles) **6.** aux yeux **7.** aux oreilles (à la tête) **8.** aux pieds (aux jambes, partout)
Les activités de la vie quotidienne **A.** a. 8 b. 1 c. 5 d. 3 e. 7 f. 4 g. 2 h. 6
B. (*Answers will vary.*)

LEÇON 2: STRUCTURES

Les verbes pronominaux (première partie) Reporting Everyday Events A. 1. s'installent **2.** me demande **3.** nous dépêcher **4.** nous arrêtons **5.** nous détendons **6.** me demande **7.** m'entends **8.** me souviens **9.** me rappelle **10.** nous amuser
B. 1. s'appelle **2.** se trompe **3.** s'excuse **4.** s'entend **5.** nous trompons **6.** s'amuser **7.** se rappelle (se souvient de) **8.** nous détendre **9.** nous dépêchons **10.** nous amusons
C. 1. me demande **2.** s'amuser **3.** se reposer **4.** s'arrêter **5.** se retrouvent **6.** s'installent **7.** se dépêcher **8.** se détendent
Les verbes pronominaux (deuxième partie) Reporting Everyday Events A. 1. Les Legault s'endorment.
2. Les Legault s'installent… **3.** Les Legault s'ennuient. **4.** Les Legault se disputent (se fâchent)…
5. Les Legault se mettent à… **6.** Les Legault se perdent. **7.** Les Legault s'en vont. **8.** Les Legault se trompent.
B. 1. Marcel se réveille tôt parce que… **2.** Tu te lèves à midi parce que… **3.** M. Dupont se couche à cinq heures parce que… **4.** Je m'habille bien cet après-midi parce que… **5.** Les enfants s'ennuient pendant le week-end parce que… **6.** Laure se regarde dans le miroir parce que…
C. 1. vous réveillez **2.** nous réveillons **3.** se lève **4.** me lève **5.** vous baignez **6.** nous douchons **7.** nous levons **8.** vous brossez **9.** me brosse **10.** s'intéresse **11.** se brosse **12.** m'habille

LE BLOG D'HECTOR: *Discipline!*

A. 1. as mal **2.** te trouves, te regardes **3.** te maquilles **4.** t'ennuies **5.** te reposes, t'amuses
B. 1. dents **2.** doigts (mains) **3.** gorge **4.** bouche **5.** genou
C. 1. amoureuse **2.** se marier **3.** coup de foudre **4.** voyage de noces **5.** mariage
D. 1. s'arrête **2.** se rappelle **3.** se perd **4.** s'amusent **5.** se reposent
E. 1. me réveille **2.** me lève **3.** (*Answers may vary.*) me rase (me maquille) **4.** (*Answers may vary.*) m'habille **5.** m'en vais **6.** m'installe **7.** me couche **8.** m'endors **9.** (*Answers may vary.*) nous amusons (nous éclatons, nous détendons, nous reposons, nous promenons) **10.** m'en vais

PAUSE-CULTURE

A. (*Answers will vary.*)
B. 1. V **2.** F **3.** V **4.** V **5.** F

LEÇON 3: STRUCTURES

Les verbes pronominaux (troisième partie) Expressing Reciprocal Actions A. 1. Denise et Pierre s'adorent. **2.** Béatrice déteste Yves. Yves déteste Béatrice. **3.** Gérard parle à Marthe. Marthe ne parle pas (à Gérard). **4.** Marcel et Eugénie se parlent. **5.** Véronique et Denis se disputent.
Les verbes pronominaux (quatrième partie) Talking About the Past and Giving Commands
A. 1. Couche-toi. Non, ne te couche pas. **2.** Marie-toi. Non, ne te marie pas. **3.** Brosse-toi les dents. Non, ne te brosse pas les dents. **4.** Amusez-vous bien. Non, ne vous amusez pas. **5.** Excusez-vous. Non, ne vous excusez pas.
B. Francine s'est levée la première et Julien s'est réveillé une demi-heure plus tard. Ils se sont habillés. Ils ont pris leur petit déjeuner dans la cuisine. Ensuite, Francine est partie en cours, pendant que Julien lisait le journal. À midi, Francine et Julien se sont retrouvés au café. Après le déjeuner, ils se sont promenés pendant un moment, puis ils sont retournés à leurs activités. Le soir, Julien s'est reposé après le dîner devant la télévision, mais sa femme a étudié. Quand Francine s'est endormie sur ses livres, Julien l'a réveillée. Ils se sont couchés vers onze heures. Ils se sont dit tous les deux qu'ils n'avaient jamais assez d'énergie. (*Answers may vary.*)

LEÇON 4: PERSPECTIVES

Faire le bilan   A.   1. vous brossez, me brosser, me (se) brosser   **2.** vous appelez, vous trompez, m'appelle, Installez   **3.** T'endors, me couche, me couche, m'endors
B.   Your new friend is tall and has a round head, a long neck, and a round body. He has three arms and eight legs, all short and of equal length. His hands and feet have only three fingers each. He has a little round mouth in the center of his face with one pointed tooth. His five eyes form a circle. He has a crescent-shaped hat that hides his head; no hair is visible.
C.   1. se sont rencontrés   **2.** se sont téléphoné   **3.** se sont parlé   **4.** se sont promenés   **5.** se sont regardés   **6.** se sont pris   **7.** se sont dit   **8.** se sont embrassés   **9.** ne se sont plus quittés   **10.** se sont mariés   **11.** s'entendent   **12.** ne se sont jamais disputés
D.   (*Sentence completions will vary.*)   **1.** Mes amis se détendent…   **2.** Mes amis et moi, nous nous amusons…   **3.** Mes parents et moi, nous nous entendons…   **4.** Je m'installe devant mes livres…   **5.** Mon professeur de français s'excuse…
À l'écoute   1. souvenez-vous du   **2.** vous êtes rencontrés   **3.** vous vous aimez   **4.** vous vous demandez   **5.** vous disputer avec   **6.** se préparent à   **7.** Dépêchez-vous

 # Chapitre 14

LEÇON 1: PAROLES

Au travail   A.   1. un ouvrier   **2.** une institutrice   **3.** un(e) comptable   **4.** un médecin (une femme médecin) / une infirmière   **5.** un boucher   **6.** une coiffeuse   **7.** un facteur   **8.** un avocat
B.   (*Answers will vary.*)
À la banque   A.   1. chèques   **2.** montant   **3.** d'épargne   **4.** carnet de chèques
Le budget de Marc Convert   A.   (*Answers will vary.*)
C.   (*Answers will vary.*)
Le verbe *ouvrir*

A.

	DÉCOUVRIR	SOUFFRIR
je	découvre	souffre
les scientifiques	découvrent	souffrent
vous	découvrez	souffrez
un patient	découvre	souffre

B.   1.   1. Ouvrez   **2.** couvrez   **3.** souffrir   **2.   1.** avons offert   **2.** souffrait   **3.** ouvrir   **4.** ai ouvert   **5.** ai fermé

LEÇON 2: STRUCTURES

Le futur simple (première et deuxième parties)   Talking About the Future

A.

	TU	ILS	JE/J'	NOUS
avoir	auras	auront	aurai	aurons
pouvoir	pourras	pourront	pourrai	pourrons
savoir	sauras	sauront	saurai	saurons
aller	iras	iront	irai	irons

B.   **1.** Pas encore. J'en achèterai demain matin.   **2.** Pas encore. Elle en fera un dimanche prochain.   **3.** Pas encore. Il lui en enverra un demain.   **4.** Pas encore. Nous la verrons quand grand-mère sera chez nous.   **5.** Pas encore. Ils les achèteront ce week-end.   **6.** Pas encore. Je leur dirai ce soir qu'elle arrivera bientôt. (Je le leur dirai ce soir.)
C.   **1.** croiras   **2.** dis   **3.** serai   **4.** montrerai   **5.** verrai   **6.** téléphones   **7.** viendrai   **8.** appellerai (appelle)   **9.** arriverai (arrive)
D.   (*Answers will vary.*)

LE BLOG D'HECTOR: *Pas facile, la vie d'artiste!*

A.   **1.** serai   **2.** danserai   **3.** parleront   **4.** gagnerai   **5.** pourront
B.   **1.** budget   **2.** frais   **3.** carte de crédit   **4.** faire des économies   **5.** compte d'épargne
C.   **1.** pratiquera   **2.** occupera   **3.** fera   **4.** pourra   **5.** travaillera
D.   **1.** vendeur   **2.** coiffeuse   **3.** ouvrière   **4.** agriculteur   **5.** architecte
E.   (*Answers will vary.*)

PAUSE-CULTURE

A.   **1.** chômeurs   **2.** fonctionnaires   **3.** instituteurs   **4.** CV   **5.** demande d'emploi
B.   **1.** V   **2.** F   **3.** F   **4.** V   **5.** V

LEÇON 3: STRUCTURES

Les pronoms relatifs   Linking Ideas   A.   1. D'accord. J'en ai noté l'adresse qui était dans le journal ce matin.   **2.** L'immeuble a une piscine qui est ouverte toute l'année.   **3.** J'aime ce quartier qui me rappelle l'Espagne.   **4.** Nos voisins sont des Allemands que j'ai rencontrés à la plage.   **5.** Habitent-ils dans un des studios que ton amie Christine a admirés?   **6.** Non, je crois qu'ils ont un trois-pièces que je n'ai jamais vu.
B.   (*Answers will vary.*)
C.   **1.** que   **2.** qui   **3.** dont   **4.** que   **5.** qui   **6.** qui   **7.** dont   **8.** dont   **9.** dont
D.   (*Answers will vary.*)
G.   (*Answers will vary.*)   **1.** je connais depuis quinze ans.   **2.** travaille dans une banque.   **3.** nous parlons souvent, mes amis et moi.   **4.** je vais chaque soir.

La comparaison de l'adjectif qualificatif   Making Comparisons   A.   (*Answers will vary.*)
B.   **1.** Les jeunes d'aujourd'hui sont plus paresseux que pendant ma jeunesse.   **2.** Les gens maintenant sont plus égoïstes qu'autrefois.   **3.** Les écoles modernes sont moins bonnes qu'autrefois.   **4.** Les gens d'aujourd'hui sont plus malheureux qu'autrefois.   **5.** Le gouvernement actuel est pire (plus mauvais) que pendant les années cinquante.   **6.** En général, la vie moderne n'est pas meilleure (aussi bonne) qu'autrefois.
C.   (*Answers will vary.*)
D.   (*Answers may vary.*)   **1.** …est la femme la plus (la moins) talentueuse du cinéma américain.
2. …est le politicien le plus (le moins) honnête du gouvernement actuel.   **3.** …est la meilleure (la plus mauvaise, la pire) chanteuse des États-Unis.   **4.** …est le meilleur (le plus mauvais, le pire) professeur de la faculté des lettres   **5.** …sont les personnes les plus (les moins) respectées des États-Unis.
6. …est la femme la plus (la moins) dynamique de ma famille.   **7.** …est le plus mauvais (le pire) acteur du cinéma américain.

LEÇON 4: PERSPECTIVES

Faire le bilan   A.   1. recevrez, recevras   **2.** viendront, viendras   **3.** se présentera, nous présenterons
4. aurons, aura   **5.** déposerai, déposera
B.   (*Answers will vary.*)
C.   (*Answers will vary.*)

Chapitre 15

LEÇON 1: PAROLES

Quelques loisirs A. 1. jeu de société **2.** jardinage **3.** pêche **4.** football **5.** lecture **6.** bricolage
B. (*Answers will vary.*)
E. (*Answers will vary.*)
Les verbes *courir* et *rire*

A.

	COURIR	RIRE
nous	courons	rions
les athlètes	courent	rient
tu	cours	ris
mon amie	court	rit

B. 1. courir **2.** couru **3.** a ri **4.** courrons **5.** ai ri **6.** riront (**"Votre vie à vous"** *answers will vary.*)
C. 1. a ouvert **2.** a découvert **3.** couraient **4.** faisait **5.** avaient **6.** avaient **7.** a offert **8.** ont accepté **9.** ont souri **10.** a regardé **11.** a repris

LEÇON 2: STRUCTURES

Les pronoms interrogatifs Getting Information A. 1. Qui **2.** Qu'est-ce qui **3.** quoi **4.** qui **5.** Qui **6.** Qu'est-ce qui
B. 1. De quoi **2.** Qu'est-ce que **3.** Qu'est-ce qu' **4.** Qu'est-ce qui **5.** Qui est-ce qui **6.** Qui est-ce qu' **7.** À qui
C. 1. Lequel **2.** Lesquels **3.** Laquelle **4.** Lequel **5.** Laquelle
Le présent du conditionnel Being Polite, Speculating A. (*Sentence endings will vary.*) **1.** Nous serions… **2.** Les étudiants ne rentreraient pas… **3.** Mon copain (Ma copine) irait… **4.** J'aurais le temps de… **5.** Tu écrirais… **6.** Mes amis aventuriers feraient…
B. (*Answers will vary.*)
C. (*Answers will vary.*)

LE BLOG D'HECTOR: *Le temps de vivre*

A. 1. Que, À quoi **2.** Qu'est-ce que **3.** À qui **4.** Qui (Qui est-ce qui) **5.** Qui (Qui est-ce qui)
B. (*Answers will vary.*) **1.** Qu'est-ce qui t'intéresse particulièrement? **2.** Qu'est-ce que tu fais (souvent) le samedi soir? (Que fais-tu [souvent] le samedi soir?) **3.** Qui (Quel) est ton chanteur préféré? (C'est qui, ton chanteur préféré?) **4.** Qu'est-ce que c'est, la danse, pour toi? (C'est quoi, pour toi, la danse?) **5.** À quoi penses-tu? (À quoi est-ce que tu penses?)
C. 1. Si Mamadou faisait la fête avec ses amis, il ne pourrait pas écrire son article ce soir. **2.** Si Alexis et Trésor avaient le temps, il partiraient faire une promenade à vélo dans le parc de Versailles.
3. Si Trésor courait derrière le vélo d'Alexis, il serait content. **4.** Charlotte, si tu pouvais aller au concert ce soir, tu irais avec ton mari? **5.** Si Poema et toi, vous aviez des billets pour le théâtre, vous les donneriez à Muriel?
D. 1. Lequel **2.** Lesquels **3.** Lequel (Lesquels) **4.** laquelle **5.** Lequel (Lesquels)
E. (*Answers will vary.*)

PAUSE-CULTURE

A. (*Answers will vary.*)
B. 1. V **2.** F **3.** F **4.** V **5.** V

LEÇON 3: STRUCTURES

La comparaison de l'adverbe et du nom Making Comparisons A. *(Answers will vary.)*
B. *(Answers will vary.)*
C. *(Answers may vary.)* **1.** J'étudierai plus souvent. **2.** J'écrirai mieux. **3.** Je finirai plus de choses.
4. Je me tromperai moins souvent. **5.** Je lirai moins lentement (plus vite). **6.** Je m'ennuierai moins
souvent. **7.** Je me lèverai plus tôt le matin. **8.** Je me préparerai mieux aux examens.
Les adjectifs et les pronoms indéfinis Talking About Quantity A. 1. toute **2.** tous **3.** toutes
4. tous **5.** tout **6.** toute **7.** tout **8.** tout *(Answers will vary.)* L'oncle Jules va tout manger et Suzie va
mourir de faim.
B. 1. Certains, d'autres **2.** plusieurs **3.** tous **4.** le même **5.** quelques **6.** chaque **7.** chacun
8. Tous **9.** quelqu'un **10.** Quelques-uns
C. 1. a. chaque b. Tout c. quelques d. autres e. plusieurs f. quelqu'un **2.** a. tous b. quelque
chose c. Quelques-uns d. d'autres e. tout f. mêmes **3.** a. tous b. Tous c. plusieurs d. même
e. d'autres f. plusieurs
D. Ne sont pas cochés: l'économie rurale de l'île, la découverte de l'île… , le taux d'émigration… , le
peintre Van Gogh.

LEÇON 4: PERSPECTIVES

Faire le bilan A. 1. qu'est-ce que **2.** Qui **3.** pourrions **4.** qu'est-ce que **5.** dirais **6.** que
7. penserais **8.** serais
B. *(Answers will vary.)*

Chapitre 16

LEÇON 1: PAROLES

Les problèmes de l'environnement / Les problèmes de la société moderne A. 1. e **2.** d **3.** f **4.** a
5. b **6.** g **7.** c
B. *(Answers will vary.)*
C. 1. La réduction **2.** La conservation **3.** Le développement **4.** la protection **5.** La réussite
6. L'élection
E. *(Answers may vary.)* **1.** Il faut augmenter le prix des cigarettes. **2.** Faire grève est la seule manière
d'obtenir une augmentation de salaire. **3.** Je pense qu'on va élire ce candidat. **4.** Je pense qu'un
impôt est nécessaire. **5.** Je veux exprimer mon opinion sur ce sujet. **6.** Les étrangers jouent un rôle
important dans notre société. **7.** Beaucoup de gens sont au chômage cette année. **8.** On exige
l'égalité de salaire entre les femmes et les hommes.

LEÇON 2: STRUCTURES

Le subjonctif (première partie) Expressing Attitudes

A.

	…QUE NOUS	…QU'ELLE	…QUE VOUS	…QU'ILS
aller	allions	aille	alliez	aillent
avoir	ayons	ait	ayez	aient
être	soyons	soit	soyez	soient
faire	fassions	fasse	fassiez	fassent
pouvoir	puissions	puisse	puissiez	puissent
savoir	sachions	sache	sachiez	sachent
vouloir	voulions	veuille	vouliez	veuillent

B. (*Answers will vary.*)
C. **1.** voies **2.** dirige **3.** nous levions **4.** rentrent **5.** conduises **6.** lise **7.** arrêtiez **8.** sortes **9.** connaisse **10.** disiez **11.** achetiez **12.** apprenions **13.** boives **14.** préfèrent
D. (*Answers may vary.*) **1.** Elle ne veut pas qu'ils aient… **2.** Elle veut qu'ils prennent… **3.** Elle veut qu'ils finissent… **4.** Elle veut qu'ils lui écrivent… **5.** Elle veut qu'ils rentrent… **6.** Elle veut qu'ils aillent… **7.** Elle ne veut pas qu'ils fassent…
E. (*Answers will vary.*)
F. **1.** pose **2.** mène **3.** parle **4.** lise **5.** prenne **6.** manifeste **7.** réussisse
Le subjonctif (deuxième partie) **Expressing Wishes, Necessity, and Possibility** **A.** **1.** soient plus longues. **2.** ait plus de pouvoir. **3.** y ait moins de sports. **4.** fassent plus attention à eux. **5.** comprennent leur point de vue. **6.** construise des centres de recyclage.
B. (*Answers will vary.*)

LE BLOG D'HECTOR: *Moi d'abord?*

A. **1.** forme **2.** soient **3.** signent **4.** fassent **5.** prennent
B. **1.** s'installe **2.** sera **3.** s'engagent **4.** soient **5.** développera
C. **1.** la délinquance **2.** le chômage **3.** les manipulations génétiques **4.** l'immigration clandestine **5.** la guerre
D. (*Answers will vary.*)
E. (*Answers will vary.*)

PAUSE-CULTURE

A. (*Answers will vary.*)
B. **1.** F **2.** F **3.** V **4.** V **5.** V

LEÇON 3: STRUCTURES

Le subjonctif (troisième partie) **Expressing Emotion** **A.** (*Answers may vary.*) **1.** Il n'est pas heureux que les conservateurs soient… **2.** Il est furieux que la plupart des gens soient… **3.** Il est content d'entrer en communication… **4.** Il est surpris d'obtenir… **5.** Il est étonné que les politiciens fassent un effort… **6.** Il est heureux que l'achat et l'entretien de deux ou trois voitures coûtent…
B. (*Answers will vary.*)
C. **1.** veuille **2.** voient **3.** vienne **4.** écrive **5.** puissent **6.** soit
Le subjonctif (quatrième partie) **Expressing Doubt and Uncertainty** **A.** (*Answers will vary.*)
B. (*Answers may vary.*) **1.** Il n'est pas heureux qu'on le prenne pour un intellectuel. **2.** Il est choqué que les intellectuels français aient tendance à confondre la science et la politique. **3.** Il ne croit pas que le rôle de la science soit d'influencer la politique. **4.** Il est convaincu que les linguistes peuvent préserver des langues. **5.** Il ne croit pas que les États-Unis aient le droit d'intervenir en Amérique latine. **6.** Il doute que la linguistique puisse sauver le monde.

LEÇON 4: PERSPECTIVES

Faire le bilan **A.** **1.** — **2.** ✓ **3.** ✓ **4.** ✓ **5.** — **6.** ✓ **7.** — **8.** — **9.** ✓ **10.** ✓ **11.** — **12.** ✓ **13.** — **14.** ✓ **15.** ✓ **16.** — **17.** ✓ **18.** — **19.** ✓ **20.** ✓ **21.** — **22.** ✓ **23.** ✓ **24.** ✓
C. (*Answers will vary.*)
D. (*Answers will vary.*)
E. **1.** sois âgée de quinze ans, satisfasses à un examen médicale, suives une formation dans un aéroclub. **2.** six **3.** sois âgée de moins de vingt-cinq ans, sois titulaire d'une licence fédérale, aies cinq heures de vol minimum au moment de la demande.

Révisez! Chapitres 13 à 16

A. **1.** Sophie s'est lavé les cheveux et Marie s'est habillée. **2.** Elles se sont dépêchées parce qu'elles étaient en retard. **3.** Elles ont rendu visite à leurs grands-parents. **4.** Leur grand-mère ne pouvait pas (n'a pas pu) faire les courses parce qu'elle avait mal aux jambes. **5.** Ils ont décidé d'aller au restaurant. **6.** Sophie et Marie sont rentrées tard et elles se sont disputées. **7.** Lundi matin, elles ne se sont pas parlé. **8.** Lundi soir, elles se sont mises à rire et elles n'étaient plus fâchées.
B. **1.** Couchez-vous! **2.** Va-t'en! **3.** Détendez-vous! **4.** Ne te dépêche pas! **5.** Ne vous fâchez pas!
D. **1.** où **2.** qui **3.** qui **4.** où **5.** qui **6.** qui **7.** où **8.** que **9.** où **10.** qui **11.** où **12.** qu'
13. qui
E. **1.** Sylvie est institutrice. **2.** Elle a trouvé un travail à l'école Jeanne d'Arc. **3.** Elle commencera la semaine prochaine. **4.** Avec l'argent qu'elle gagnera, elle pourra faire des économies. **5.** Elle aura huit semaines de vacances. **6.** Elle fera un voyage aux États-Unis. **7.** Elle ira à New York et à Seattle. **8.** Quand elle reviendra en France, son compte d'épargne sera vide! **9.** Mais elle sera plus contente qu'avant.
F. **1.** programmeuses **2.** aura **3.** en informatique **4.** connaîtra **5.** des ordinateurs **6.** saura se charger **7.** aimera **8.** le travail d'équipe **9.** aura **10.** sera responsable **11.** que nous choisirons aura **12.** voudront **13.** salaire **14.** sera **15.** 1 250 euros par mois
G. (*Answers will vary.*)
H. **1.** chaque **2.** tous **3.** le même **4.** certains, d'autres **5.** quelques **6.** plusieurs **7.** Chacun
I. **1.** Nous espérons que tu pourras visiter un pays francophone l'année prochaine. **2.** Il est important que tu étudies le français sérieusement. **3.** Je souhaite que vous me rendiez visite cette semaine. **4.** Il est probable qu'il fera beau demain. **5.** Nous sommes certains d'aller en France cet été. **6.** Est-ce que tu crois que tes parents sont (soient) heureux que tu arrêtes tes études? **7.** Il est nécessaire qu'elle parte.